O QUE SE COME NO CÉU?

O que se come no céu?

Copyright © 2025 by Cardi Nigro

1ª edição: Março 2025

Autora:
Cardi Nigro

Revisão:
Debora Capella
3GB Consulting

Projeto gráfico e diagramação:
Jéssica Wendy

Capa:
Rafael Brum

DADOS INTERNACIONAIS DE CATALOGAÇÃO NA PUBLICAÇÃO (CIP)

Nigro, Cardi
O que se come no céu? : como dominar os três principais portais que alimentam o corpo, a mente e a alma / Cardi Nigro. — Porto Alegre : Citadel, 2025.
448 p. : color.

ISBN 978-65-5047-448-5

1. Autoajuda 2. Saúde 3. Espiritualidade I. Título

25-0147 CDD – 158.1

Produção editorial e distribuição:

CITADEL Grupo Editorial

contato@citadel.com.br
www.citadel.com.br

FUNDADORA DA MAIOR
EMPRESA DE EMAGRECIMENTO DO BRASIL
CARDI NIGRO

O QUE SE COME NO CÉU?

COMO DOMINAR OS TRÊS PRINCIPAIS PORTAIS QUE ALIMENTAM O CORPO, A MENTE E A ALMA

CITADEL
Grupo Editorial
2025

SU
MÁ
RIO

Introdução

Uma das lembranças mais marcantes que tenho da minha infância é com meu pai. Ele morava em uma casa enorme. Uma mansão escura, piso verde-musgo quase preto, com muitas teias de aranha – porque ele fazia coleção de discos de vinil e as funcionárias não podiam tirar nada do lugar para limpar. Como eram muitos discos, meu pai acreditava que, se elas mexessem neles, ele nunca mais os acharia.

Na casa, tinha um corredor enorme que ia para os quartos, e o dele era o mais distante. Ele também fez uma biblioteca nesse corredor, que eu chamo de assombrado. Imagine um corredor sem luz nenhuma, chão escuro, portas dos quartos todas douradas, livros e livros velhos cheirando a mofo. Quando discutíamos – ou melhor, quando eu discutia sozinha –, eu ia falando atrás dele no corredor escuro, enquanto ele andava lentamente, fumando seu cigarro fedido, e com a outra mão segurava uma xícara de café amargo, com a samba-canção velha caindo pela cintura mostrando o começo da bunda, e assoviando como se eu não existisse, despenteado, indo tranquilamente para seu quarto em direção ao banho matinal.

Eu o acompanhava até a porta do banheiro para reclamar sobre os meus direitos – ou os que eu achava que deveria ter –, tentava argumentar, explicar, convencer, mas nunca tinha resposta. Por fim, eu já estava falando com as costas dele. Na chegada da porta do banheiro, ele se virava de frente para a porta e a fechava na minha cara. Ligava aquele rádio insuportável, fora de sintonia, em que uma voz masculina relatava notícias sobre política e seus dramas. Mesmo sem estar lá dentro, sabia que ele abria aquele jornal sujo e se sentava no sanitário por horas.

Nunca entendi por que homem demora tanto no banheiro, até ler um artigo que dizia que os homens fogem das mulheres se escondendo ali, exatamente porque é o único lugar em que não podemos entrar. Quando li esse texto, fiquei arrasada. Na minha casa atual, o banheiro é enorme, mas a parte do vaso sanitário é pequena, e meu marido, vira e mexe, está lá naquele cubículo, e eu sempre entro na parte grande enquanto ele está ali, e fico conversando. Impressionante como basta ele entrar para eu lembrar de coisas que tenho a dizer e não podem esperar. Parece que meu inconsciente grita, fazendo essa conexão com minha tentativa de falar com meu pai. Acho que precisamos de um banheiro gigante com a parte do vaso aberta para eu poder falar com ele quando quiser. Coitado, não tem paz nem quando vai ao banheiro.

Quando meu pai saía do quarto, era outro homem. Barba feita, terno impecável, cheiro de pós-barba, e, então, desaparecia até o anoitecer. Trabalhava tanto que, pela noite, se arrastava pelas paredes do corredor junto de sua pasta marrom de couro antiga e seu cheiro de cigarro. Nos fins de semana, escutava suas músicas cultas e bebia seu vinho enquanto assoviava pela sala. Passava o fim de semana com a camisa velha do Palmeiras, a cueca rasgada e o cigarro. Às vezes, molhava as orquídeas ou recebia amigos para ouvir música e falar sobre temas eruditos.

Nós, os filhos, não falávamos com ele nos fins de semana. Ele estava cansado demais para ouvir o que tínhamos a dizer. Agora, imagine esse homem independente, solitário e intocável precisar da filha, com quem não tinha intimidade alguma, para o levar para fazer xixi, cocô, dar banho, dar comida na boca, sem sequer poder fugir da cama de um hospital, sem sequer ter uma porta de banheiro para fechar quando quisesse fugir.

Ver meu pai morrer foi a pior coisa que eu já vivi. Foi dolorido, triste, me senti impotente. Lembro de quando o escutei chorando, ao voltar da caminhada pelo corredor do hospital com a fisioterapeuta. Eles pararam atrás da porta antes de entrar no quarto. Para que eu não visse, ele chorou ali. Eu o escutei dizer para a fisioterapeuta: "Eu não quero morrer. Eu queria deixar tudo para meu sócio, não quero que meus filhos briguem com ele".

Meu pai era um homem de poucas palavras e muitas atitudes. O sócio era como um irmão para ele, tinha muitos filhos para cuidar, e, na cabeça do meu pai, a divisão dos bens teria que priorizar quem mais precisava. Ele sabia que eu ia saber me virar, ele sabia que eu daria conta de tudo. Em seu velório, apareceram pessoas que nunca tínhamos visto, dizendo coisas como "seu pai pagou a faculdade do meu filho", "seu pai pagou a minha casa", "seu pai comprava os materiais escolares dos meus filhos", "seu pai comprava todas as minhas obras de arte quando ninguém queria", "seu pai", "seu pai", "seu pai...".

Ele era um comendador muito respeitado no Mato Grosso, Mario Cardi Filho, um dos homens mais fortes e duros que já vi. Machista, achava que batom vermelho e decote eram coisas de mulheres sem valor. Durão, nunca me deu um abraço e nunca disse que me amava. Quando eu era criança, isso doeu em mim, mas, depois de me tornar adulta e estudar, percebi o quanto devia doer mais nele, que não era capaz de abraçar seus próprios filhos, de tantas travas, preconceitos, medos, mágoas e sei lá o que mais tinha ali. Meu pai era calado, eu conversava sozinha, brigava sozinha.

Eu só entenderia muitos anos depois, mas a angústia e a frustração que eu sentia nesses momentos, essa sede nunca satisfeita de proximidade e interação com ele, era falta de nutrição. Não estou falando de comida. Estou falando de nutrição emocional, de sentimentos, de afeto. É isso que nutre a alma; só depois de recebermos a nutrição da alma é que podemos **NUTRIR** o corpo com alimentos saudáveis. O silêncio nas relações afetivas é a desnutrição da alma. E foi surpreendentemente dessa relação de ausência que emergiu a clareza que me traria uma fonte inesgotável de saúde, de nutrição, de vida.

Quando o médico deu três meses de vida para o meu pai, eu já tinha forças – e ele já estava frágil o bastante para não resistir –, então tomei a frente da situação. Eu mesma havia superado um câncer pouco antes, ao mudar meus hábitos e adotar uma alimentação saudável, só com elementos da natureza, ou seja, criados por Deus. Fiz o mesmo com meu pai. Trocamos a alimentação dele para uma 100% saudável. Ele viveu mais três anos.

Sua partida foi um gatilho para perguntas e decisões que me transformaram profundamente. A fragilidade escancarada do fim, ver meu pai daquela forma e presenciar o falecimento dele, foi crucial para que eu guiasse minha vida de uma forma diferente a partir dali. Uma semana depois que ele morreu, abri a minha empresa. Se ele teve seu tempo na Terra prolongado por uma alimentação saudável, entendi que poderia ajudar a promover essa mudança não só dentro da minha família.

O SILÊNCIO NAS RELAÇÕES AFETIVAS É A DESNUTRIÇÃO DA ALMA.

Como um propósito, decidi fazer isso na vida de muito mais pessoas. Nada me faz parar de pensar que se eu tivesse feito isso antes, talvez meu pai não tivesse morrido. Pelo menos não assim. Por isso, salvar meus clientes e minhas clientes é, continuamente, uma maneira de salvar meu pai também.

TUDO O QUE NÃO É NUTRIDO MORRE

O que se come no céu? Essa indagação faz parte das grandes discussões mundiais, não necessariamente sob essa perspectiva, mas pela ótica da seguinte dúvida: "Será que existe um depois?". E, se existe, como será que ele é?

Neste livro, parto do princípio de que o "depois" existe. Então, se existe, o que as pessoas comem por lá? Do que se alimentam? É uma pergunta que nos leva a uma reflexão mais profunda sobre nutrição. Você sabe a diferença entre comer e se alimentar? Poderíamos até pensar que são sinônimos; mas, na verdade, "se alimentar" está muito longe de simplesmente "comer". Ao simplesmente comer, posso comer qualquer coisa; o alimentar, por outro lado, nos nutre, faz crescer, dá continuidade e sentido, nos faz progredir de alguma forma. O alimento dá vida à alma, ao espírito, à mente e ao corpo. Tudo o que não é alimentado morre: o amor, o trabalho, a amizade, uma criança, um adulto... Ao longo das nossas vidas, nos alimentamos de sentimentos bons e ruins, de dor e alegria, de coisas que nos fazem viver mais e de coisas que nos tiram a vida.

O ALIMENTO DÁ VIDA À ALMA, AO ESPÍRITO, À MENTE E AO CORPO.

Digo que não comemos comida, engolimos emoções. Comemos quando estamos com raiva, felizes, tristes e frustrados. Se no céu existisse um tipo de alimento e esse alimento fosse parecido com os nossos sentimentos, que tipo de nutrição teríamos? Possivelmente de amor, alegria, confiança, sabedoria, paz... E se no inferno houvesse alimento? Que alimento seria esse? Sem dúvida, o que chamamos de "produto alimentício", que não é alimento, porque não nutre. Deus é perfeito. Ele criou frutas, verduras, legumes e animais, e, se nos nutríssemos apenas dos alimentos criados por Deus, nunca ficaríamos doentes. No entanto, escolhemos diariamente "comer" do que o homem fez, até ficarmos doentes, e é só quando chegamos ao ponto da doença que resolvemos voltar a nos ALIMENTAR e **NUTRIR** do que Ele fez.

A comida que consumimos por prazer e gula poderia ser considerada o primeiro pecado. Não porque seja mais grave que os demais, mas porque está constantemente em nossa rotina. A frequência com que nos deparamos com essa tentação a torna particularmente relevante em nossas vidas. Talvez seja o pecado mais cometido em termos de quantidade de vezes que se peca ao dia; depois vêm o ódio, a raiva, a insegurança, a tristeza, o pessimismo, o mau humor e a inveja.

E se para entrar no céu ou no inferno o ingresso fosse o balanço de como você se nutriu na Terra? Pensando que agora estamos falando de sentimentos, se suas palavras e seus sentimentos nutrissem você, você entraria no céu nutrido de quê? O que você pensa sobre si? O que você fala sobre si? O quanto acredita em você? Em seu potencial, em sua bondade e capacidade?

NÃO COMEMOS COMIDA, ENGOLIMOS EMOÇÕES.

Vamos estender essa mesma reflexão para o seu corpo: com maior frequência, você se alimenta ou come? Descasca ou desembala? No seu dia a dia, você se move ativamente, buscando oportunidades para se exercitar, ou passa a maior parte do tempo sentado, preso a uma rotina sedentária? Para onde seus olhos se dirigem com mais frequência: para baixo, fixos na tela do celular, ou para a frente, observando o horizonte, o mundo ao seu redor e as pessoas com quem convive?

A primeira coisa que um médico diz quando você está doente é: "Coma saudável ou você vai morrer". Nenhum médico recomendará uma alimentação inadequada, especialmente a pacientes enfermos. Será que isso já não é prova suficiente de que devemos nos **NUTRIR**? Por que flertamos tanto com a falta de respeito e amor-próprio? Por que o nosso maior desafio consiste em nos respeitarmos, e por que a nossa maior dificuldade é agir como desejamos viver? Desejamos coisas e fazemos o oposto do que buscamos e, no fim, ainda nos vitimizamos.

Quando fui diagnosticada com câncer de garganta e meu pai recebeu o diagnóstico de câncer de pulmão, a primeira recomendação que ouvimos do médico foi: "A célula do câncer se alimenta do açúcar, então não coma açúcar". Claro que, nessa hora, qualquer um vai parar de comer açúcar, deixar de fumar, de beber e de tudo o que o médico determinar que não pode. Você deixará de fazer tudo aquilo que te mata lentamente e que, no dia a dia, você finge que não sabe ou não acredita. Faz vista grossa para viver os prazeres imediatos, mas, na hora da quase morte, você faz muitas orações a Deus; claro, porque nesse momento só um milagre manterá você vivo, porque você mesmo não foi capaz de evitar a situação.

VOCÊ SE ALIMENTA OU COME? DESCASCA OU DESEMBALA?

É interessante como exigimos respeito do outro, quando nós mesmos não nos respeitamos. Da mesma forma, perceba como frequentemente queremos que Deus faça para nós aquilo que não fizemos, e poderíamos ter feito.

Então, depois de orar, de adotar novos hábitos e de receber a misericórdia divina, você sobrevive, o câncer vai embora; você silencia, agradece a Deus e, óbvio, volta a comer aquilo que te mata aos poucos. Finge que não entendeu. Isso quando não usa a frase "eu quero ser feliz!". E você? Vive para comer ou come para viver? Muitas pessoas acabam se apoiando nas frases "quero ser feliz" e "não quero ser escrava da indústria da beleza", mas a grande verdade é que não existe escravidão maior do que ser escravo de sua própria gula, escravo de suas próprias fraquezas. Perder para você mesmo é a pior derrota.

Quando Deus fez o Éden, ele o fez perfeito; era um lugar deslumbrante, lembra? Lá, Adão e Eva só tinham pensamentos e sentimentos bons: amor, alegria, companheirismo, ingenuidade, confiança e paz, até não respeitarem os limites de Deus e serem expulsos. A partir daí, no "mundão", os pensamentos ruins de vergonha, medo, insegurança e mentira passaram a existir e "alimentar" os corpos deles. Enquanto viviam no Éden, se alimentavam de frutas, verduras, legumes e animais. Era o que tinha, foi o que Deus definiu como bom, perfeito e agradável, o correto para ser plenamente feliz. Ou você acha que lá eles tinham bolacha ou biscoito? Esses produtos alimentícios vieram depois do castigo, depois de a nossa mente já estar doente, fora do Éden, expulsos.

E VOCÊ? VIVE PARA COMER OU COME PARA VIVER?

PERDER PARA VOCÊ MESMO É A PIOR DERROTA.

"Mas, Maíra, o fruto proibido não é fruta?" Sim, é uma fruta, mas o cerne da questão não está na natureza do alimento. O verdadeiro problema surgiu com o ato de consumi-la, pois representou uma transgressão direta de uma ordem divina. Não era a fruta em si que era prejudicial, mas o ato de desobediência que seu consumo simbolizava. O alimento em si não era o ponto central. Tudo podemos, mas nem tudo nos convém. Quando os humanos cederam aos encantos e à lábia persuasiva da serpente, Deus revelou a grande dificuldade que enfrentaríamos ao longo da vida por termos livre-arbítrio. Mesmo diante das regras, podemos escolher o caminho oposto ao recomendado, optando por algo que não nos faça bem, ou que tenha consequências eternas e severas. Você acredita mesmo que Deus não sabia que a gente "erraria"? Acha que Ele colocou a árvore bem no meio do jardim por engano? Ele sabia o que queria nos ensinar, sabia onde iríamos cair. Um pai conhece seu filho.

Neste livro, falarei bastante sobre a grande dificuldade que enfrentamos de viver em um ambiente que nos provoca a fazer o "errado" todos os dias, pois sempre temos cobras disfarçadas de pessoas, de amigos, de amores, de oportunidades, e, mesmo tendo clareza das regras divinas ou de como deveríamos agir, fazemos completamente diferente, por cedermos aos encantos das serpentes em nosso ambiente. Desde que nascemos, temos o instinto de fazer quase tudo para sermos aceitos. Para pertencer, vamos nos encaixando na sociedade e fazendo coisas que um dia juramos que jamais faríamos. Desobedecemos a Deus para pertencer a uma cultura sem valores.

A DESOBEDIÊNCIA É O DOCE DO DEMÔNIO.

A desobediência é o doce do demônio e, como um ótimo demônio, toda vez que desobedecemos aos mandamentos divinos, ela nos traz uma recompensa imediata, uma estrelinha para o inferno, nos permitindo enganar nossa mente mais uma vez, mais um dia, só hoje.

A dinâmica de desobediência e recompensa imediata afeta não apenas nossas ações, mas também nossa percepção e interação com o mundo ao redor. Nós nos alimentamos através de três portais: olhos, boca e ouvidos. Eles são as principais entradas para o céu. Você já reparou que muitos fatos relacionados a Deus giram em torno do número 3? A Trindade: Pai, Filho, Espírito Santo. Um ovo que gera a vida: tem casca, clara e gema. Um filho, uma vida gerada a partir de duas vidas humanas e uma ordem divina: de dois, se faz o terceiro, já que um filho é a mistura genética de duas pessoas.

Quantas vezes você já ouviu a frase "O que Deus uniu, o homem não separa"? É impossível o homem separar qualquer pedaço do bebê geneticamente, isto é, dividir o "pedaço" que vem do pai do "pedaço" que vem da mãe. Uma vez que se fez três, não se separam os dois. Aquele terceiro é a união dos dois e pronto, ninguém muda essa realidade. É impossível que o ser humano acabe com essa união. A criança até pode deixar de existir, vir a falecer, mas sempre vai ter existido na unificação genética de dois, tornando-se uma terceira e única vida para sempre.

Neste livro, você vai ler coisas com que não concorda e que nunca ouviu, por isso te convido para o novo. As informações que nunca ouvimos, às quais não tivemos acesso, são as provocações que nos fazem criar novas conexões neurológicas. São elas que nos fazem evoluir, tanto mentalmente quanto espiritualmente. Abrir mão de nossas certezas é um ato de muita coragem e segurança. Não é para qualquer um. Será que você está preparado para Deus falar com você de uma maneira ÚNICA? De uma forma que ele só falará com você, e com mais ninguém? Todos podem ter esse privilégio – ele é para todos –, mas nem todos estão preparados.

A simbologia do número 3 se estende além da criação da vida, permeando também nossa percepção e interação com o mundo espiritual. O primeiro portal, os olhos, eu chamo de portal da pornografia, onde se estimula todo tipo de orgia, sexual, gastronômica ou mental. O perigo disso é que, a partir do que se vê, se ordena à mente o que ela deseja. O próximo passo é o consumo pelo corpo ou pela boca daquilo que foi ordenado.

> ***"Seus olhos são como uma lâmpada, que ilumina todo o corpo. Quando os olhos são bons, todo o corpo se enche de luz."***
>
> (Mateus 6:22)

A boca é o segundo portal por onde entram e saem os seus próximos dias: o que é dito define quem você é e quem você será. As palavras são muito mais poderosas do que você imagina. Tudo o que repetimos se torna real, seja bom ou ruim. A boca do profeta repete inúmeras vezes aquilo no que ele acredita, até que se torne real. Por exemplo, temos medo de falar sobre um grande acidente trágico com quem amamos; logo dizemos: "Deus me livre, não quero falar disso", e alguns até batem três vezes na madeira, ou na boca. Se a palavra tem poder, por que você não para de repetir pequenas frustrações sobre si mesmo? "Nada dá certo." "Eu não consigo." "Isso não é para mim." "É impossível ficar rico trabalhando." "É impossível emagrecer desse jeito." E outras tantas frases que você repete como se fossem seu próprio inimigo.

"Pois a boca fala do que o coração está cheio."

(Mateus 12:34)

Por fim, tudo que se ouve repetidas vezes se torna sua verdade absoluta. O ouvido é nosso terceiro portal. Começamos a engordar por ali, e, quando digo engordar, não digo somente pesar mais na balança. Digo pesar na alma, na mente – e o físico acompanha. Falo sobre a profundidade do peso que tem a obesidade, que nada tem a ver com ser magro ou não. A obesidade está muito mais ligada a estar pesado ou leve. Obesidade fala do peso em diversos níveis, camadas muito mais profundas e não tão óbvias quanto a estética. Pobres são os magros que comem para estar magros e permanecem obesos espiritual e mentalmente.

Falo sobre carregar pedras, pesar a leveza da vida, drenar a felicidade e as oportunidades, afundar no mar de depressão, ansiedade, compulsão, tristeza ou desesperança. Falo sobre não perdoar o outro e achar que é sobre o outro; escolher carregar as pedras do ódio, ter ressentimento sobre algo que alguém fez a você e, depois de estar machucado, escolher continuar carregando as lembranças dolorosas em formatos de pedras, enquanto quem bateu em você anda livre e solto, sem nem saber que as pedras e os espinhos que você escolheu carregar são um fardo que você considera um castigo para o outro, mas que só fere você.

POBRES SÃO OS MAGROS QUE COMEM PARA ESTAR MAGROS E PERMANECEM OBESOS ESPIRITUAL E MENTALMENTE.

"Mas de igual modo podemos ser destruídos por aquilo que ouvimos."

(Romanos 10:17)

Portanto, estes três portais – olhos, boca e ouvidos – são as vias pelas quais interagimos com o mundo espiritual e material. Eles moldam nossa percepção, nossas ações e, consequentemente, nossa vida. A vigilância sobre o que permitimos entrar e sair por esses portais é essencial para nossa saúde espiritual e emocional. Assim como podemos nos sobrecarregar com pensamentos negativos, palavras destrutivas e influências nocivas, também temos o poder de nos elevar através do que escolhemos ver, falar e ouvir. Cada escolha que fazemos através desses portais nos aproxima ou afasta de nossa verdadeira essência e propósito divino.

Por muito tempo, resisti à ideia de escrever um livro, apesar da insistência de clientes, amigos e familiares. Minha vida sempre foi repleta de acontecimentos extraordinários, mas eu não queria criar algo egocêntrico e sem propósito. Meu objetivo sempre foi transformar as pessoas, interna e externamente. Como escolher o melhor e mais importante em uma história tão grande? Como ensinar e transformar, misturando o que estudei, aprendi, assisti e vivi?

O processo de escrita começou quando Thiago, meu marido, me incentivou, argumentando que as pessoas precisavam me conhecer verdadeiramente. Em geral, as pessoas veem fragmentos de mim tirados completamente de contexto, de coisas que eu nunca disse, e fazem uma ideia de mim nada parecida comigo. Meu marido falou: "Você tem que escrever um livro, porque as pessoas vão ler do início ao fim e vão te conhecer na essência". Inicialmente relutante, devido à minha natureza agitada (eu não conseguia nem parar sentada para escrever!), acabei tendo um sonho revelador – uma carta de Deus – que me convenceu a aceitar o desafio.

Após o sonho, entendi que nada disso era de minha responsabilidade. Esse livro seria ditado por Ele, e, agora sim, eu tinha a paz no meu coração de que eu seria capaz de fazer o melhor livro, porque o escritor – o dono da caneta – estava no controle, não somente do livro, mas da minha vida. O sonho foi uma carta reveladora, a mais apavorante e importante que já recebi. Nela, Ele delineava meus próximos passos e indicava 150 dias como o tempo necessário para concluir esta obra. Surpreendentemente, escrevi o livro em apenas cinco dias intensos. Sentei-me, orei e permiti que Deus guiasse minha escrita. Foi um processo único, escrito com Ele, sem dúvida alguma; não sem desafios – perdi metade do trabalho em determinado momento. Mas isso apenas reforçou a lição sobre como lidamos com situações fora de nosso controle. Como você se comporta quando algo que não pode controlar acontece? Começa de novo ou larga pela metade e desiste? Suas dietas, você as leva até o fim ou para na segunda-feira?

É muito desafiador pensar que um único livro pode mudar sua vida, apenas com o que está no papel. Em meus treinamentos, intensos e presenciais, a mudança é garantida, então fiquei pensando: "De que maneira eu poderia ter mais certeza de que meu leitor vai se transformar?".

A maioria das pessoas não quer se transformar, quer mudanças mágicas; acontece que mudança gera dor, e é isso que traz a transformação. Meu objetivo é levar você a uma jornada de autodescoberta e crescimento. Então, falo de assuntos bem doloridos e que fazem com que a maioria das pessoas se identifique. Dessa forma, se você se permitir, de verdade, se envolver, se deixar olhar para onde estou te convidando, as mudanças podem acontecer de verdade.

Portanto, este livro não é sobre mim, mas sobre Ele, e sobre a transformação que Deus operou em minha vida. Trago aqui a carta, as dores, os aprendizados e as interpretações que marcam o fim de uma fase da minha jornada. Como uma estudante ávida da natureza humana, do mundo e do comportamento, tenho muito a compartilhar. Este livro é o resultado de anos de experiências, estudos e reflexões, condensados em uma narrativa que espero que toque e transforme cada leitor.

A partir deste livro, segurando nas mãos de Deus e compartilhando o melhor que há em mim, trago ensinamentos práticos que mudaram a vida de muitas pessoas, abordando questões complexas de maneira única e fácil, além de estudos científicos, pesquisas e experimentos. Compartilho histórias reais de indivíduos que estavam à beira de desistir e hoje são mais felizes do que nunca, casos de doentes "sem cura" que agora olham para seu passado com sorriso no rosto e lágrimas de felicidade nos olhos, como quem assiste ao filme da própria vida, com um grande final feliz.

O PIOR CEGO É AQUELE QUE NÃO QUER VER

Dentro de uma caverna, a luz é pouca, mas é tudo o que se tem; e o que parece escuro, na verdade, é muito claro – porque é tudo o que se conhece. Dentro de uma caverna, você escuta correntes se arrastando a todo momento. Mas você não as percebe mais, porque se acostumou. É como uma música ambiente em uma loja ou um consultório: num primeiro instante, ouvimos alto e percebemos a melodia, mas as pessoas que trabalham naquele local dizem que não a escutam. As correntes arrastadas são exatamente assim.

Dentro dessa caverna, as pessoas ao redor não conseguem se mexer, assim como você; mas parece que ninguém sabe realmente disso. O ser humano é intrigante. A natureza divina é tão perfeita que você se acostuma com o bom e com o ruim na mesma proporção sem nem mesmo notar, como quando sentimos que um sapato está apertado, mas aguentamos – e só ao finalmente podermos tirá-lo é que percebemos os dedos esmagados e doloridos.

Imagine que, nessa mesma caverna, à frente de todos, exista apenas uma parede. Os que estão nesse lugar nasceram ali e não conhecem outra vida senão a de estar acorrentados, olhando para a tal parede à frente. Tudo o que essas pessoas sabem sobre a vida é o que se reflete na parede pela luz de uma fogueira. Quando os prisioneiros pensam estar vendo um animal, estão, na verdade, vendo a sombra do animal sendo projetada. Quando pensam estar ouvindo vozes, estão ouvindo o eco das vozes, não as vozes em si. O mais estranho é que nenhum dos prisioneiros se questiona se aquilo é real ou não; apenas vivem assim. Afinal, é tudo o que conhecem: a luz é pouca, mas é tudo o que se tem.

Então um dia, sem querer, você – um dos prisioneiros – se liberta, e percebe que a realidade é muito diferente do que havia imaginado. Olhar para fora da caverna é aterrorizante. Mais assustador ainda é conseguir olhar para o mundo de uma maneira que não seja por meio do reflexo das sombras na parede. Você estaria preparado para enxergar, no mesmo lugar, algo diferente que nunca tinha visto?

Você percebe a luz amarela e intensa do amanhecer pela primeira vez. Seus olhos doem. Você pisa sobre a grama molhada e gelada do sereno, e seus pés ficam inquietos. Corre um arrepio da ponta dos dedos à cabeça, passando por pernas, barriga, espinha, seios e pescoço. Até os pelinhos do rosto e da orelha se eriçam. A sensação de novidade e grandeza do mundo, antes desconhecido, faz os olhos lacrimejarem; o corpo, inerte e perplexo com a intensidade da vida, se completa com um último e ainda mais intenso estremecimento.

As mãos tocam a água, tão gelada que quase amortece as pontas dos dedos. Apesar da sensação, seu instinto é entrar na água; então, você respira fundo, seguindo o que seu corpo pede, sem entender sua enorme vontade. Ao entrar, você sente os pulmões submersos e, de tão assustado, quase não consegue respirar; você dá três suspiros curtos que trazem uma confiança desconhecida, que nem você sabia que tinha, juntamente com um fôlego que parecia escondido. No mergulho, a sensação é única e desconhecida: você se sente quase flutuando, brincando com a gravidade e se deixando levar.

Quando o dia se vai, levando consigo a luz amarela que antes fazia arder os olhos, a noite chega trazendo a calmaria do luar, que ilumina o rio gelado como se fosse de prata. Há um rastro convidativo sobre as águas até o horizonte, onde a Lua parece tocar a superfície. O curso d'água assemelha-se a uma ponte e engana, como se por ele você pudesse caminhar rumo ao céu.

Agora, sim, você deseja viver o dia de novo.

QUAIS CORRENTES NOS APRISIONAM?

Essa seria a primeira parte do mito da Caverna de Platão, se eu não tivesse trazido mais detalhes românticos nas vivências do primeiro contato com o mundo. Também intitulado "A Alegoria da Caverna", o texto é uma das mais conhecidas passagens filosóficas da Antiguidade e foi concebido por Platão em sua obra *A República*, escrita por volta de 380 a.C. O filósofo grego descreve prisioneiros acorrentados em uma caverna, confundindo a realidade com sombras projetadas em uma parede, uma imagem que ele usa para explorar a distinção entre aparência e verdade.

Digamos que a minha versão é uma mistura da grande mensagem de Platão com o encanto do filme de animação *Os Croods*. (Aliás, se não assistiu, assista ao desenho! É uma ótima maneira de fazer pensar e transformar sem doer.) Tanto o filme quanto o texto com as minhas modificações se referem à mesma mensagem: há interpretações diferentes para um mesmo ponto de vista.

Para Platão, o mundo sensível é o mundo das sombras, das aparências, da limitação, enquanto o mundo inteligível é o mundo das ideias, o mundo sem limites e ainda inexplorado. O mundo sensível estaria representado em tudo logo à nossa frente. Ou seja, fica fácil imaginar que o que vemos seria a nossa visão de dentro da caverna – que imaginamos como verdade absoluta e única. Por outro lado, no mundo inteligível, teríamos as formas perfeitas e ideais de todas as coisas, que podemos significar através de palavras, da amplitude ilimitada da consciência e da criação. Parto dessas ideias para dizer que tudo na vida é um recorte, uma percepção, uma interpretação ou até uma limitação, dependendo de quais informações temos.

Imagine, então, se sua vida fosse exposta ao grande público. Aquilo que sabem sobre você não é seu único espelho, mas um pequeno reflexo que apresenta, de maneira invertida, fragmentos de poucos momentos que não representam algo infinitamente maior – sua verdadeira vida. A mídia e as redes sociais são assim: como um filme, nos tornam personagens de acordo com aquilo que os outros entendem e acreditam saber sobre nós. Personagens que muitas vezes nos deixam prisioneiros de nossas próprias armadilhas.

Você já se sentiu em uma caixinha, limitado, apertado, preso, sozinho, como se estivesse vivendo em um lugar escuro, sem saída? Pior que isso! Já se perguntou por que, por livre e espontânea vontade, decidiu entrar nessa caixinha? Pois é! Eu me senti assim com a minha vida ao ser retratada na mídia, mas sei que você pode ter se sentido da mesma forma em outras áreas da sua vida também, ainda que não tenha passado por nenhum tipo de exposição pública.

Quando comecei a ganhar projeção e fama, logo após participar de um reality show, fui "jogada" na mídia sem saber como esse mundo funcionava. Eu criei uma persona de uma mulher muito forte devido às críticas que recebi de repórteres, jornalistas e pessoas em geral. Construí a imagem de uma mulher dura, que não chora e nada sofre. Isso serve como uma defesa inconsciente, pois pessoas percebidas como duras tendem a ser menos atacadas. Além disso, eu tinha um filho para criar sozinha, e mais à frente teria uma filha.

Ao longo da nossa vida, nossa psique cria uma persona que nos defende emocionalmente, protegendo nosso lado frágil. As crianças demonstram esse fenômeno claramente. Muitas vezes, elas parecem "chatas" ou birrentas com a mãe, mas isso ocorre porque, na frente da mãe, sentem-se seguras para serem elas mesmas. Quando estudamos Psicologia, entendemos que esse é o único momento em que a criança pode expressar o que realmente sente, o que está doendo ou do que não gostou. Durante o dia, na escolinha ou com outras pessoas, as crianças também criam suas personas, fingindo-se de fortes, escondendo suas dores. Mas ao encontrar a mãe, seu aconchego e lugar seguro, podem chorar, reclamar e ser autênticas. Não é birra, é autenticidade. Os adultos não são diferentes. Em casa somos uma coisa; na rua, outra. Na intimidade do lar, podemos ser nós mesmos sem medo de julgamentos, sem nos preocuparmos se estamos agradando ou não, se estamos frágeis ou emburrados demais. Na rua, criamos nossa persona para nos defender.

Depois de tanto tempo de exposição, chega um momento em que passamos a refletir e entender o que faz sentido manter em nossas vidas, e o que já não faz diferença. Eu passei por esse processo também. Ao me casar com o Thiago, minha vida mudou drasticamente. Pela primeira vez, não precisava trabalhar se não quisesse, pois me uni a alguém muito bem-sucedido. Não significa que eu não goste de trabalhar – trabalho com muito prazer, afinal o trabalho é a expressão de minha missão pessoal, isto é, ajudar outras pessoas a se transformarem. No entanto, existe uma diferença entre ter capacidade de trabalhar, usando nossos dons a favor de um propósito, e ter a obrigação de trabalhar. Nós, mulheres, podemos trabalhar, porque Deus se agrada de mulheres fortes e capazes, mas ter força e capacidade de ação não exclui o papel do marido.

Quando olhamos para a descrição da mulher virtuosa em Provérbios 31 (trecho que estudaremos com profundidade no capítulo 12), encontramos uma mulher apta, que negocia, que compra campos, que planta vinhas. Mas note: ela faz isso não porque precisa compensar a ausência do marido, mas porque tem virtudes e habilidades dadas por Deus, que designou papéis distintos e complementares para homens e mulheres em Sua sabedoria.

Quando uma mulher trabalha por escolha, usando seus dons e talentos, está glorificando a Deus. Mas quando ela trabalha por obrigação, porque não tem um homem cumprindo seu papel de provedor, ela está sendo forçada a compensar uma falha que não é dela. Imagine uma mulher equilibrando um bebê febril no colo enquanto responde a e-mails urgentes do trabalho. Ao seu lado, uma pilha de contas aguarda sua atenção, enquanto no fogão o jantar ameaça queimar. Como essa mulher pode exercer plenamente sua maternidade e sua capacidade divina de amar e cuidar dos filhos se precisa também se preocupar em sustentar financeiramente a casa e a família?

Ao ignorarem a função provedora do marido, as mulheres são pressionadas a fazerem tudo sozinhas, como se precisar de um homem fosse uma fraqueza. Não é. Da mesma forma que um homem precisa de uma mulher para gerar e **NUTRIR** seus filhos, uma mulher foi designada por Deus para ter um homem como seu provedor e protetor. É uma dança de papéis complementares, não uma competição de quem pode fazer mais sozinho.

Ao enfatizar que as mulheres têm uma condição primordial de cuidadoras e geradoras da vida, a Bíblia não está nos menosprezando; pelo contrário, está cuidando de nós para que tenhamos o tempo e as ferramentas necessárias para desempenharmos nosso papel com a maestria divina que nos foi concedida. Deus está sempre olhando por nós e cuida de nós em todos os momentos das nossas vidas. Veja o que a Bíblia diz sobre as viúvas:

"Ao fim de cada três anos, tragam todos os dízimos da colheita do terceiro ano e armazenem-nos em sua cidade, para que os levitas, que não têm propriedade nem herança, e os estrangeiros, os órfãos e as viúvas que vivem em sua cidade venham, comam e fiquem satisfeitos, para que o Senhor, o seu Deus, os abençoe em todo o trabalho das suas mãos."

(Deuteronômio 14:28-29)

No texto bíblico, Deus estabelece um sistema regular de provisão para as viúvas não como uma caridade ocasional, mas como um direito estabelecido. A cada três anos, toda a comunidade deveria separar parte de suas colheitas para sustentar aquelas que haviam perdido seus provedores. Isso nos mostra que a necessidade de um provedor não era vista como uma fraqueza feminina, mas como parte natural da ordem social estabelecida por Deus.

No mundo contemporâneo, parece que perdemos essa compreensão. Hoje, quando uma mulher perde seu marido ou precisa criar seus filhos sozinha, a sociedade espera que ela simplesmente "dê conta de tudo". É como se tivéssemos substituído um sistema de proteção divino por uma expectativa cruel de autossuficiência. Em vez de reconhecermos que não é funcional para uma mulher carregar sozinha o fardo da provisão com todas as suas outras responsabilidades naturais, empurramos as mulheres para uma sobrecarga que nem mesmo Deus planejou para elas.

Essa passagem bíblica nos mostra que mesmo em uma sociedade antiga havia o entendimento de que certas mulheres precisavam de apoio comunitário para prosperar. Não porque fossem fracas – as viúvas mencionadas no texto poderiam ser mulheres extremamente capazes – mas porque existia a compreensão de que ninguém deveria carregar todos os fardos sozinho. Hoje, ironicamente, em nossa sociedade "avançada", perdemos essa sabedoria. Transformamos a capacidade feminina em uma obrigação de fazer tudo, como se precisar de apoio fosse um sinal de fraqueza, em vez de uma parte natural do plano divino para a humanidade.

Não é sustentável, para uma mulher, colocar-se no papel de mulher e de homem. A mulher tem dons únicos e essenciais. Ela tem a habilidade de criar as crianças, de gerar vida, de educar; são capacidades que o homem não exerce com a mesma naturalidade. Essa não é uma simples opinião, é uma realidade biológica que se manifesta de maneira mais profunda na maternidade.

Durante a gestação e especialmente no parto, a ocitocina, conhecida como "hormônio do amor" por estar relacionada às sensações de prazer e afeto, é liberada em quantidades extraordinárias no corpo da mulher. Pesquisas estimam que, durante a gravidez, o útero fica muito mais sensível a esse hormônio – cerca de cem a duzentas vezes mais –, chegando ao seu pico máximo durante o nascimento do bebê.[1] Trata-se de uma capacidade de amor e conexão que é biologicamente impossível para um homem experimentar.

Estudos já mostraram que níveis elevados de ocitocina materna foram significativamente relacionados a comportamentos de contato mais afetuosos nas mães. Mães com altos níveis de ocitocina foram identificadas como mães de alta sensibilidade no contato com seus filhos, enquanto mães com baixos níveis de ocitocina foram aquelas

---

1. GABBE, Steven G. et al. *Obstetrícia*: gravidez normal e patológica. Rio de Janeiro: Elsevier Brasil, 2015.

que demonstraram baixa sensibilidade na interação mãe-bebê.[2] Se esse tipo de amor só é possível por meio dessa experiência física única da maternidade, como poderíamos esperar que um homem fosse capaz de entregar o mesmo tipo de amor? Só descobrimos o que é amar em sua totalidade quando nos tornamos mães. Existe uma transformação física e emocional que ocorre em nosso corpo, uma mudança fisiológica e química tão profunda que altera completamente nossa perspectiva de vida.

Vemos essa realidade se manifestar diariamente na vida prática. Quando uma criança está doente, por exemplo, instintivamente busca a mãe. Não é uma escolha consciente, mas uma necessidade visceral. A criança quer dormir com a mãe, quer o colo da mãe. O homem, nesses momentos, quase não tem função, não por falta de vontade ou por negligência, mas porque existe uma conexão biológica e emocional que é impossível para ele replicar.

E é exatamente por causa dessa capacidade única e insubstituível que se torna tão problemática a expectativa moderna de que a mulher deve carregar também o fardo da provisão financeira. Além de amar com uma intensidade que só ela é capaz, além de cuidar com uma dedicação que só ela possui, além de educar com uma sensibilidade única, a sociedade exige que ela carregue a mesma carga obrigatória de prover que o homem.

O resultado dessa sobrecarga é que muitas mulheres hoje não podem ser verdadeiramente mulheres. São forçadas a assumirem o "papel de homens" porque os homens com quem convivem, na

---

2. SCATLIFFE, Naomi et al. Oxytocin and early parent-infant interactions: a systematic review. *International Journal of Nursing Science*, v. 6, n. 4, p. 445-453, set. 2019. Disponível em: https://doi.org/10.1016/j.ijnss.2019.09.009. Acesso em: 11 nov. 2024.

maioria dos casos, estão indisponíveis. Não assumem seu papel natural de provedores, deixando que a mulher permaneça com essa dupla função. Assim como a mãe é insubstituível em sua capacidade de amar e cuidar, o provedor também deveria ser indispensável em seu papel de fornecer os recursos necessários para sua esposa desempenhar as funções necessárias ao desenvolvimento emocional e ao crescimento espiritual da família.

Você pode questionar: "Mas, Maíra, eu não tenho um marido que me apoie. E agora?". Eu também não tive, durante a maior parte da minha vida. É claro que você não vai deixar de trabalhar, pois nesse caso precisa ser a provedora; seus filhos dependem inteiramente de você para comer, para ir à escola, para se desenvolverem com saúde. E é claro que Deus estará presente, ajudando você em tudo de que necessitar. Quando digo que a mulher deveria poder escolher não trabalhar, não estou diminuindo a capacidade da mulher ou negando seu direito de atuar profissionalmente. Estou honrando sua natureza única, tirando dela o fardo obrigatório de ser uma "mulher-maravilha" que precisa dar conta de tudo.

Não precisamos de mulheres que possam fazer tudo, mas de homens que sejam homens de verdade, permitindo que as mulheres sejam mulheres por completo. Ao me casar com o Thiago, foi nesse lugar que me vi, uma posição que anteriormente eu nunca havia ocupado. Finalmente, eu tinha tempo para ser mulher. Não era mais o homem da relação, a pessoa mais rica ou a parte mais sólida. Essa nova realidade me levou a questionar profundamente minha identidade e minhas motivações.

Comecei a refletir: "Será que eu realmente gosto do que faço? Sempre disse que precisava trabalhar para sustentar a todos, mas agora que não preciso, o que verdadeiramente me move? Gosto de ser famosa? Ou talvez prefira não fazer nada?".

Esse processo me obrigou a parar e pensar, buscando descobrir quem eu sou por baixo das milhões de camadas e máscaras que acumulei ao longo dos anos. Foi um desafio imenso, pois, após tanto tempo coberta por essas camadas, eu já não sabia mais distinguir o que era genuinamente eu e o que era minha persona. Questionei-me em que momento deixei de ser eu mesma e o que, de fato, me agradava. O caminho de autodescoberta foi bastante sofrido, pois exigiu que eu desconstruísse anos de comportamentos e crenças para encontrar minha verdadeira essência.

Por vinte anos, tive uma vida pública, dando satisfações constantes ao meu público. Quando resolvi sair da internet, percebi o quanto a vida pode ser mais leve sem o telefone na mão. Foi um dos hábitos mais difíceis de desaprender. Dei uma pausa completa: saí das minhas empresas, fechei programas, parei de vender. Não lia notícias nem me informava sobre o que estava acontecendo. Quando o Thiago mencionava que as pessoas perguntavam por mim, eu preferia não saber.

Voltei a fazer coisas simples para redescobrir minha essência: cozinhar, levar minha filha à escola, brincar, andar na rua. Viajei, pois não conseguia fazer isso no Brasil. Pratiquei meditação e louvor. Comecei a viver uma vida comum para perceber quem era a nova eu e do que gostava.

Nesse processo, percebi que sentia falta do trabalho. Gosto de ter problemas para resolver, da vida agitada. Também aprecio ser dona de casa, cuidar do lar e da família. Trabalhar me faz sentir útil e grata por compartilhar o que aprendi e o dom que Deus me deu. Entendi que existem duas Maíras dentro de mim: a que ama cuidar dos filhos e do lar, e a empresária. Esse é o maior desafio de uma mulher hoje. Conquistamos nossa "independência", mas acabamos nos sobrecarregando, fazendo tudo o que um homem faz, além de todas as tarefas tradicionalmente femininas.

Aprendi que gostaria de voltar a trabalhar, mas sem a pressão anterior de "ter que" pagar contas. Hoje tenho um parceiro com quem posso contar, o que torna tudo mais leve. Mesmo podendo não trabalhar, não me imagino sem isso. É como um círculo vicioso de êxtase, adrenalina e cortisol do qual nos tornamos dependentes. Refletir sobre essas complexidades me fez perceber quanto ainda temos a aprender sobre nós mesmos.

Você já se questionou? Questionou se o que sente, o que vê e o que vive é igual para todo mundo? Já parou para pensar que, em você, há um mundo completamente diferente do que existe no outro? Já parou para refletir por que alguns são tão ricos, têm tanta fama e conquistam seus sonhos com facilidade, enquanto outros não? Parou para pensar de verdade? Sem repetir as histórias que escuta por aí das pessoas que te cercam? Sem responsabilizar e culpar a sociedade, os sistemas, os outros e tudo que não depende de você?

E se eu te contar que existe um mundo nada óbvio que tem o poder de modificar qualquer realidade, incluindo a sua? Você gostaria de se permitir? Mas gostaria de verdade? Está disposto a sair da caverna e do conforto mais desconfortável que você habita e não sabe?

A partir do entendimento de quem você é, chega-se à decisão sobre quem você quer ser.

QUEM VOCÊ ESTÁ? → QUEM VOCÊ QUER SER? → QUEM VOCÊ É?

Quando nos sentimos perdidos e desconectados de nós mesmos, é comum nos perguntarmos "quem sou eu?". No entanto, essa inquietação existencial talvez não devesse ser nosso ponto de partida. É como tentar definir o resultado sem entender o processo, ou buscar um destino sem saber onde estamos. Essa pergunta fundamental sobre nossa identidade não é o começo da jornada de autoconhecimento, mas sim seu ponto de chegada.

A grande ironia é que quanto mais intensamente buscamos a resposta, mais ela parece nos escapar. Por quê? Porque "quem sou eu" não é uma pergunta isolada, mas a conclusão de uma trajetória de autoconhecimento que precisa começar muito antes. Quando pulamos direto para essa questão, ignoramos todo o contexto que nos trouxe até aqui, as influências que recebemos, os valores que absorvemos, as crenças que adotamos sem questionar.

Nascemos em um contexto social, com pais específicos, em determinada cultura. Antes mesmo de termos consciência própria, já estávamos sendo moldados por essas referências. São elas que formam nosso ponto de partida, nossa localização inicial na jornada de autodescoberta.

O verdadeiro começo está em reconhecer onde estamos agora. Que bagagem carregamos? Que filtros usamos para ver o mundo? Que vozes em nossa mente não são realmente nossas, mas ecos de outras pessoas? Só quando temos clareza sobre nosso ponto de partida é que podemos começar a traçar um caminho autêntico em direção a quem realmente somos.

Pense em um peixe dentro de um aquário. Ele nada, se alimenta, interage com seu ambiente, mas não tem consciência de que está em um aquário. Para ele, aquele pequeno universo de vidro é toda a realidade que conhece. Como poderia esse peixe entender quem ele é se não compreende sequer onde está? Como poderia ele sonhar com o mar se não sabe que vive em um espaço limitado?

O mesmo vale para um tubarão no oceano. Mesmo sendo uma criatura muito mais poderosa que o peixe do aquário, se ele não tem referência de onde está no vasto mar, como pode saber quem verdadeiramente é? Sua força e seu potencial ficam limitados pela falta de consciência sobre seu próprio ambiente. Ele pode ser um predador magnífico, mas, sem saber onde está, pode passar a vida inteira nadando em círculos em uma pequena área do oceano, sem jamais explorar sua verdadeira capacidade.

Não podemos definir quem somos sem primeiro compreender o "aquário" em que estamos nadando. Que limites invisíveis moldam nossa visão de mundo? Que paredes de vidro – na forma de crenças, medos ou condicionamentos – estão determinando até onde podemos ir? Que oceano existe além do nosso pequeno aquário mental?

A diferença é que, ao contrário do peixe, nós temos a capacidade de tomar consciência de nosso "aquário". Podemos identificar as limitações que herdamos, os padrões que nos foram impostos, as fronteiras que aceitamos sem questionar. E só então, compreendendo onde estamos e o que nos mantém presos, podemos começar a responder quem realmente somos e, mais importante, quem podemos nos tornar.

TIRANDO SEUS RÓTULOS

Nascemos como uma tela em branco, pronta para receber as primeiras pinceladas da vida. Nossos pais, involuntariamente, tornam-se os primeiros artistas dessa tela. Seus medos viram nossos medos, seus sonhos infiltram nossos sonhos, suas verdades moldam nossas verdades. A cada gesto, palavra ou silêncio, vão preenchendo nossa tela com suas próprias referências e perspectivas. Muito antes de nos ensinarem ativamente qualquer coisa, já estavam inconscientemente transmitindo suas verdades através de gestos, reações emocionais e padrões de comportamento. O medo do fracasso do pai se torna nosso medo antes mesmo que possamos definir o que é fracasso. A necessidade de aprovação da mãe se infiltra em nossas ações antes que entendamos o conceito de aprovação.

Conforme crescemos, nosso papel vai sendo preenchido não apenas com palavras e ensinamentos, mas também com marcas invisíveis de experiências e influências indiretas. O divórcio dos pais pode nos ensinar, erroneamente, que todos os relacionamentos são instáveis. O sucesso profissional de um familiar pode criar uma pressão silenciosa por realizações semelhantes. Cada evento, cada interação, cada momento de alegria ou trauma vai deixando sua marca, algumas vezes óbvias, outras tão sutis que só anos depois percebemos sua influência.

À medida que nos abrimos para o mundo, começamos a colecionar influências. Amizades, relacionamentos amorosos, professores... Ao longo da vida, cruzamos com uma diversidade de almas: das genuínas às dissimuladas, das verdadeiras às falaciosas, das leais às inconstantes. Encontramos aqueles que nos inspiram e outros que nos desiludem, e cada uma dessas interações vai, pincelada a pincelada, compondo a tela de nossa existência. Cada elemento adiciona sua própria camada à nossa composição. O perigo é que, nesse processo, frequentemente confundimos a quantidade de experiências que vivemos com quem realmente somos. Acumulamos vivências, opiniões e rótulos sem de fato processar ou questionar se eles combinam com nossa essência.

Se pararmos para refletir sobre nossas vidas, chegaremos a um instante de clareza no qual paramos e olhamos para toda a bagagem que carregamos, todo o roteiro que seguimos, e nos perguntamos: "Quanto disso tudo realmente me pertence?". É um questionamento devastador, porque começamos a perceber que grande parte do que chamamos de "eu" foi construída por outras mãos que não as nossas. Nesse processo, podemos nos dar conta de que, durante anos, dançamos uma coreografia que outros criaram: puxados pelos sonhos não realizados de nossos pais, empurrados pelas expectativas da sociedade, pressionados pelas demandas profissionais e pessoais, freados pelos medos herdados de gerações anteriores. Como bêbados em uma festa sem fim, percebemos que acabamos seguindo o ritmo sem questionar a música. É devastador, não é?

E por que não questionamos? Talvez porque, para aqueles que vagam sem propósito, qualquer direção pareça aceitável. Perseguimos promoções que não desejamos, escolhemos relacionamentos que não nos preenchem, cultivamos amizades que nos drenam, adotamos valores que não nos representam. Cada escolha aparentemente pequena vai nos conduzindo a um destino que nunca escolhemos conscientemente. O despertar raramente é gentil. É o momento em que percebemos que fomos levados pela vida como uma folha ao vento, sem direção própria, sem bússola interna.

Mais doloroso ainda é reconhecer que não somos apenas vítimas passivas desse processo. Cada vez que nos omitimos de uma escolha, cada vez que seguimos o caminho de menor resistência, cada vez que deixamos outros decidirem por nós, estávamos, silenciosamente, concordando com esse papel secundário em nossa própria história.

Antes de podermos traçar um novo caminho, precisamos fazer um mapeamento honesto de onde estamos, emocionalmente, espiritualmente, fisicamente. Faça esse exercício. Pare por um momento e pergunte-se:

- Que papel estou representando hoje?
- Que valores defendo automaticamente?
- Que sonhos persigo sem questionar se ainda são meus?
- Que relacionamentos mantenho por inércia?
- Que medos me paralisam sem que eu saiba sua origem?
- Que máscaras uso tão frequentemente que as confundo com meu próprio rosto?

DE VÍTIMA A PROTAGONISTA

O momento mais transformador não é quando descobrimos quem somos, mas quando decidimos nos tornar autores de nossa própria história. É quando entendemos que todas as experiências – as dores, os abusos, as mentiras, as decepções – não são apenas fatos que aconteceram conosco, mas partes de uma narrativa que agora podemos escolher como contar.

Ser protagonista não significa não ter sido influenciado ou marcado por outros. Significa assumir a responsabilidade pelo que fazemos com essas influências a partir de agora. É reconhecer que, embora não tenhamos escolhido o ponto de partida de nossa história, podemos escolher cada próximo capítulo.

O primeiro passo nessa nova jornada é a aceitação radical de onde estamos. Não com resignação, mas com clareza. É olhar para nossa vida atual – nossas escolhas, nossos relacionamentos, nossa carreira, nossas crenças – e ter a coragem de questionar cada elemento:

- Isto me representa verdadeiramente?
- Escolhi isto conscientemente ou apenas aceitei?
- Isto ainda serve ao meu crescimento?
- Isto me aproxima ou me afasta de quem quero me tornar?

Esse é o momento em que deixamos de ser espectadores passivos de nossa própria existência e nos tornamos os diretores, roteiristas e atores principais de nossa história. Não é um papel fácil, pois exige coragem, consciência e, acima de tudo, a disposição de assumir a responsabilidade por nossas escolhas daqui para a frente.

A grande transformação começa quando entendemos que não estamos presos ao papel que nos foi dado, pois podemos reescrever cada cena, redefinir cada personagem e, mais importante, escolher conscientemente o próximo ato de nossa história.

TRÊS PASSOS EM DIREÇÃO A VOCÊ MESMO

O processo de autodescoberta segue uma sequência lógica, como um mapa que precisamos desenhar antes de iniciar qualquer jornada. O primeiro momento crucial é aquele em que nos damos conta: "Esta vida é minha". Não é da minha mãe, não é do meu pai, não pertence aos meus amigos, é minha! Com essa conclusão vem também a compreensão de que todas as consequências, as dores, os abusos, as mentiras, as enganações são parte da minha história. É o instante exato em que deixamos de nos ver como vítimas.

Não basta apenas ter esse despertar. Depois que tomamos consciência de nosso protagonismo, precisamos dar três passos fundamentais:

1. Entender nosso mapa, compreender como chegamos aonde estamos. Trata-se de olhar para trás e reconhecer o caminho percorrido, identificar quem nos trouxe até aqui, que influências nos moldaram. Não importam tanto os detalhes de quem fez o quê, mas sim entender o processo que nos trouxe até este momento.
2. Fazer um inventário honesto de onde estamos agora. Olhe-se no espelho e faça perguntas fundamentais: estou no papel de vítima ou de vitoriosa? Sou bem-sucedida segundo quais critérios? Que posições ocupo na vida? Sou mãe? Estou casada? Estou na profissão que escolhi? Estou feliz? Estou insatisfeito? Esse questionamento é crucial porque, como num GPS, se não soubermos onde estamos, não podemos traçar uma rota para onde queremos ir.
3. Definir quem queremos ser. Só depois de entender como chegamos aqui e identificar onde estamos é que podemos fazer escolhas conscientes sobre nosso futuro. É o momento de questionar se queremos continuar sendo quem somos hoje. Será que faz sentido manter certas posturas, certos comportamentos?

No meu caso, quando parei para fazer esse exame, percebi que muito do que eu era não fazia mais sentido. Ser feminista de forma agressiva, ser provedora única de maneira masculinizada, ser incansável a todo custo – nada disso combinava mais com quem eu queria me tornar. Foi preciso um processo cuidadoso de remoção desses rótulos para que eu pudesse, finalmente, descobrir quem eu realmente queria ser.

Essa jornada não é uma questão de negar nosso passado ou culpar quem nos influenciou, mas de tomar consciência de nossa história e, finalmente, assumir o controle da narrativa. É entender que, embora não tenhamos escolhido o ponto de partida, podemos escolher cada passo daqui para a frente. É transformar nossa vida de uma história que acontece conosco em uma história que nós mesmos escrevemos.

NÃO PERTENCER

O processo de autodescoberta exige uma força particular: a coragem de não pertencer. Quando nos adaptamos ao que a sociedade espera, vivendo segundo as expectativas alheias, recebemos em troca o conforto do pertencimento. Somos vistos, aplaudidos, acariciados. Como artista, vivi isso intensamente, isto é, a busca constante por aplausos, que nada mais é que a validação externa de quem somos ou do que somos capazes de fazer.

Quando estamos verdadeiramente plenos, cheios de Deus, essa validação externa se torna desnecessária. É como um copo já cheio, que não precisa de mais nada de fora porque já está completo por dentro. O contrário também é verdadeiro. Quanto mais vazios estamos por dentro – vazios de certezas, de amor, de Deus –, mais dependemos dos aplausos externos, mais precisamos pertencer.

Se sabemos que cada ser humano é único em essência, por que nossa sociedade cultiva essa necessidade obstinada de parecermos iguais? O vazio e a ânsia por pertencimento são, na realidade, vazios de Deus. E paradoxalmente, esse vazio existencial pode ser necessário e, eventualmente, mostrar-se eficaz, pois muitas vezes é por meio do vazio que admitimos nossa necessidade do divino.

Na busca incessante pelo pertencimento ilusório, passamos a vida querendo chegar a um lugar, a uma posição social, a um status financeiro. Mas a única chegada definitiva é a morte. O nascimento é nosso ponto de partida, a morte é nosso ponto final. Por que então essa pressa de chegar? O verdadeiro desafio não está em descobrir quem somos, mas em descobrir quem queremos ser ao longo do caminho.

A graça da vida não está na chegada. Está no processo. Está na descoberta diária de quem queremos nos tornar. Não existem respostas prontas, nem mesmo este texto ou qualquer livro pode oferecer todas as respostas. O que trago aqui são ferramentas e ensinamentos que auxiliam a evolução do processo e do espírito, para que em algum momento, sozinhos com Deus, possamos descobrir quem realmente somos de acordo com nossa trajetória. Nossa identidade final dependerá de nossa entrega a esse processo. Não é uma questão de chegar, mas de caminhar.

Às vezes, necessitamos de muita força para nos fazer parar e nos tornarmos quem somos plenamente. Deixar-nos sermos vistos sem todas as amarras do que foi exigido de nós – no meu caso, essa exigência foi de independência plena, que por muito tempo encarei como um trabalho do qual não podia descansar nunca, e que acabava me aprisionando também.

Há uma difícil escolha que temos de fazer – sobre o que queremos alimentar e **NUTRIR**, e sobre o que as pessoas sabem ou acham que sabem a respeito de nós. As palavras "alimentar" e "**NU-**

TRIR" não estão escritas aqui por acidente. Elas foram escolhidas. O verdadeiro alimento da vida transcende nossa individualidade. Ele se revela quando abraçamos nosso poder de NUTRIR os outros, quando nos permitimos ser vulneráveis e quando aceitamos ser genuinamente acolhidos. Trata-se de sermos honestos conosco mesmos e com os outros acerca do que realmente alimenta nossas vidas. "Se as palavras fossem alimentos, você estaria se alimentando de quê?" O que anda buscando? Ouvindo?

Ao abrir minhas feridas, segredos, ensinamentos, "truques" que usei para subir, aprendizados que tirei de outros livros, de cursos, das viagens, dos buracos em que me meti, das vezes em que caí e levantei, dos choros que engoli e das lágrimas que ninguém viu cair, eu consigo olhar para trás e ver como me transformei. Transformei minha autopercepção. E todos nós podemos fazer o mesmo, livrando-nos da imagem que os outros têm de nós. Talvez estejamos muito pouco no que as palavras dos outros tentam definir sobre nós. Tomei o controle da minha própria narrativa e posso dizer, sem a interferência de terceiros, o que realmente me alimenta: fazer pelos outros, fazer as pessoas felizes, servir, ser útil e eficiente.

Há um mergulho no inesperado que aguarda todos nós, assim como o mundo real aguardava os prisioneiros da caverna de Platão. Podemos descobrir coisas que nunca imaginávamos existir. Podemos sorrir, chorar, sentir medo, ficar bravos, mas, se estivermos de verdade dispostos a mergulhar sem medo de nos afogarmos, vamos nos surpreender com a capacidade que temos de conquistar tudo o que quisermos! Não precisa acreditar em minhas palavras agora, mesmo porque talvez pareça impossível de onde você pode estar, mas se permita apenas se entregar de verdade.

SE AS PALAVRAS FOSSEM ALIMENTOS, VOCÊ ESTARIA SE ALIMENTANDO DE QUÊ?

Posso afirmar, sem medo algum, que hoje estou inteiramente aqui – sem correntes ou vislumbrando o mundo apenas por "sombras na parede" que antes me impediam de expressar minha verdade. A cegueira já não faz parte da minha vida. Estou de olhos bem abertos e atenta: escolho o que me nutre e o que me alimenta, tanto física quanto espiritualmente. Tenho certeza de que você, se estiver realmente disposto, pode fazer o mesmo.

Eu te convido a conhecer o novo, nunca visto nem vivido por você.

E lembre-se: o pior cego é aquele que não quer ver.

CAPÍTULO 1

A carta de Deus

Antes de iniciar a escrita deste livro, tive um sonho que me marcou muito. Geralmente, tenho dois tipos de sonhos: os sonhos do subconsciente, que dizem coisas sobre mim de maneira mais racional e lógica, ou que revelam informações com as quais ainda não estou pronta para lidar, mas que já estão presentes em minha vida; e os sonhos proféticos, como este que vou relatar.

Na minha experiência, sonhos proféticos são mais raros e querem me preparar para algo muito profundo e importante. Sei que todos os sonhos saem do nosso subconsciente, mas não consigo significá-los da mesma forma, colocá-los no mesmo lugar, pois na minha vida esses que parecem premonitórios sempre serviram como um aviso, o que levo muito a sério. São presentes de Deus. São avisos do que irá acontecer, não tão óbvios e lógicos, o que torna esses recados muito mais impactantes, interessantes e intrigantes. Dizem que Deus conhece cada filho e, com cada um, fala de formas diferentes. Comigo ele fala de modo visível ou até escreve cartas.

Uma semana antes do sonho, eu estava lendo um livro sobre o poder da oração, que ensinava como orar "corretamente". É uma obra bem interessante que nos faz refletir: afinal, por que alguns oram e seus pedidos são realizados e outros oram e continuam no mesmo lugar? Por que alguns têm saúde plena e nem oram, enquanto outros oram apenas por saúde plena e não a alcançam?

O autor explica a diferença entre as orações e o grande desafio de fazer tudo caminhar em harmonia: o sentir, o pensar e o agir. Ele traz um pouco de metafísica e neurociência para explicar como os desejos são materializados, e cita pesquisas científicas e estudos de caso impressionantes; por exemplo, de cegos que voltam a enxergar e de pessoas que se curam de um câncer terminal.

Após ler o livro, decidi combinar com Deus que "se" e "quando" ele fosse falar comigo, seria por escrito. Eu não aceitaria nada menos que algo tão óbvio e claro quanto uma carta. Por que eu combinei isso com Ele? Primeiro, porque estou sem paciência com adivinhos e falsos profetas! Quem nunca se decepcionou com falsos profetas? A verdade é que se Deus tiver algum recado para me dar, que dê para mim diretamente. Segundo, porque tenho muita dificuldade de entender quando Deus está falando comigo. Se não for de maneira desenhada e transparente, acabo achando que estou vendo coisas onde não tem.

Acredito em Deus há apenas três anos, desde que Ele apareceu para mim de maneira assustadora e mágica, movimentando coisas físicas para que eu pudesse acreditar. Desde então, eu desafio Deus o tempo todo. Eu fazia isso com meu pai da Terra também, e faço assim com Ele, "Pai Deus".

Parece que estou sempre enfrentando e falando tudo que quero e como quero, não para pedir algo, mas para que Ele se prove a todo tempo, mostrando que Ele é Ele mesmo, e que de fato existe. Hoje acredito mais na existência de Deus do que na minha própria; mas, ainda assim, amo provocá-lo, porque quando Ele aceita as minhas provocações e aparece, são aparições tão lindas que valem toda a minha teimosia e audácia!

O SONHO PROFÉTICO

No sonho, eu estava em uma cozinha, ensinando minha cunhada a preparar comida para a minha sobrinha; estava brava e aflita porque minha sobrinha não recebia a nutrição necessária para permanecer viva. Eu tentava argumentar que se ela continuasse sendo alimentada da forma como estava, iria morrer. Essa era a sensação que eu tinha no sonho, de que algo precisava ser feito muito rápido.

Então, enquanto eu explicava o que deveria ser feito, uma presença tétrica tomou conta de tudo. Um pássaro preto enorme surgiu no teto. Estávamos em um ambiente com pé-direito alto, parecia uma cozinha industrial, como se fosse um galpão. A ave estava parada, sem voar, mas batia com força as asas pesadas acima de nós. O pássaro agia com a calma de quem conhece seu poder e não tem pressa de executar a sua missão com pujança inquestionável. Era inegável que aquela ave era uma ameaça.

Assim que percebemos a ave, começamos a gritar desesperadamente. A sensação que tínhamos era de que aquele pássaro representava a morte. Com o bater das asas do pássaro preto e seu olhar penetrante, a crescente sensação de pavor tomou conta do lugar. Todos começaram a correr, apavorados. Eu corri também, para a mesma direção, porém sozinha. No sonho, era cada um por si e Deus por todos. Fomos parar em um corredor que parecia o de um hotel escuro, imenso, cheio de portas entreabertas com luzes saindo de dentro delas. As pessoas gritavam, gemiam e corriam, em pânico, fugindo da morte. Consegui entrar em um dos quartos, à esquerda, e havia uma pessoa do lado de fora, uma moça com medo e curiosa ao mesmo tempo. Ela tinha sobrepeso, o que nitidamente representava a minha missão na Terra. Até então, no sonho, eu não percebia tudo isso. Só fui perceber quando acordei e pensei muito sobre ele.

A moça tinha cabelos pretos na altura dos ombros e a pele branca. Eu não sabia se ela ia entrar em meu quarto ou não, pois parecia querer entrar, mas, por algum motivo, ela não o fazia. Minha tensão crescia, porque precisava me esconder do pássaro, mas queria salvá-la. Então, com a porta entreaberta, pensei: "Jesus amado, ela precisa entrar rápido para eu poder fechar essa porta!". Tudo acontecia mais rápido do que eu podia falar. Fui tomada por esse sentimento de desassossego e indecisão: me salvo ou tento salvá-la, enquanto corro o risco de ser envolvida pela crueldade do pássaro e morrer?

Naquele momento, senti que o pássaro não era uma morte literal. Ainda assim, isso não deixava o pavor de lado. Quando entendi que a curiosidade da moça em ver o pássaro era maior que o desejo de se salvar, finalmente fechei a porta. De repente, aparecia uma grande amiga minha no quarto, que gritava: "A janela está aberta, o pássaro vai entrar!". A ave então entrou no quarto em um voo rápido, com asas bem abertas, e mirou dentro da minha barriga, sem jamais duvidar de seu trajeto e objetivo. Naquele momento, foi como se a morte entrasse em mim, e acordei com um susto, como se alguém tivesse dito "Buuu!".

Quando me recordo desse sonho, parece que ainda sinto o pássaro entrar em mim, e escuto o movimento de seu voo único, rasante e perturbador.

QUANDO FOR DE DEUS, A REVELAÇÃO VIRÁ

Quando acordei, fiquei assustada, mas logo entendi que se tratava de um sonho profético, afinal não foi a única vez que Ele falou comigo dessa maneira. Da primeira vez que tive um desses sonhos proféticos, eu ainda não acreditava em Deus. Na segunda ocasião, foi para me avisar sobre a morte de uma das pessoas mais importantes da minha vida: meu pai. Aconteceu meses antes de meu pai falecer e, claro, só fui entender o que significava depois. Nesse sonho, eu estava na casa do meu pai preparando biscoitinhos de Natal, aqueles de gengibre, que têm o corpinho todo decorado. Ao tentar assá-los, queimei os biscoitos. Quando olhei, um deles era meu pai, e ele estava torrado, preto. Tive um sentimento ruim, de morte, quando peguei a forma. Pensei: "Nossa, queimei meu pai!".

Eu o segurava na mão, devagar, com toda a delicadeza que conseguia, e ele estava completamente frágil, mas contando com a minha mão como o grande apoio de seu corpo carbonizado. Ainda assim, meu pai não desistia – isso representava muito de sua personalidade, sem dúvidas. Sempre foi um homem que seguia na trilha do que acreditava e do que tinha que ser feito. O biscoitinho como que se mexia e tentava, frustrado, se mover ainda mais fervorosamente. Os movimentos eram curtos, pequenos, quase nulos, mas ele não se deixava abater, mesmo quase se desmanchando na minha mão, ainda que queimado. Esse foi um sonho curto, mas me trouxe um sentimento tão profundo, tão íntimo, de uma dor que eu não conseguia explicar.

A conexão entre a morte do meu pai e esse sonho ficou muito clara para mim quando, no hospital, a médica veio me dizer que o pulmão do meu pai tinha saído todo preto na radiografia. Então lembrei do bonequinho de biscoito na minha mão, queimado, que ainda tentava se mexer como se quisesse conseguir alguma vida no meio de toda aquela morte. Meu pai era, de fato, um boneco que não podia se mexer, porque senão se desmontaria. Se meu sonho anterior avisou sobre a morte do meu pai, eu me perguntava: "Será que agora o novo sonho está avisando sobre a minha?".

Mas não era isso o que eu estava sentindo quando acordei. Havia algo não tão claro para mim. Fiquei pensando sobre o que o sonho queria dizer. Algumas imagens eu conseguia entender. Minha sobrinha desnutrida era a representação da minha psique[3] de menina que precisava ser cuidada e nutrida de novos alimentos. O sonho me avisava que o que antes me nutria não estava me nutrindo mais – não exatamente o que eu ingeria pela boca, mas pelos olhos e pelos ouvidos. Que tipo de nutrição estaria me faltando que eu não entendia ainda?

Outra parte mais óbvia era a moça com sobrepeso que eu tentava ajudar a ponto de quase dar a minha vida para salvá-la. Essa sou eu no mundo real, me doando inteiramente para minhas clientes, me entregando ao meu trabalho até meu último fôlego. É o que me motiva e me move: salvar vidas, dar alegria e esperança a quem não tinha mais. Na minha vida diária, sinto-me exatamente como me senti no sonho em relação à moça que tentei salvar: me entrego para meus clientes mais do que me entrego a mim.

Mas e a parte na qual o pássaro entrava em mim? Do que se tratava exatamente? Eu ainda não havia entendido a mensagem.

---

3. Segundo Freud, a psique é a totalidade da mente humana, incluindo o consciente, o pré-consciente e o inconsciente, que juntos determinam o comportamento e a experiência mental do indivíduo (SOUSA, Rafaela. Aparelho psíquico. *Mundo Educação*, [s. d.]. Disponível em: https://mundoeducacao.uol.com.br/psicologia/aparelho-psiquico.htm. Acesso em: 19 out. 2024).

Nem consegui falar muito sobre o que tinha sonhado. Foi algo que inicialmente me deixou quieta, reflexiva, mas depois contei meu sonho para o Thiago, meu marido. Ele me perguntou: "O que você acha que esse sonho significa?". Eu ainda não sabia responder.

Na manhã seguinte ao sonho, o Thiago teria uma palestra em outra cidade, e eu fui acompanhá-lo (sempre nos acompanhamos, é nosso acordo, nunca sozinhos). Pegamos o avião, e depois um carro nos levou até uma fazenda onde o compromisso aconteceria. Durante todo o trajeto, me senti desconectada do que acontecia ao meu redor, pois o sonho não saía da minha cabeça. Estava muito avoada; a sensação de morte que eu havia sentido estava me consumindo profundamente. No avião, enquanto serviam os alimentos, e até mesmo quando falavam comigo, parecia que eu não estava lá, como se a realidade fosse um filme e eu só estivesse assistindo.

No percurso até a fazenda, eu olhava para fora do carro, reflexiva, pensando em tudo e em nada ao mesmo tempo. Buscava uma conexão dos céus para me dizer a razão do contato desolador que eu havia tido com aquela ave preta parecida com um urubu. Estava preocupada; afinal, eu morria no sonho e havia tido essa sensação de finitude, de uma maneira muito forte, mas ao mesmo tempo sem um desfecho, pois na hora de morrer, quando a ave entrou em mim, eu morri, mas acordei. Dual e estranho.

Chegando ao local da palestra, um dos quartos da fazenda, muito bem arrumado pelos contratantes, serviu de camarim para nós. Para chegar ao cômodo, subimos uma escadaria de madeira e, ao final dela, percorremos um corredor comprido à esquerda. Caminhando até o final do corredor, chegamos ao quarto "camarim". Assim que entramos nele, tive uma sensação de nostalgia: uma cama bem antiga de madeira estava coberta com uma colcha branca, bordada, com uma delicadeza que lembrava as colchas de nossas avós. Ao lado direito, havia uma janela enorme de vidro. Por ela, eu podia ver as pessoas lá embaixo, esperando que o Thiago chegasse para palestrar. Perto da janela havia uma mesinha redonda de madeira com duas cadeiras, água e frutas. Na fruteira, várias maçãs; o Thiago ama maçãs.

Eu estava muito introspectiva. Quando os contratantes do evento entraram no quarto para falar com o Thiago, por alguma razão, fiquei de lado para a janela. Sentei-me, bastante pensativa, e virei a cadeira para a parede, cruzando meus braços, apoiando meu maxilar sobre a palma de uma das mãos, movimento que jamais faria sentido se eu estivesse em um dia comum.

Então, quando ergui meu olhar vagarosamente, inclinando meu rosto para o lado, vi um quadro. Quase congelei. Emoldurado por um material dourado, fino e antigo, o desenho já desbotado mostrava exatamente o pássaro do meu sonho! Fiquei em choque. A surpresa foi tão grande que eu mal sabia como reagir. Lá estava! A ave aparecera na minha frente, em um quadro que dava a sensação de estar guardando um segredo. Talvez estivesse.

Ao me deparar com a imagem, um alívio tomou conta do meu peito, e entendi: o que vi no meu sonho foi aquela ave, uma águia! Linda, imponente e forte. Ela era inteiramente preta, como um urubu, mas tinha a cabeça branca, detalhe do qual eu não lembrava, pois estava muito focada no perigo que ela parecia trazer no sonho. Deus é tão grandioso que permitiu o aparecimento da ave no quadro, para me dar a confirmação de que era ela. Era ela mesma, a ave do sonho! Tive tanta certeza disso quanto tinha a certeza de que eu acabara de completar quarenta anos. Então, percebi uma inscrição junto à foto no quadro, como uma carta. Você lembra que uma semana antes eu havia pedido que Deus me enviasse uma carta quando quisesse falar comigo? Pois é! No quadro, lia-se: "Restauração".

Fiquei em choque. Como pode Deus ser tão perfeito, conhecer tão bem cada filho dessa maneira? Comecei, então, a juntar provas do que tudo aquilo significava para mim. Primeiro, a ave; era ela, inquestionavelmente, a mesma ave, o mesmo olhar penetrante! Era minha ave da morte, da morte do meu antigo eu, e, agora sim, tudo fazia sentido com a minha sensação de ser a morte e não ser a morte ao mesmo tempo.

Tempos atrás, eu havia lido uma bela história ficcional sobre a águia, de autor desconhecido, chamada "A história de renovação da águia".[4] Segundo o relato, a águia é uma das aves de maior longevidade. Vive cerca de setenta anos. Porém, para chegar a viver tanto, aos quarenta anos ela precisa tomar uma difícil decisão. Quando atinge essa idade, suas unhas estão compridas, flexíveis e já não conseguem mais agarrar as presas das quais se alimenta. O bico, alongado e pontiagudo, se curva, apontando contra o seu peito; suas asas tornam-se pesadas em função da grossura de suas penas, que estão envelhecidas. Voar se torna muito difícil. Então ela só tem duas alternativas: morrer ou enfrentar um doloroso ato de renovação que vai durar 150 dias.

O processo consiste em voar para o alto de uma montanha e lá se recolher em um ninho, próximo a um paredão de onde ela não necessite voar. Ao encontrar esse lugar, a águia começa a bater o seu bico na parede. Ele sangra, dói, machuca, mas ela persiste até conseguir arrancá-lo, enfrentando, corajosamente, tudo o que essa ação traz. Pacientemente, então, a águia espera o nascer de um novo bico, com o qual irá arrancar as

4. A HISTÓRIA de renovação da águia. *Unblur*. 7 abr. 2019. Disponível em: https://unblur.com.br/hello-world/. Acesso em: 18 out. 2024.

velhas unhas. Ao nascerem as novas unhas, ela passa a arrancar as velhas penas, que também não lhe servem mais. Só então, após cinco meses de isolamento social e transformação, a ave vai para o famoso voo da renovação, com a certeza de estar pronta para os próximos trinta anos.

Ao ver o quadro na parede, imediatamente lembrei-me do processo de restauração da águia, que eu já conhecia. Assim como ela toma a decisão de se recolher e recomeçar aos quarenta anos, eu havia acabado de completar quarenta anos quando tudo isso aconteceu. Em menos de trinta dias! Sempre que for de Deus, você terá uma revelação. Portanto, entendi o recado: o momento de renovação também chegaria para mim.

A IMPORTÂNCIA DE SE RECOLHER PARA UM NOVO VOO

Há uma frase de que gosto muito, título de um livro do coach de desenvolvimento pessoal Marshall Goldsmith: "O que te trouxe até aqui não te levará para o próximo nível".[5] Em nossas vidas, por vezes, temos que nos resguardar por algum tempo e começar o processo de transformação para viver o novo. Para que continuemos a voar um voo de vitória, devemos nos desprender de lembranças, costumes e outras crenças e tradições que só nos causam dor. Somente livres do peso do passado podemos aproveitar o resultado valioso que uma renovação traz.

Para quem ainda não me conhece, vou contar um pouco da minha história, porque tudo o que vivi, cada passo da minha trajetória, trouxe-me até o momento em que entendi que precisava de

5. GOLDSMITH, M. *What Got You Here Won't Get You There*: How Successful People Become Even More Successful. Nova York: Hyperion, 2007.

um novo caminho. Sou casada com o Thiago e tenho dois filhos: o Lucas, de 23 anos, e a Sophia, de cinco anos, que agora são do Thiago também, assim como eu.

Sempre fui mãe e pai dos meus filhos. Obviamente eles têm pai, mas ambos sempre moraram comigo, e sempre fui a provedora deles também, logo acabei assumindo os dois turnos, o que infelizmente acaba acontecendo com a grande maioria das mães. Tive o Lucas aos dezessete anos. Era uma menina e sofri muito preconceito. Não sei como é hoje; tenho certeza de que não deve ser fácil, mas há 23 anos ser mãe adolescente era muito ruim. Minha própria família tinha muito preconceito, meu pai e minha avó eram bem machistas e, na verdade, eu também. Afinal, fui criada por eles.

Sempre trabalhei e pilotei o meu navio sozinha; também tive orgulho de dizer que me tornei "o velho rico da minha própria vida" (e pensar que comecei tudo com R$ 800 na conta!). Vivi "exposta" desde meus dezenove anos, quando comecei a trabalhar na Record, em um programa de televisão, onde eu atuava como jornalista. De lá, a dimensão do meu trabalho aumentou cada vez mais. Fui contratada por todas as maiores emissoras do Brasil: SBT, Globo e Record. Também viajei o mundo como apresentadora de um programa de poker profissional, além de ter realizado publicidades grandes, capas de revistas e propagandas na televisão. Até rainha de bateria de duas das maiores escolas de samba do Brasil eu acabei sendo, ou seja, conheci de tudo um pouco, transitei pelo mundo. Hoje, percebo que quase tudo que fiz não tem sentido algum, e nem se parece com o que acredito e desejo, mas me ensinou a ser quem sou, inclusive para que eu possa dizer que não gosto. A verdade é que só sabemos como é o gosto doce quando conhecemos o salgado.

**A VERDADE
É QUE SÓ SABEMOS
COMO É O GOSTO DOCE
QUANDO CONHECEMOS
O SALGADO.**

Em 2014, o câncer matou meu pai. Foi aí que meu caminho mudou completamente. Uma semana após seu falecimento, abri o Seca Você, meu primeiro programa de emagrecimento. Eu só queria que as pessoas vivessem mais; afinal, eu tinha me curado de um câncer e acabado de perder meu pai para a mesma doença. Eu tinha descoberto que somos, de fato, o que comemos. Senti que precisava contar isso para todo mundo, pois salvei minha própria vida, prolongamos a do meu pai, e, em homenagem a ele, eu desejava salvar outras vidas.

Naquela época, eu morava na Califórnia, um dos lugares mais saudáveis que conheci. Tinha acesso aos melhores estudos, alimentos, oportunidades, profissionais, e me joguei de corpo e alma, dediquei a minha vida a isso, até demais. Dormia apenas três horas por noite, o que depois me gerou um grande problema na coluna que me deixou momentaneamente paralítica. A dor de ter perdido meu pai era muito grande, e me entreguei aos estudos e a fazer o que ninguém nunca tinha feito. Para mim, era um mundo novo, eu não tinha a menor ideia do quão mal faziam o açúcar e outros produtos alimentícios, o quanto eles nos adoeciam fisicamente.

Hoje, minha empresa de emagrecimento é uma das maiores do Brasil, talvez a mais conhecida. Fiquei famosa pelos resultados surpreendentes dos "antes e depois" dos nossos clientes, tanto de pessoas comuns quanto dos maiores artistas do Brasil e internacionais, como a Anitta, por exemplo. Muita gente me pergunta qual é o segredo para emagrecer, como se existisse uma fórmula mágica ou um único caminho. Na verdade, existem quatro pilares que, quando trabalhados em conjunto, transformam seu corpo e sua vida: alimentação consciente (comendo o que Deus criou, não o que o homem inventou), sono reparador (pois é durante ele que seu corpo faz toda a faxina e reorganização hormonal), hidratação abundante (já que a água é essencial para todos os processos metabólicos) e movimento regular (porque seu corpo foi feito para se mexer, não para ficar parado).

Esses elementos estão profundamente conectados. Quando um deles está fora do lugar, todo o processo de emagrecimento fica comprometido. Se você não dorme bem, seus hormônios do estresse ficam alterados, aumentando a fome e a vontade de comer carboidratos. Se não bebe água suficiente, seu corpo pode confundir sede com fome. Se não se exercita, seu metabolismo fica mais lento. E se come mal, não tem energia para treinar nem consegue dormir direito. Por isso digo que não adianta focar apenas um aspecto – você precisa cuidar de todos eles juntos para ver resultados reais e duradouros. Com a minha empresa, as pessoas emagrecem de forma natural, comendo apenas comida de verdade, ou seja, o que Deus fez: frutas, verduras, legumes e animais.

Muitas vezes, com a vida moderna que levamos, desconsideramos algo muito importante e simples: se você comer tudo que Deus fez, nunca ficará doente ou com sobrepeso; mas, se consumir produtos alimentícios que o homem fez, aí começam os seus problemas. Os meus programas de emagrecimento duram 21, 30 ou 60 dias; o que mais gosto é o de 60. Temos pessoas para acompanhar cada cliente, 24 horas por dia, e que se certificam de que todos os novos hábitos estão sendo adotados. Inicialmente, esse movimento é mais nosso que do cliente, até que de fato a nova alimentação se torne um hábito e um prazer para ele.

O mais interessante dos meus programas são os casos de doenças curadas ou praticamente anuladas, como diabetes, depressão, pressão alta, infertilidade, psoríase, problemas de circulação, coração... tudo isso desaparece, só com alimentação adequada e muito amor.

A dor e o sofrimento de todos os desafios que enfrentei ao longo da vida levaram-me para onde nunca imaginei. A verdade é que, por mais que eu tenha sofrido alguns maus bocados, decepções amorosas, abusos no trabalho, abusos na infância, nos relacionamentos, na criação, estupros e várias traições, por mais que eu tenha apanhado e até parado em cativeiro, nos acostumamos com tudo nesta vida, com o que é bom e com o que é ruim. Tive que me reinventar e ser uma guerreira forte e corajosa, que, apesar de muita dor, também se rendeu. Tenho muito orgulho de quem sou, supermãe, guerreira; tenho muito orgulho do que sou capaz, da minha autossuficiência, de ser bem-sucedida, independente, ter conquistado fama e reconhecimento público na minha área.

LONGE DE TUDO, PERTO DE MIM

Eu sou mãe de dois filhos, responsável por empresas e mais de quatrocentos colaboradores! Em mais de dez anos de trabalho, já ajudei mais de oitocentas mil pessoas a alcançarem resultados e alcancei mais de R$ 100 milhões em faturamento. Já cogitei parar várias vezes, mas sempre penso: e as famílias das pessoas que trabalham comigo, ficam como? Desde que meu pai morreu, eu assumi erroneamente o lugar dele, e me senti completa e totalmente responsável pelos meus. Coloquei-me no lugar dele como se alguém pudesse substituir outra pessoa, como se uma mulher pudesse ocupar o lugar de um homem e um pai. Acredite: não pode. Pessoas são insubstituíveis.

Se alguém me dissesse isso há alguns meses, penso que nunca mais falaria com essa pessoa. Mas hoje vejo que essa ideia tem uma profundidade óbvia: o papel da mulher é tão único quanto o do homem. Não é à toa que Deus fez o encaixe perfeito e natural dos sexos juntos se tornarem três – a mulher e o homem, quando se unem, são capazes de gerar uma terceira pessoa. Em 2023, casei-me com um homem que dá conta de todas as responsabilidades que um dia assumi, e agora posso e devo ser a "mulher". Posso descansar por um tempo e deixar que ele ocupe esse lugar.

Mesmo com todas as dificuldades, eu nunca saí da internet. Snapchat, Instagram... As redes sociais foram dominando tudo na minha vida! Quando me dei conta, lá estava eu imersa na internet há mais de vinte anos. Metade da minha vida atuando na novela da vida e sendo julgada. Eu estava muito exausta, cansada de falar com milhões de pessoas e me sentir sozinha, cansada de apanhar, de ser julgada pela massa por recortes fora de contexto, que não me representam. Só que eu nunca pude parar, isso nunca foi uma opção.

Por isso, depois de mais de vinte anos escrava da internet, eu parei para descansar. Parei para pensar e ver o que fazia sentido e o que não fazia mais. Refleti sobre o que eu estava fazendo, o que eu realmente amava ou precisava fazer, ou o que eu simplesmente repetia como um ato falho por ter aprendido assim.

Para fazer essa profunda reflexão do que sobrou de mim, dentro desse personagem que criei e criaram a meu respeito, eu precisava me afastar de tudo e de quase todos. Mas não sabia quanto tempo duraria, e como seria esse tempo, mas confiava nos planos de Deus. Desativei minhas redes sociais de verdade, e sumi, pelo menos para a grande massa. Nem nas redes do meu marido e dos meus filhos eu aparecia mais; queria desintoxicar minha alma do mundo on-line. Nem sabia se voltaria e como voltaria.

FAZENDO A MESMA COISA, FICAMOS NO MESMO LUGAR

Muita gente não consegue se livrar do passado, ou seja, segue repetindo os mesmos costumes e hábitos, ainda que essa pessoa saiba que está errando.

A verdade é que não somos apenas aquilo que decidimos. Para a psicanálise, o que é óbvio em nossa personalidade é apenas a ponta do iceberg. Em "Recordar, repetir, elaborar", texto famoso de Freud,[6] ele fala sobre esse processo de maneira muito bela, como se repetíssemos o mesmo erro como um "alarme". Nossas repetições são algo que sempre "dispara" e nos trazem alertas sobre nossa existência, como um aviso da nossa ignorância sobre nós mesmos, quando ainda não conseguimos entender algo sobre nós que o inconsciente quer, desesperadamente, nos dizer. Assim que nos recordamos daquilo que nos faz sofrer, ou seja, assim que nos recordamos da raiz de nosso trauma, ou de uma decisão, somos capazes de passar por cima dela e elaborar nossas questões de maneira mais sólida. Em suma, só repetimos o que não podemos recordar.

No livro *Sway: Unravelling Unconscious Bias*[7] (Oscilações: desvendando o viés inconsciente), a Dra. Pragya Agarwal, cientista

6. FREUD, S. *Recordar, repetir e elaborar* (1914): novas recomendações sobre a técnica da psicanálise II. Disponível em: https://www.e-gaio.com.br/wp-content/uploads/2023/06/Recordar-Repetir-e-Elaborar-1914.pdf. Acesso em: 4 fev. 2025.

7. AGARWAL, Pragya. *Sway*: Unravelling Unconscious Bias. Londres: Bloomsbury Sigma, 2020.

comportamental com expertise em cognição, comenta que a sobrecarga de informações é confusa e cansativa; por isso, nosso cérebro acaba filtrando apenas o que é mais interessante para nós. Assim, temos mais facilidade de observar o que é repetitivo, já que o que se repete, até mesmo em nosso comportamento, seria mais óbvio.

Além disso, é conhecido na Psicologia o fato de ser mais fácil viver um carimbo do que já se viveu; então, se você teve uma vida de abusos com seus pais, é provável que busque uma vida de abusos com parceiros, já que, inconscientemente, você teria uma vida familiar, apesar de dolorosa, e nosso cérebro tende a buscar familiaridade. Não é à toa que as pessoas têm tanta dificuldade de emagrecer, e quanto mais dietas fazem e dão errado, mais difícil fica. O erro, a falha, também se tornam um hábito. Até que esse "erro hábito" passe a ser uma necessidade fisiológica para corpo, mente e células, ele não descansa. "Uau, Maíra! Então você quer dizer que sou viciado em falhar em algumas áreas?" Exatamente, é quimicamente viciado. O médico canadense Gabor Maté ficou conhecido por seu trabalho sobre saúde mental com pacientes que sofrem com abuso de substâncias na área central de Vancouver. No centro de sua abordagem, está a ideia de que todo vício tem origem em um trauma.[8]

Não existe culpa em não conseguir mudar; apenas saiba que é possível tomar as rédeas de seu subconsciente e fazer suas dores caminharem até uma janela, onde possam encontrar uma luz e um entendimento que faça você sair do que te congela, e exatamente por isso você está lendo o que escrevo.

---

8. LANG, Olivia. "Vícios têm origem em traumas e não estamos atacando as causas do problema". *BBC News*, 28 nov. 2019. Disponível em: https://www.bbc.com/portuguese/internacional-50459101. Acesso em: 18 out. 2024.

Falo por experiência própria e por várias clientes que já vi passarem pelo meu processo. O ser humano, como animal racional, teria uma capacidade de entender melhor o mundo e o que vê quando isso se encontra com a tipificação, o ato de classificar algo classificando-o em "tipos" – ou seja, quando conseguimos colocar este ou aquele acontecimento em uma caixinha. Dados esparsos fazem com que tenhamos mais dificuldade em dar sentido às coisas. Por isso criar uma rotina é tão importante na hora de mudar de vida.

Quando penso no meu processo de renovação, muitas coisas começam a surgir: acabei de me casar com um homem que é tudo e mais um pouco do que eu sempre sonhei; sinceramente eu nem sonhei, porque tinha certeza de que homens como o Thiago não existiam. E é a primeira vez que eu tenho que abandonar o meu lugar de "homem da família" para que ele possa ocupar o seu lugar e exercer o seu papel. Ótimo! Tudo o que sempre sonhei, mas o que faço com meu papel de independente, general, autossuficiente, que vivi durante quarenta anos? Como faço? Sem dúvidas, esse é o meu grande desafio.

Existe um desejo gigantesco em mim de ser feliz eternamente, como nos livros de princesa, renunciar a tudo e viver para minha família, assim como fizeram minha avó, minha mãe, minha sogra... mas para nenhuma delas deu certo; aí vêm os medos do desapego. Largar os velhos costumes e os hábitos do passado é um grande desafio. Mostrar vulnerabilidades e fragilidade, admitir que "preciso" do marido ou me permitir ser cuidada parece lindo de fora, mas é assustador, não só pelo meu jeito duro de ser, esperando que as coisas sejam na minha velocidade, na minha hora, só do meu jeito e no meu território, mas também pelas mudanças que essa jornada envolve.

CERTAMENTE NÃO SERIAM AS MESMAS GARRAS E O MESMO BICO QUE ME LEVARIAM AO PRÓXIMO NÍVEL.

Por isso, tive a certeza de que o processo da águia era meu. Fazia muito sentido tendo em vista a decisão que eu havia acabado de tomar: deixar a velha Maíra no passado. Eu tinha acabado de sair das redes sociais, e isso para mim era abrir mão de tudo que me trouxe até aqui, porque certamente não seriam as mesmas garras e o mesmo bico que me levariam ao próximo nível.

CAPÍTULO 2

Você é único

Cada indivíduo tem uma percepção de mundo única. Nossa vivência é construída pela visão que criamos através de nossas experiências. Se você teve pais mais rígidos no tratamento, com dificuldade de demonstrar afeto, é natural que acredite na necessidade de ser mais duro. Ao se endurecer, pode perceber que sente "menos" as adversidades da vida, ou considerar que as pessoas são mais melancólicas e dramáticas que você. Claro que os seres humanos não são receitas de bolo, e o que estou apresentando pode ter exceções. No entanto, em geral as dificuldades te afetarão menos do que afetariam as crianças que tiveram pais amáveis, doces e expressivos em demonstrar amor.

Vamos pensar em um exemplo bem simples: uma sola do pé! Pense em uma sola de pé que nunca passou por nada, sempre viveu bonitinha no sapato fofinho. Ao pisar em pedregulhos, essa sola vai doer muito mais do que aquela que está cascuda e passou a vida toda pisando na terra sem sapato. Um pé de bebê é muito mais sensível do que o pé de um adulto.

O meu pé é muito mais resistente que o do meu marido. Isso não tem a ver com ser homem ou mulher, nem ser fraco ou forte. Tem a ver com as situações nas quais a vida me colocou. Fui criada bem pé no chão, no sentido literal. Nasci em São Caetano, na Grande São

Paulo, mas morei no Mato Grosso durante muitos anos. Tive um problema respiratório sério na infância, e minha família se mudou para lá para eu poder respirar melhor. Ar puro, natureza, segurança... Eu amava correr sem sapato na estrada de pedra, no solo úmido da terra sob as cachoeiras... Corro sobre as pedras como quem anda sobre o solo de borracha, e meu marido não consegue caminhar nem um metro nos lugares por onde já passei.

Pessoas acostumadas com a frieza tendem a desenvolver um limite maior para suportar a dor emocional. Mas essa capacidade não elimina a necessidade fundamental de afeto e atenção que todos os seres humanos têm. Mesmo aqueles habituados à frieza precisam ser vistos, reconhecidos e nutridos emocionalmente. A frieza, portanto, torna-se um obstáculo a ser superado, pois contradiz nossa natureza básica: o ser humano precisa de afeto. Precisa ser visto, olhado e nutrido. Suplicamos por atenção e abominamos rejeição.

No século 12, o imperador Frederico II da Germânia fez um experimento horroroso,[9] que vou relatar aqui para que entenda o que quero dividir com você. Não vamos entrar no mérito do desdobramento psíquico e moral do que ele fez, pois realmente causa revolta. Ele era conhecido por seu interesse em ciências e filosofia, e essa experiência, se verdadeira, foi uma tentativa trágica de entender o impacto da linguagem e do ambiente no desenvolvimento humano.

A história conta que Frederico II queria saber qual seria a língua natural dos humanos se ninguém os ensinasse a falar. Ele achava que, se os bebês não tivessem contato com ninguém, eles criariam sozinhos uma língua natural, que seria a língua "original" da humanidade.

---

9. A LINGUAGEM nos constitui. *Laboratório de Educação*, 10 jun. 2015. Disponível em: https://labedu.org.br/a-linguagem-nos-constitui/. Acesso em: 19 out. 2024.

O teste era assim: vários bebês foram colocados em um castelo, onde enfermeiras só davam comida e trocavam as fraldas, mas não falavam ou brincavam com eles. Os bebês não recebiam nenhum carinho ou contato humano. O resultado foi muito triste: todos os bebês morreram antes de criar qualquer língua, mesmo tendo comida e cuidados básicos. Isso teria acontecido por falta de carinho, amor e contato com outras pessoas, o que levou à morte emocional e física dos bebês.

DESNUTRIÇÃO DE AMOR MATA

A falta de contato humano pode causar sérios problemas de saúde, tanto físicos quanto emocionais, como já foi demonstrado em estudos modernos sobre privação de afeto.[10] As pesquisas sobre o tema mostram como são importantes o contato humano, o amor e a atenção para as crianças crescerem bem, principalmente nos primeiros anos de vida. Além de comida e cuidados básicos, os bebês e as crianças precisam de carinho e relacionamentos para se desenvolverem, tanto na parte do pensamento quanto na parte emocional.

Esse tipo de isolamento pode resultar em consequências graves, como demonstrado também no caso dos órfãos da Romênia,[11] que enfrentaram condições semelhantes de negligência emocional e apresentaram sérias deficiências cognitivas e físicas.

---

10. RAYANE, Daniele Barbosa; SOUSA, Daniela Heitzmann Amaral Valentim de. Privação afetiva e suas consequências na primeira infância: um estudo de caso. *Revista Inter-Scientia*, [S. l.], v. 6, n. 2, p. 90-111, 2018. Disponível em: https://doi.org/10.26843/interscientia.v6i2.721. Acesso em: 4 fev. 2025.

11. INSTITUTO GERAÇÃO AMANHÃ. *Órfãos da Romênia*. 2023. Disponível em: https://geracaoamanha.org.br/orfaos-da-romenia/. Acesso em: 4 fev. 2025.

DESNUTRIÇÃO DE AMOR MATA.

Para contextualizar, isso aconteceu depois que o governo comunista de Nicolae Ceaușescu caiu, em 1989. Durante o governo dele, havia leis que proibiam aborto e métodos para evitar gravidez, porque o objetivo era aumentar o número de pessoas no país. Isso fez com que muitas crianças nascessem sem que as famílias pudessem cuidar, numa época de crise econômica grave. Muitas famílias acabaram abandonando os filhos, que foram para orfanatos do governo.

Os orfanatos romenos estavam cheios de crianças, e as condições eram péssimas. Elas recebiam o básico: comida e um pouco de higiene. Mas faltavam carinho, atenção e contato com outras pessoas, um cenário bem parecido com o que aconteceu na época de Frederico II. Por causa dessa falta total de carinho, muitas dessas crianças ficaram atrasadas no desenvolvimento do corpo e da mente. Elas tinham dificuldade para falar, para se mexer e para se relacionar com outras pessoas. Algumas crianças começaram a fazer movimentos repetitivos, como se balançar ou bater a cabeça, só para tentar lidar com a falta de atenção.

Quando o mundo descobriu o que estava acontecendo, essas crianças foram adotadas, mas os desafios continuaram. Elas tiveram vários problemas, como dificuldade para falar, para se movimentar, condições cerebrais, ansiedade, depressão, agressividade e dificuldade de criar laços com os pais adotivos, tornando-se adultos muito frios e distantes.

Nos anos 1950 e 1960, o psicólogo Harry Harlow fez testes polêmicos[12] com macacos para ver como o carinho afetava o crescimento. Harlow criou filhotes de macaco sozinhos e deu para eles duas "mães" falsas: uma feita de arame que dava leite, e outra feita de pano, mas

12. OS TERRÍVEIS experimentos que investigaram o amor. *History Channel Brasil*, 5 ago. 2016. Disponível em: https://www.canalhistory.com.br/historia-geral/os-terriveis-experimentos-que-investigaram-o-amor. Acesso em: 19 out. 2024.

que não dava comida. Os macaquinhos ficavam mais tempo com a "mãe" de pano, buscando conforto, e só iam na de arame para comer. Isso mostrou que o contato e o conforto são tão importantes para o crescimento saudável quanto a comida. Os macacos que não tiveram esse contato ficaram com problemas para se relacionar com outros macacos e dificuldades emocionais.

A falta de contato e carinho faz o corpo produzir muito cortisol,[13] que é chamado de "hormônio do estresse". Isso pode atrapalhar o crescimento do cérebro, causando problemas de aprendizado, dificuldade de prestar atenção e problemas emocionais. Em palavras simples, a falta do carinho necessário afeta diretamente nosso cérebro, e não de um jeito bom. Você já percebeu como não esquece informações bobas que teve na sua infância, como músicas infantis, número de telefone, propagandas de televisão e coisas que nem faz sentido você ter guardado? O cérebro de uma criança é uma esponja; e, como toda esponja, ele suga tudo. Se ali existirem informações e coisas boas, assim será; e se existirem informações e coisas ruins, assim será também.

Em exames de imagem, como ressonância magnética,[14] dá para ver que crianças que sofreram muita falta de carinho têm algumas

---

13. Em um estudo publicado pela revista científica *PLOS One*, descobriu-se que o abraço do par romântico pode reduzir o nível de cortisol nas mulheres. Isso se deve à liberação de ocitocina, conhecida como o hormônio do amor, que amortece a resposta do estresse ao diminuir o cortisol circulante (ESTUDO mostra que abraço de par romântico diminui nível de cortisol nas mulheres. *G1*, 2 jun. 2022. Disponível em: https://g1.globo.com/olha-que-legal/noticia/2022/06/02/estudo-mostra-que-abraco-de-par-romantico--diminui-nivel-de-cortisol-nas-mulheres.ghtml. Acesso em: 21 out. 2024).

14. A psiquiatra infantil Joan Luby, da Faculdade de Medicina da Universidade de Washington, liderou um estudo que revelou que uma importante área do cérebro cresce duas vezes mais rápido em crianças cujas mães demonstravam afeto e apoio emocional, em comparação com aquelas cujas mães eram mais distantes e frias (AMOR de mãe faz cérebro do filho se desenvolver mais, diz pesquisa. BBC News Brasil, 28 abr. 2016. Disponível em: https://www.bbc.com/portuguese/geral/2016/04/160427_cerebro_amordemae_mdb_if. Acesso em: 21 out. 2024).

partes do cérebro menores, principalmente as regiões que controlam as emoções e ajudam a tomar decisões. Essas pessoas podem ter dificuldade para fazer algumas tarefas básicas e para se relacionar bem com os outros. Isso explica, em parte, por que o mundo parece estar ficando mais agressivo e complicado; as redes sociais estão cada vez mais preocupantes e cheias de gente com problemas psicológicos. Uma das queixas que mais escuto das pessoas é a necessidade de aprovação. Uma das perguntas que mais me fazem é: "Maíra, como você dá conta de tantas críticas na internet? Se fosse eu, não aguentaria".

Vale lembrar que, obviamente, na minha jornada, eu era essa pessoa insegura que precisava de aprovação o tempo todo. Muito nova, eu conquistei tudo aquilo que uma pessoa insegura sonha em ter, na esperança de estar completa e feliz. Mas, quando cheguei lá, o vazio permanecia. Na verdade, ele aumenta, porque supostamente agora você tem tudo que o mundo diz que você precisa ter para ser feliz, mas não é. Por isso resolvi estudar tanto a mente humana, suas dores, seus anseios, e entender o que era de minha responsabilidade e capacidade desenvolver, aprender e fazer diferente.

Crianças que não têm apoio emocional e afeto na infância tendem a desenvolver menos resiliência emocional, o que significa que têm mais dificuldades em lidar com adversidades e frustrações, além de precisarem mais da aprovação do outro. Portanto, pessoas que não tiveram um "apego seguro" durante a infância enfrentam insegurança, baixa autoestima, o que por sua vez resulta em depressão e ansiedade, dificuldades para confiar nos outros e estabelecer relacionamentos saudáveis. Elas podem evitar intimidade emocional ou, ao contrário, desenvolver uma dependência excessiva de validação. Os artistas – nem todos, é claro, mas a maioria – são assim, pois inconscientemente passam a vida buscando aprovação em massa para "tampar" um buraco infinito dentro de si e receber a aprovação que não tiveram na infância. Por isso, nunca é o suficiente, ou seja, não importa o quanto façam, quantos aplausos recebam e quantas pessoas impactem, NADA será suficiente.

Sempre falo para meu marido que existe aula para tudo na escola, mas não existe a mais importante: como ser mãe e pai. Gente vazia, ferida, doente e machucada replica o que aprendeu; gente segura, feliz, saudável replica o que aprendeu, e de modo geral o mundo está muito mais adoecido que o "normal". São anos de guerra, matança, preconceito, sofrimento, abusos. Se já comprovamos que o afeto e o cuidado na infância são de necessidade VITAL, além de serem quase que 100% responsáveis pelo desenvolvimento psíquico, cultural e emocional do MUNDO, então por que ainda não temos como base nas escolas o conhecimento necessário para o desenvolvimento emocional do ser humano?

Acredito que pessoas que vivenciaram uma infância de menos afeto frequentemente se tornam mais resistentes às adversidades da vida, mas muitas vezes também se tornam frias. Não estou dizendo que nada fará doer, mas doerá menos. A pessoa que passou por muitos sofrimentos se acostumou tanto com a dor que nem acha que dói; então dói menos, e, se não doer menos, a pessoa que já passou por rejeição na infância, ou por profundos e variados problemas, vai ser mais forte em relação a como reagir a eles.

Não estou apontando o que é certo ou errado, não é uma reflexão para se julgar; estamos falando de fatos, de como se desenvolve a relação entre a parte neurológica e a saúde emocional das pessoas diante de suas relações. Por exemplo, é possível que dois irmãos com a mesma criação sejam completamente diferentes, porque nossa atitude diante da vida se desenvolve não apenas a partir do que o ambiente nos faz passar, mas também a partir de como reagimos diante do que está proposto, quais informações nosso cérebro grava, o que escolhemos repetir e o que escolhemos repelir.

Conto para vocês uma história para usarmos de exemplo. Um pai dizia para seus filhos: "Tenho vergonha de ser seu pai!", "Vocês são burros!", "Vocês nunca serão alguém!". Quando cresceu, um dos filhos cansou de tentar agradar o pai e nunca ser aprovado. Finalmente, conseguiu se desprender dos desejos e das palavras duras do seu genitor, entendendo que buscar a aprovação dele não o faria feliz, porque a tal aprovação não existiria. Esse filho conseguiu ver seu próprio valor, mesmo indo contra o que lhe foi dito por toda a vida. Desde então, passou a fazer tudo que o pai menos aprovava, como uma provocação, se tornando muito bom naquilo que seu pai dizia que ele não era bom, ou afirmava não gostar. Se o pai dissesse "Esse trabalho não vai dar certo", ou "Essa profissão não dá dinheiro", "Que horrível!", o filho fazia exatamente o oposto do que o pai almejava. Esse filho se tornou muito bem-sucedido nas áreas que seu pai sempre reprovou ou dizia ser impossível ter sucesso.

Já o outro irmão, mesmo mais inteligente, nunca conseguiu ser bem-sucedido em nenhuma área, pois se agarrou e se limitou às palavras e frustrações proferidas pelo pai, que dizia "Você nunca será alguém!". Esse filho passou a vida toda esperando pela aprovação do pai que nunca vinha e, assim, ficou paralisado pela expectativa paterna.

Que diferença havia na atitude dos dois irmãos? Um deles acreditava que era capaz de fazer o que se propusesse, enquanto o outro se manteve limitado pelas crenças que o pai tinha sobre ele. Obviamente, não existe alguém que seja "alguém", parece até piada. Todos somos únicos e importantes, mas, para isso, precisamos acreditar e aceitar. Se você acredita que não é alguém, você não é. Não vai saber desenvolver seus dons, não vai saber receber, não vai saber merecer, prosperar, fazer dinheiro, e não vai conseguir emagrecer. Ou seja, não conseguirá nada do que não se acha capaz, mesmo falando que acha que é.

Existe um grande abismo entre o falar e o sentir; deve existir uma congruência entre sua fala e seu sentimento. Sim, as palavras têm poder, mas somente carregadas de sentimentos. De nada adianta ficar repetindo, como um mantra, "eu sou rico" ou "sou saudável", se não sente isso nem age de acordo. Com a história dos dois filhos, temos uma amostra de que não existe padrão para as reações humanas diante das situações psíquicas, pois a grande questão é o que cada um faz com o que foi lhe entregue pela vida. A maneira como você "escolhe" ou decide agir muda todo o resultado! E é exatamente aí que quero e posso te ajudar.

QUANDO VOCÊ MUDA, O SEU MUNDO MUDA

Não posso mudar o que aconteceu com você, mas posso mudar o que acontecerá em seu caminho *se você quiser e se você agir*. O que você fará daqui em diante a partir do contexto em que está, sem lamentar pelo que já foi e transformando a sua visão de mundo, depende muito mais de você. Acredite!

É lógico que não podemos mudar o mundo ou as pessoas. Elas precisam querer mudar, desejar sair de onde estão. O primeiro passo para isso é ter consciência de onde você está, e que só você, e mais ninguém, pode te tirar daí – lembra que você é único? "Mas, Maíra, você acabou de dizer que ia me tirar do lugar onde estou!" Eu não disse que ia te tirar, eu disse que iria te entregar o mapa, para que você saiba onde está e escolha se quer sair.

Assim como eu não posso mudar você sem a sua ação concreta, você também não pode mudar o outro. É óbvio que, às vezes, desejamos que as pessoas que amamos mudem em uma situação, em muitos casos para o bem delas e, em outros, para o nosso bem. Mas a verdade é que ninguém muda ninguém. Sempre que mudamos é porque decidimos mudar, pois entendemos que a transformação é necessária. Em geral pela dor, mas, às vezes, pelo amor também.

Talvez você esteja pensando: "Isso não é verdade, Maíra. Eu já mudei muito por alguém!". Então, eu te convido a refletir: você tem certeza de que mudou porque o outro disse a você para mudar, ou foi porque algo lhe doeu? Quando mudamos "pelo outro", não mudamos porque essa pessoa pediu. Mudamos pela nossa dor, ou pela dor causada ao outro, e é esse sentimento que nos faz refletir sobre o que, em nós, não fazia mais sentido. Você também pode ter entendido que, se continuasse tendo as mesmas atitudes, perderia coisas, oportunidades e pessoas. Portanto, você chegou à conclusão de que não era bom ser dessa maneira e ESCOLHEU mudar para seu próprio benefício, direta ou indiretamente. Ou seja, ninguém muda ninguém.

O mais interessante é que, quando você muda, o seu mundo muda. Conheço três mulheres que tiveram problemas em seus casamentos. São histórias reais, mas trocarei o nome delas para preservar suas identidades. As três vivenciavam relacionamentos tóxicos, nos quais o companheiro mentia, e elas eram traídas o tempo todo! Para quem não passou pela dor de uma traição, posso explicá-la com a seguinte metáfora: imagine que a pessoa que você escolheu amar e confiar atira pedras em suas costas, ferindo sua cabeça. Você se abaixa, recolhe essas pedras e as coloca em um saco, continuando a caminhar com esse peso. Chora pela estrada enquanto as feridas ainda sangram e se arrasta tentando seguir. Então, quando as feridas estão quase cicatrizando, você para de caminhar, abre o saco de pedras, pega algumas, e esfrega nas feridas da cabeça, para que as feridas não se fechem e você nunca se esqueça do que houve. Você se convence de que faz isso para nunca mais passar pela mesma dor. Na realidade, porém, ao reabrir constantemente essas feridas, você escolhe reviver a dor repetidamente, perpetuando o sofrimento que afirma querer evitar.

A primeira mulher, para quem vamos dar o nome fictício de Aline, descobria as traições e perdoava seu companheiro o tempo todo, não porque ela queria, mas porque era incapaz de viver sem ele. Aline tinha uma dependência emocional muito grande do marido, já que, na infância, tentou receber o amor do pai e não conseguiu como gostaria ou almejava. Isso gerou uma carência masculina afetiva que a levou a aceitar migalhas de amor na vida adulta. Essa dinâmica era similar à relação que ela tinha com seu pai. Como sabemos, o pai é nossa primeira referência de relação masculina, assim como a mãe é para os meninos. Portanto, Aline perdoava todas as traições, mas sofria bastante, carregando as pedras que o outro havia atirado sobre sua cabeça.

A segunda mulher, Joana – também um nome fictício –, perdoava as traições e conseguia deixar, de verdade, o passado no passado, esquecendo completamente o que o marido havia feito, deixando as pedras no meio da estrada, tentando, novamente, fazer um novo caminho, tentando manter a relação como se fosse nova. Conseguia deixar tudo para trás sem guardar rancor. A vida dessa mulher havia sido cheia de traumas graves na infância, como abusos físicos e emocionais. Para lidar com isso, ela simplesmente aprendeu a seguir sem deixar que pedra alguma atrapalhasse seu caminho. Não é que não tenha doído, lembra? É que ela, mesmo sangrando, segue e esquece, sem guardar mágoas! Sabe aquelas crianças que tomam um tombo feio, levantam-se rindo e continuam a brincar? Joana era assim. Só que, nesse caso, há algo diferente, que precisa ser olhado com atenção. Eu não disse que as pedras não feriram a cabeça dela, disse apenas que ela seguiu. Não sabemos se esse corte foi profundo, se vai inflamar, se vai fechar; eu disse que ela seguiu. Guarde isso. Toda dor precisa do seu lugar, até mesmo para ser cicatrizada.

A terceira mulher, Clara, também perdoava, mas era mais vingativa, pois tinha aprendido em sua criação que quem batia também levava. Afinal, ela que não era louca de seguir pela mesma estrada com o doido solto pelas suas costas. Então, se ela desse uma surra no louco, ele teria medo de jogar pedras novamente, não? Lembre-se dessa frase: gente ferida fere.

Essa era a dinâmica das três mulheres. Essa era a maneira como elas reagiam diante de traições e suas dores. Uma coisa importante de ser dita é que, de forma completamente diferente, pessoas machucadas machucam. Podem machucar o outro, os outros, ou a si mesmas. Já pessoas felizes fazem pessoas felizes, e gente sangrando sangra no outro. É fato que nós damos aquilo que temos dentro de nós. Agora, pergunto a você: qual das três mulheres você acha que conseguiu um casamento bem-sucedido?

PESSOAS MACHUCADAS MACHUCAM.

a. Aline, que perdoava, mas sofria, carregando seu saco de pedras para dar uma "esfregadinha" e nunca se esquecer de seu agressor?
b. Joana, que perdoava e seguia, sem lembrar, sangrando mesmo sem parar para nem sequer olhar para si?
c. Clara, que até perdoava, mas se vingava, na base do "olho por olho, dente por dente"?

Na verdade, nenhuma delas, porque casamento não é uma receita de bolo. Não existe fórmula para "ser a mulher perfeita" ou ter o "melhor relacionamento"; não é assim tão simples, a realidade é bem mais complexa. Mas uma dessas mulheres, Aline, resolveu agir diferente. No próximo capítulo, vamos conhecer os resultados surpreendentes que ela teve. Sem exigir mudanças de seu parceiro, ela transformou sua própria abordagem e o modo como agia. Transformou, portanto, seu casamento e seu próprio mundo.

CAPÍTULO 3

Olhando por outro ângulo

A primeira mulher, Aline, aquela que guardava rancor no saco de pedras, tinha seu casamento duplamente prejudicado. Primeiro, porque era traída e machucada. Segundo, porque escolhia reviver a traição quase todos os dias após "perdoar". Pessoas que guardam rancor do outro, na verdade, mastigam cacos de vidro e bebem do próprio sangue. Quando guardamos rancor, não machucamos o outro, machucamos a nós mesmos, pois escolhemos reviver diariamente o momento em que a dor aconteceu, fazendo da nossa vida um sofrimento por repetição. Assim, criamos uma memória sólida, alterando até as informações das nossas células, atraindo e desejando subconscientemente novos eventos, semelhantes àqueles que já nos causaram dor.

"O poder da mente consegue mudar hormônios, genes e biologia", afirma o pesquisador Joe Dispenza, quiroprata especializado em neurociências.[15] Parece impossível e loucura dizer que, uma vez que você experimenta a dor da traição, você passa a precisar ser traída. Mas é exatamente assim que funciona a lei da atração. Não se trata

15. PASMAN, Dolores. "O poder da mente consegue mudar hormônios, genes e biologia", afirma pesquisador. *O Globo*, 29 out. 2023. Disponível em: https://oglobo.globo.com/saude/noticia/2023/10/29/o-poder-da-mente-consegue-mudar-hormonios-genes-e-biologia-afirma-pesquisador.ghtml. Acesso em: 16 out. 2024.

de uma crença, mas sim do seu próprio corpo se adaptando quimicamente para sobreviver aos eventos dolorosos pelos quais passou. Essa adaptação continua por repetição de suas memórias. Ou seja, seus pensamentos repetidos do evento da dor obrigam seu cérebro a ordenar uma importante mudança celular e química – que passa a ser permanente, uma vez que você não para de relembrar algo ruim, que te faz liberar hormônios tóxicos de forma exacerbada.

Nosso corpo é inteligente. Se você está passando muitas vezes por um evento de dor, esse sofrimento precisa se tornar a sua realidade para que não te afete tanto assim. Então seu corpo determina: "Olha, galera, bora nos adaptar a esse evento recorrente na mente dela? Porque, pelo jeito, todo dia essa lembrança volta com a dor". A partir desse mecanismo, você necessita sentir mais desses hormônios, pois depende quimicamente deles, e vai buscar novos eventos parecidos, que te fazem sentir essa dor e liberar os mesmos hormônios. Lógico que você não deseja sentir a dor da traição de forma racional, mas seu corpo precisa, porque está viciado e dependente dessa alta dosagem de dor.

Aline, que achava que perdoava o marido, na verdade era incapaz de perdoar, e escolhia carregar um saco de pedras diariamente, dizendo: "Eu não consigo largar disso, eu carrego sozinha". Ou seja, além de ser machucada pelos outros, era machucada por ela mesma.

Ninguém pode impedir que o outro o machuque, mas todo mundo pode escolher o que fazer diante de uma situação. Escolher, sim! Reviver a dor é uma escolha sua, não do outro; permanecer na dor é uma decisão sua. Cada vítima não escolhe ser vítima, mas escolhe permanecer vítima. Não estou falando sobre "permanecer" apanhando – antes que me joguem pedras e me digam que as mulheres que sofrem relacionamentos abusivos muitas vezes não conseguem sair.

CADA VÍTIMA NÃO ESCOLHE SER VÍTIMA, MAS ESCOLHE PERMANECER VÍTIMA.

Não me refiro a permanecer em um relacionamento doentio, essa é uma outra conversa mais profunda e séria. É não estar mais nesse relacionamento e permanecer na narrativa de vítima e nas lembranças de vítima; é a escolha de reviver as mesmas dores que se foram.

Eu mesma passei por um relacionamento abusivo, no qual cheguei a ser trancafiada em um cativeiro. Aconteceu há mais de vinte anos. No começo, meu namorado era um verdadeiro cavalheiro, daqueles que abrem a porta do carro, que dão flores, que dizem que você é a mulher mais linda do mundo. Ele me tratava igual a uma princesa.

A sensação era de que ele estava tentando me proteger do mundo. "Não usa essa calça tão justa", ele dizia, "os homens ficam descompensados quando te veem". E eu trocava a calça. "Esse decote chama muita atenção", e eu trocava a blusa. Ele falava mal dos outros homens, não da minha roupa, e eu ia fazendo tudo que ele pedia. Afinal, ele era meu grande protetor, não é?

Depois de um ano, eu já estava andando de calça larga, blusa larga, sem batom, descabelada. Um dia, resolvi me arrumar e passar um batom vermelho. Foi aí que ele mostrou a cara de verdade: "E esse batom vermelho?". Eu fiquei confusa, pensando se eu nunca tinha usado mesmo. Ele me fazia parecer que eu estava doida! No final, eu pedia desculpa por ter passado o batom.

As coisas foram piorando. Ele me observava escondido atrás de árvores enquanto eu assistia às aulas no cursinho, pois havia uma janela que dava para a rua, e ele assim conseguia me vigiar. Eu tinha pânico, medo dele, mas achava que eu é que estava errada; não podia falar com ninguém, amigos nem amigas. Quando eu tentava terminar, ele tomava uma caixa de remédios, tentando se matar.

É A ESCOLHA DE REVIVER AS MESMAS DORES QUE SE FORAM.

A família ficava desesperada, ele pedia desculpas, dizia que eu era o amor da vida dele, e eu ficava com dó e voltava. Meu pai fez uma breve investigação sem eu saber e descobriu mais de dezesseis cheques sem fundos e golpes sendo aplicados pela família dele, porque ele começou a pedir meu nome para alugar apartamento e fazer compras. Foi então que meu pai soube das falcatruas dele e entendeu o tamanho do buraco em que eu estava metida, mas era tarde demais.

O fundo do poço foi quando eu fui parar num cativeiro. Ele me bateu, roubou minha bolsa e meus documentos. Fui à delegacia, prestei queixa, levei até um gravador com as ameaças dele. Sabe o que o delegado me disse? "Em briga de marido e mulher, a gente não mete a colher." Eu tinha dezenove anos. No final, tive que fugir. Fui morar em Cuiabá por causa disso. Meu pai tinha um delegado amigo que me escoltou até o aeroporto. Esse amigo falou para o meu pai: "Se ela não fugir, ela vai morrer. Ele vai matar ela, e não tem o que fazer". Na época, a lei não defendia a mulher. Foi assim que eu saí desse relacionamento doido e tóxico: fugindo. Apesar de ter sido uma vítima, escolhi não permanecer nesse lugar. Escolhi não carregar esse saco de pedras que um dia me machucou. Reflita comigo sobre a sua vida: de quais pensamentos você escolhe ser vítima? Quais são os fracassos e os traumas dos quais você decide se recordar o tempo todo?

No relato de Aline, podemos perceber que ela escolheu carregar as pedras. Toda vez que ela "desculpava" as atitudes do parceiro, mas escolhia não deixar a dor para trás, também escolhia reviver essa dor. Além de se machucar, ela criava em seu casamento um novo caos; consequentemente, isso tornava a relação deles ainda pior.

DE QUAIS PENSAMENTOS VOCÊ ESCOLHE SER VÍTIMA? QUAIS SÃO OS FRACASSOS E OS TRAUMAS DOS QUAIS VOCÊ DECIDE SE RECORDAR O TEMPO TODO?

O marido, que já tinha dificuldade para ser fiel, se via em uma situação cada dia mais complicada. Com a relação se tornando cada vez mais amargurada e sua esposa machucada, trazendo constantemente a mesma dor misturada com rancor, indiferença e afastamento, ele se sentia ainda pior. A rejeição despertava gatilhos que faziam com que ele a traísse mais vezes.

No final das contas, ele buscava aprovação na rua. Lembra que o ser humano precisa de aceitação? Se dentro de casa ele é reprovado, seu subconsciente vai buscar a aprovação em outro lugar. O homem é movido por conquistas, necessita se sentir forte, desejado, olhado, aplaudido; já a mulher busca segurança. Esse casamento era quebrado e não tinha solução, pelo menos não dessa forma. Na cabeça da esposa, o erro era do marido; afinal, ela era fiel e o perdoava muitas vezes, sem entrar nos detalhes das responsabilidades de cada um. Grosso modo, ela realmente não estava errando, e ele estava; mas, ainda assim, mesmo sendo perdoado, ele voltava a trair a esposa mais e mais vezes!

No segundo caso, Joana, a mulher que perdoava as traições com muita facilidade – pois tinha um limite bastante alto para o sofrimento –, precisava passar por uma dor muito intensa para se sentir machucada. Inconscientemente, ela tentava a todo momento se provar forte. Dizia não precisar de homem nenhum, ganhava seu próprio dinheiro, era bem-sucedida, cuidava de seus filhos, tinha suas amigas e virava a página como ninguém. Nesse caso, o homem não se sentia importante, não tinha seu papel, uma vez que nada abalava essa mulher e, aparentemente, ela não precisava dele para nada. Então, esse homem, sem saber nem entender, e com sua masculinidade abalada – afinal, esse papel era bem-feito por ela –, a traía porque se sentia pequeno, sem função e não amado diante de uma mulher tão independente e forte. Então, novamente, ele a traía e ela perdoava, porque também seu pai havia traído sua mãe, seu avô havia traído sua avó. Por causa dessas experiências, ela havia aprendido que "homens não prestam". Esse pensamento era proferido por ambos, tanto por Joana quanto por seu marido. Por isso, mesmo desejando racionalmente outra coisa, eles permaneciam na mesma dinâmica adoecida, pois essa "verdade absoluta", de que "homens não prestam", era mais profunda do que podiam perceber e afetava diretamente o comportamento e o subconsciente de ambos, atraindo continuamente suas maldições hereditárias.

No caso de Clara, a mulher do terceiro exemplo, quando o marido a machucava, ela o machucava de volta. Não necessariamente o traindo, mas saindo para a balada e o deixando sozinho em casa, fazendo-o se sentir um palhaço ou humilhado diante de seus amigos, usando roupas provocantes que causavam ciúme e atraíam olhares sexuais de outros homens, despertando dúvidas sobre sua fidelidade, xingando-o de incapaz, cultivando muitas amizades com outros homens. Ela lançava mensagens subliminares que afetavam diretamente a masculinidade e a segurança de um homem, o que o jogava novamente na busca eterna por aprovação e aplausos fora de casa, uma vez que lá ele não os tinha. Claro que ela sofria também. Chorava na casa das amigas, chorava fazendo maquiagem antes de sair, chorava bêbada no banheiro da balada, no chão do banheiro de sua casa, na cama, comendo, cozinhando, chorava acordando e até fazendo amor com ele. O homem que a traía chorava também, chorava para ela, com ela, chorava de vergonha de si, chorava sem entender. Ambos, doentes, viviam a dinâmica de se perderem até não saberem quem se machuca mais!

Não estou justificando nem defendendo o caráter corrompido de um homem que trai, mas estou levantando pontos das dinâmicas doentias dentro dos relacionamentos e mostrando de que formas as pessoas acabam por nutri-las. Quero que você entenda como seu cérebro e sua mente podem ser seus piores inimigos. Mudar exige mudança, mas, para haver mudança, preciso convidar você a caminhar por onde você nunca caminhou, ver o que nunca viu, olhar para onde não queria olhar.

Enxergar a responsabilidade do que você colhe não é fácil. É mais fácil se revoltar com alguém, com algo que você escutou ou leu, rejeitando uma nova verdade: que a *mudança está com você agora.*

CRIANDO UMA TRILHA DO ZERO

Um dia, Aline resolveu fazer diferente do que sempre fez. Decidiu perdoar mais uma traição, mas dessa vez determinou para si mesma que se tornaria a melhor mulher do planeta, dentro do que ela poderia ser. Assim que descobriu o novo episódio de infidelidade, escolheu não guardar rancor algum. É óbvio que sentir ou não o rancor, a princípio, não parecia opcional; então preste atenção para entender como ela fez diferente, e você também poderá fazê-lo.

Ao descobrir uma nova traição, é claro que se abriu em Aline um novo buraco, uma nova ferida. Novas imagens torturantes do homem que ela amava na cama de uma outra mulher apareciam em seus pensamentos.

A vontade que essa mulher machucada tinha era de colocar fogo nas coisas dele, jogar tudo pela janela, sair gritando pelada na rua, fugir e nunca mais voltar. Mas ela fez diferente. Ela começou a ser uma esposa "exemplar". Mandava flores sem motivo aparente. Na semana seguinte à descoberta da nova traição, enviou ao marido uma carta de amor, declarando-se, dizendo a ele o quanto ela o amava e o quanto ele também a fazia feliz. Sublinhou as qualidades dele e enviou um buquê enorme de flores! O pensamento de Aline era: "Vou constrangê-lo no amor". Na semana posterior, preparou um jantar romântico, vestiu uma linda e sexy lingerie e espalhou flores vermelhas pelo chão da casa. Óbvio que ela pensou: "Será que o corpo da outra é mais bonito que o meu? Será que ele vai gostar do que está vendo?". Mesmo insegura, magoada, triste, com raiva e os antigos pensamentos em sua cabeça, ela AGIU diferente do que sentia.

Você acha que após tudo isso existe alguma chance de esse homem não mudar? Eu sei, você pode estar pensando "óbvio que tem"; mas, veja bem, não estou dizendo que ele nunca mais a traiu. Estou te convidando a refletir que seria inevitável que esse homem não mudasse. Há três cenários possíveis.

Esse homem poderia sentir um impacto tão grande a partir da mudança da esposa que nunca mais teria sido capaz de trair uma mulher tão incrível e mágica, não porque essa capacidade natural teria vindo dele, mas porque ele teria sido tão constrangido com tanto amor, que através disso haveria uma mudança, exatamente pela dor e pelo constrangimento. É o mesmo princípio que Jesus ensina:

"Se alguém lhe der um tapa numa face, ofereça também a outra."

(Lucas 6:29)

Outra hipótese seria: esse homem teria sido tão constrangido que teria percebido que é, de fato, incapaz de mudar, e que essa mulher maravilhosa, dedicada e fiel, não merecia passar o resto de sua vida ao lado de um homem tão inábil em fazê-la feliz. E agora, ele finalmente poderia deixar essa mulher livre. Lembra que ela não era capaz de deixá-lo? Ela era dependente emocionalmente, mas agora ele a deixaria, para que ela pudesse ser feliz. Claro que vai existir a dor do fim, ela vai sofrer, mas é indiscutível que será feliz com outro alguém quando tudo passar!

Outra opção seria ele perceber que teria que mudar, porque ela merecia coisas melhores do que ele poderia oferecer. Então ele iniciaria um tratamento para ser e fazer o outro feliz.

A reflexão dessa história é que a esposa cansou de pedir para o marido mudar. Quando ela resolveu mudar, automaticamente, ele mudou; não porque ela pediu, mas porque ela, não sendo mais a mesma, fez com que o mundo ao seu redor também se transformasse. Leite com café tem um sabor, mas leite com morango tem outro sabor completamente diferente, ou seja, basta apenas uma das partes mudar para que o resultado seja outro!

Ela começou a trilhar um novo caminho, começou a ter atitudes que nunca tinha tido e que nem sabia bem como fazer. Claro que foi muito difícil. É muito desafiador fazer o que não acreditamos que dará certo, mas a verdade é que você só terá um resultado diferente do que sempre teve se fizer algo diferente do que sempre fez!

Quando você escolhe mudar, a sua decisão racional ainda é carregada de sentimentos opostos ao que você decidiu, mas suas ações devem caminhar na direção de sua decisão! Ninguém escolhe o que sente, mas qualquer um de nós tem a capacidade de transformar o que sente, modificando as ações. Quando mudamos nossas ações, inicialmente elas serão opostas ao que vamos sentir, mas, quando AGIMOS diferente do que sempre fizemos, começamos a construir um novo caminho através de nossas novas ações.

Imagine uma trilha no meio da mata. Essa trilha existe porque pessoas passaram por esse mesmo caminho diversas vezes. Agora, imagine que esse mato é sua mente e esse caminho é seu caminho neurológico. Ele foi formado ao longo da sua existência, e essas pessoas que passaram por tal caminho são seus pensamentos. Quanto mais pensamentos passarem pela mesma trilha, mais marcada e consistente ela será. Ou seja, seus pensamentos repetidos constroem seus caminhos neurológicos e marcam seu caminho.

Inicialmente suas ações irão gerar um grande desconforto. Imagine que você terá que andar dentro da mata fechada, com mato roçando suas pernas, com perigos como aranhas, cobras e sei lá mais o quê. É natural que não seja confortável trilhar esse novo caminho, mas, quanto mais vezes você passar por ele, mais o caminho se abrirá. E quanto menos você passar pelo velho caminho, mais ele se fechará! Portanto, pergunte-se: vale ou não vale a pena mudar seus pensamentos?

APENAS PENSE NO QUE DESEJA

O que isso tudo tem a ver com emagrecimento? Tudo o que estou explicando e demonstrando, por meio dos exemplos, tem a ver com peso, e aqui falo do peso mental, peso físico, peso espiritual – todos juntos, não separados. A pessoa que não estiver disposta a olhar para o mesmo lugar de forma completamente diferente nunca será capaz de vencer o sobrepeso. A palavra "sobrepeso" é interessante. Sobre o peso. Afinal, o que existe "sobre", isto é, por cima do peso?

A PESSOA QUE NÃO ESTIVER DISPOSTA A OLHAR PARA O MESMO LUGAR DE FORMA COMPLETAMENTE DIFERENTE NUNCA SERÁ CAPAZ DE VENCER O SOBREPESO.

Além do peso? O que você esconde? Para compreendermos como essa abordagem funciona, é importante entender a vastidão do nosso subconsciente e como ele influencia nossas ações e nosso corpo.

Você sabia que em nosso subconsciente existem mais informações do que em nosso consciente? Imagine um iceberg. A parte que aparece é sua mente consciente, e a parte submersa é o subconsciente. Essa pontinha de nada que aparece por cima, o que a gente vê, é o que está exposto e do qual temos clareza. Mas existe um universo infinitamente maior e não tão óbvio dentro da mente de cada um de nós.

O subconsciente jamais dorme ou descansa. O que ele escreve internamente, você experimenta externamente. Aquilo que pensamos repetidas vezes, seja bom ou ruim, acaba se tornando uma grande verdade mais para a frente, porque a vida é feita de dois lados: visível e invisível, subjetivo e objetivo. Pensamento e manifestação.

Os pensamentos são as emoções vividas memorizadas, mas essas emoções não precisam ter sido vividas na íntegra. Se elas forem "sentidas" repetidamente em sua mente, o próximo passo será manifestá-las, ou seja, tornar os seus pensamentos uma realidade. A pesquisadora Nadine Dijkstra, da University College London, explica: "o cérebro avalia imagens com base em um 'limiar de realidade'. Se a imagem ultrapassa esse limiar, é percebida como real; caso contrário, é vista como imaginada. Isso se torna interessante porque, na maioria das vezes, as imagens imaginadas são fracas. No entanto, se uma imagem imaginada for suficientemente forte, o cérebro pode interpretá-la como realidade".[16]

---

16. A DIFERENÇA entre real e imaginado pelo nosso cérebro. *World Neurotechnologies Forum*, 31 ago. 2023. Disponível em: https://wnf.global/a-diferenca-entre-real-e-imaginado-pelo-nosso-cerebro/. Acesso em: 19 out. 2024.

O QUE ELE ESCREVE INTERNAMENTE, VOCÊ EXPERIMENTA EXTERNAMENTE.

Podemos entender o pensamento como uma sequência de disparos neurais no córtex cerebral, parte do cérebro usada pela mente para raciocinar e tomar decisões. Quando a mente consciente ou objetiva aceita inteiramente o pensamento, ele é transmitido para a parte mais antiga do cérebro, onde você "experimenta" os pensamentos como realidade. Uma vez experenciado, o subconsciente não tem a capacidade de argumentar. Por exemplo, quando somos adolescentes e nunca tivemos uma relação sexual, mas estamos apaixonados por alguém, sempre que pensamos na pessoa desejada o coração dispara, às vezes a palma da mão fica suada. O desejo sexual aparece e, mesmo sem nunca ter feito sexo, você consegue imaginar a cena como se fosse real. Sentimos desejos, e nosso corpo se prepara como se fosse consumar o ato.

Por que isso acontece? Porque a nossa mente não sabe separar um pensamento da realidade, e nosso corpo é invadido por hormônios da mesma forma, como se o evento já fosse acontecer ou estivesse acontecendo. Por isso, precisamos ter cuidado com brincadeiras ou pensamentos pessimistas do tipo "nada dá certo", "todo homem trai", "eu não vou conseguir", "isso não vai dar certo", "eu não posso", "ninguém gosta de mim".

O ser humano é o que ele pensa durante todo o dia. Por isso, procure gravar em sua mente ideias certas e pensamentos construtivos! Fale sobre o que quer, e não sobre o que não quer. Temos de sessenta a setenta mil pensamentos por dia[17] e, deles, praticamente todos são iguais. Se pensamentos são emoções memorizadas, quais

17. MONTEIRO, Lilian. Excesso de informação, perfil multitarefa e vida corrida ativam a aceleração do pensamento. *Saúde Plena*, 15 jul. 2019. Disponível em: https://www.uai.com.br/app/noticia/saude/2019/07/15/noticias-saude,248872/excesso-de-informacao-perfil-multitarefa-e-vida-corrida-ativam-a-acel.shtml. Acesso em: 19 out. 2024.

emoções você anda memorizando repetidamente? Que pensamentos repetidos têm construído o que você não quer?

Pensar o novo é construir novas conexões neurais. E, de início, isso é bem difícil. É linda a ideia de construir uma nova realidade, mas, na prática, nosso cérebro quer pensar naquilo que já conhece. Então, como fazer para mudar nossos pensamentos?

FAÇA O QUE PENSA: CONSTRUINDO NOVOS CAMINHOS NEURAIS

"Como uma máquina, o cérebro precisa de energia para funcionar."[18] E não é pouca coisa: ele devora aproximadamente 20% do oxigênio que respiramos e entre 15% e 20% da glicose que nosso corpo processa. Em situações de alta demanda cognitiva, como durante um estudo intenso ou ao participar de um debate complexo, esse órgão pode chegar a consumir metade de todo o oxigênio disponível em nosso organismo.

Portanto, se estiver superpressionado, tenso ou prestes a tomar uma decisão difícil, o seu cérebro vai trabalhar num ritmo frenético. Como qualquer máquina, ele estará sujeito a um "superaquecimento". Colocar o cérebro em intensa atividade a todo o tempo é o mesmo que colocar o motor de uma máquina em velocidade máxima contínua. Em algum momento ele vai pifar. Por conta desse mecanismo, nosso cérebro tende a economizar energia, e é por isso que ação e emoção têm que se equilibrar. O que você sente precisa estar de acordo com o que você faz, para que o corpo fique alinhado, e não doente.

18. SEGURA, Mauro. Seu cérebro está te enganando. *Meio & Mensagem*, 8 nov. 2018. Disponível em: https://www.meioemensagem.com.br/opiniao/seu-cerebro-esta-te-enganando. Acesso em: 19 out. 2024.

O QUE VOCÊ SENTE PRECISA ESTAR DE ACORDO COM O QUE VOCÊ FAZ.

Eu tinha uma cliente, que vou chamar apenas de Juliane – para manter sua privacidade, apesar de ela já ter feito alguns depoimentos de agradecimento –, que sofria de fibromialgia severa, uma síndrome que causa múltiplos pontos de dor por todo o corpo. Essa dor pode estar associada a outros sintomas, como fadiga, alterações do sono, distúrbios intestinais, depressão e ansiedade. Acomete 2% da população mundial[19] e é mais frequente em mulheres. Como muitas das doenças reumatológicas, a fibromialgia (FM) não tem suas causas e seus mecanismos totalmente esclarecidos. O que sabemos é que a pessoa que tem FM apresenta maior sensibilidade à dor, e isso tem relação com o centro de dor no sistema nervoso. Dessa maneira, nervos, medula e cérebro fazem com que qualquer estímulo doloroso seja mais intenso.

Quando essa cliente fez meu primeiro treinamento presencial, contou-me que, ao tomar banho, as gotas de água do chuveiro eram muito dolorosas em seu couro cabeludo. Imagine se até o simples ato de tomar banho causasse dor intensa. E quanto às outras atividades cotidianas? Cada movimento se torna uma provação: abaixar-se, levantar-se, sentar-se, deitar-se. Até mesmo dormir se torna um desafio. Na verdade, cada aspecto da vida é permeado pela dor – é como se doesse simplesmente existir!

Ela já havia tentado de tudo, e achava que não existia cura. Quando falo sobre "curar", essa cura pode ser vista de uma forma relativa, porque voltando aos velhos hábitos voltaremos a ser a mesma pessoa enferma de sempre. É como se a doença estivesse dormindo, esperando seus

---

19. PREFEITURA MUNICIPAL DE FELISBURGO. *12 de maio*: dia de conscientização e enfrentamento da fibromialgia. Disponível em: https://felisburgo.mg.gov.br/noticias/12-de-maio-dia-de-conscientizacao-e-enfrentamento-da-fibromialgia#:~:text=A%20Fibromialgia%20%C3%A9%20uma%20doen%-C3%A7a,%C3%A9%20mais%20frequente%20em%20mulheres. Acesso em: 19 out. 2024

vacilos para voltar a atacar; então, dependerá de você fazer diferente. Juliane se curou após um treinamento que passei para ela. Participou de uma imersão de dois dias. Quando você se dedica integralmente à transformação, mergulhando de corpo e alma em um processo intensivo de dois dias, explorando as profundezas da sua mente, desafiando seus hábitos arraigados e confrontando a origem dos seus problemas, é simplesmente impossível emergir como a mesma pessoa. A mudança torna-se inevitável. Eu trabalho as teorias e, claro, também fazemos muitos exercícios. A leitura e a teoria sem a ação não servem para nada. É como a fé. Você ora para Deus fazer o milagre, mas você precisa fazer a sua parte. Até para acontecer um milagre é preciso uma ação.

Você conhece o exemplo do milagre de Jesus chamado "A mulher do fluxo de sangue"? Em resumo, uma mulher tinha hemorragia e acreditava que Jesus podia curá-la, então o procurou a fim de tocá-lo e receber a cura. A mulher chegou por trás dele e tocou na borda do seu manto, pois dizia a si mesma: "Se eu tão somente tocar em seu manto, ficarei curada". Voltando-se, Jesus a viu e disse: "Ânimo, filha, a sua fé a curou!" (Mateus 9:20-22). E desde aquele instante a mulher ficou curada.

Nessa passagem, observamos alguns pontos importantes. A mulher com fluxo de sangue mudou de pensamento. Ela passou a acreditar e ter certeza de sua cura. Independentemente do meio de onde ela veio, a primeira lição é que ela acreditou, e isso se chama fé – acreditar mesmo sem ver e sem ter certeza de nada. O segundo ponto é a ação, porque fé sem ação de nada adianta. Tiago ensinou que "a fé sem obras é morta" (Tiago 2:26). Ou seja, se a mulher não fosse até Jesus, se não fosse ousada ao encostar nas vestes dele no meio da multidão, não seria curada.

O terceiro ensinamento vem de Jesus, quando afirmou, olhando para a mulher, que "a sua fé te curou!". Várias vezes, na Bíblia, Jesus deixa claro que o milagre vem de nós, de acreditarmos naquilo que desejamos e depois agirmos de acordo com o que acreditamos. Ou seja, pensamentos bons com ações corretas.

O CICLO DA DOR E DOS MAUS PENSAMENTOS

Ao sentirmos muita dor, nosso corpo entende que aquilo não é bom e precisa agir rápido, liberando os hormônios necessários para suportar a dor. Eles vão nos gerar garra, força e determinação, aumentando bruscamente nosso nível de estresse, imaginando que estamos sendo preparados para o pior, como se estivéssemos lutando em uma guerra.

O nosso corpo físico responde manifestando a repetição de pensamentos ruins. A maioria são pensamentos negativos sobre nós mesmos, pensamentos de incapacidade, de descrença em nós mesmos, de culpa, martírio e pensamentos que nos colocam para baixo.

Imagine a quantidade de hormônios do estresse liberados durante uma guerra! Quando essa liberação se prolonga, nosso corpo se adapta, e todas as membranas celulares recebem a informação de que esse novo estado é o ideal. Essa adaptação pode levar à dependência do estresse. Se isso se mantiver, o único próximo passo possível será a depressão.

Você já ouviu falar sobre pós-trauma de guerra, também conhecido como transtorno de estresse pós-traumático, ou TEPT? O TEPT pode ser desenvolvido depois que uma pessoa passa por um evento muito traumático,[20] o que traz ansiedade e reações disfuncionais intensas e não proporcionais aos acontecimentos presentes, como se o trauma fosse uma espécie de carimbo dos acontecimentos passados.

Neurologicamente, quem tem TEPT pode desenvolver uma amígdala (região do cérebro envolvida no processamento de emoções) hiperativa. Principalmente quando se trata de situações relacionadas ao medo, a amígdala lê e atua com um "estímulo aumentado" em relação ao que realmente ocorreu. Também pode haver redução do hipocampo (responsável por regular as emoções), desregulação do sistema neurotransmissor e ativação do sistema nervoso autônomo, o que não deixaria a pessoa descansar e relaxar, já que ela estaria sempre em alerta. Mas o mais preocupante é quando a pessoa adquire o efeito contrário, e alguns circuitos cerebrais acabam por extinguir o medo. Quando isso acontece, a pessoa deixa de entender o que pode realmente ameaçá-la na realidade (atravessar uma rua sem olhar, por exemplo), e inconsequências desmedidas podem vir à tona.

Na parte psicológica, a pessoa com TEPT pode ter diversos flashbacks, com lembranças muito dolorosas que se apresentam a todo momento, além de sintomas de hipervigilância, alterações bruscas de humor, problemas em relacionamentos e reações de sobrevivência, mesmo quando não há mais nada demonstrando risco. O "neurótico de guerra" sofre muito, pois durante uma guerra somos obrigados a assistir a cenas que geram emoções horríveis, e essas emoções passam a se repetir em nossa mente por muitos e muitos anos. Quanto mais forte a emoção, mais firme o pensamento repetido.

---

20. PFIZER. *Transtorno de estresse pós-traumático*. [s. d.]. Disponível em: https://www.pfizer.com.br/sua-saude/sistema-nervoso-central/transtorno-de-estresse-pos-traumatico-tspt. Acesso em: 19 out. 2024.

QUANTO MAIS FORTE A EMOÇÃO, MAIS FIRME O PENSAMENTO REPETIDO.

Pessoas comuns também enfrentam traumas, menos dramáticos, mas igualmente profundos. Geralmente, esses episódios ocorrem na infância e, no futuro, tendem a gerar repetições de pensamentos relacionados a essas experiências, mesmo que a pessoa não tenha uma lembrança racional desses problemas. Então, as pessoas criam a crença de merecimento. Sentem-se culpadas de tudo e nem sabem o motivo. Nunca conseguem ter bons relacionamentos, sejam amorosos, de amizade ou no trabalho, e consideram-se incapazes, porque a informação ruim do que ela não lembra está ali, em seu subconsciente, e a faz sofrer da mesma forma repetida com os pensamentos de não merecimento.

Thiago Candonga, pastor e um dos meus melhores amigos, tem uma doença genética rara nos olhos chamada ceratocone. Desde que nasceu, ele usa óculos bem grossos, que chamamos de "fundo de garrafa". Thiago é teólogo, muito estudioso, formado em Ciências da Religião, e contribui significativamente para a parte espiritual dos meus cursos e programas.

O ceratocone é uma condição hereditária de evolução lenta e sem cura ou regressão. Sua principal característica é a redução progressiva da espessura da parte central da córnea, que é empurrada para fora, formando uma saliência com o formato aproximado de um cone. A única opção de "cura" (que eu chamo de substituição de alto risco) é através de transplante de córnea.

Um dia, estávamos sentados na sala da minha casa – ele, a Roberta (sua esposa) e eu – criando algumas aulas para minhas alunas. Em meus programas, sempre procuro abordar os três pilares: corpo, mente e espírito. Enquanto eu escrevia sentada no sofá da sala de hóspedes, ele me contava suas ideias sentado no chão da sala, ao lado de sua esposa;

eles estavam próximos a uma janela enorme de vidro, e o sol entrava na sala toda e iluminava todos os móveis de madeira, refletindo no tapete branco onde estavam sentados, iluminando-os também. Levantei a cabeça e percebi pelo reflexo do sol quão grossas eram as lentes dos óculos; me pareceu atrapalhar, sabe? E então perguntei por que ele não usava lentes de contato. Candonga explicou que era impossível, devido ao formato cônico de seus olhos, e me contou sobre a doença.

Minha primeira reação foi perguntar se alguém em sua família tinha essa condição. Ele respondeu: "Não, só eu". Naquele momento, entendi que seus pensamentos poderiam ter influenciado essa realidade e ele poderia mudá-la. Comecei então meu trabalho, fazendo uma série de perguntas para desafiar suas crenças e ajudá-lo a enxergar o que não estava vendo.

É impressionante como nosso corpo grita por ajuda, tentando nos mostrar coisas que não somos capazes de resolver ou perceber. No caso dele, para mim, era muito lógico que existia algo que ele não estava querendo enxergar, exatamente por isso seus olhos estavam morrendo aos poucos, e sua vista, sendo destruída. Afinal, quando não queremos ver psiquicamente algo muito importante que precisa ser visto, nosso corpo debocha da nossa cara. A mente diz ao corpo: "Ah, é? Você não quer ver que isso é importante para mim? Então está bem, então não veja nada, dessa maneira eu te ajudo a mentir que você realmente não consegue". Disse a ele que havia algo que precisava ser visto e iniciei o processo de "cavoucar" algumas chaves emocionais. Alguns meses depois, surpreendentemente, seu ceratocone começou a se reduzir.

Você pode se perguntar: "Mas, Maíra, você não disse que era impossível regenerar? Não era uma doença degenerativa?". Posso falar de fé, de milagre, sempre – afinal, quem somos sem Deus? Lembre que se trata de um pastor, então a fé sempre esteve presente. Mas acredito muito no poder dos pensamentos, das palavras e nos estudos da Física Quântica, e nesse caso nas infinitas possibilidades que criamos e escolhemos viver.

A falta de conhecimento nos adoece; não tem como você se curar se não sabe que está doente. Candonga sabia da sua doença física, mas não da emocional. Por fim, nada adianta podar uma árvore que não quer ser podada. Se ela ainda tiver raízes, descobrindo as raízes do problema, você se cura de verdade. A resposta estará sempre no fundo dos seus sentimentos, mas não basta descobrir o que se sente. É preciso dar o segundo passo: a ação, para criar pensamentos e construir novos caminhos neurológicos através deles.

"NO CÉU ASSIM COMO NA TERRA"

O que essa frase significa? Sua mente é como o céu, e seu corpo e ambiente são como a Terra. O Salmo 139 diz: "No seu livro foram escritos todos os meus dias, cada um deles escrito e determinado enquanto nenhum dia havia ainda". Veja que impressionante! Sabemos que Jesus, assim como todos os porta-vozes de Deus, não deixava as mensagens tão claras, porque Deus precisaria descer muito, muito mesmo, para que pudéssemos alcançar o que ele quer nos ensinar. Nós não temos capacidade mental para alcançar todos os ensinamentos. Imagine então na época de Jesus, quão limitado era o nosso entendimento como humanidade! Estamos falando de um tempo em que queimavam pessoas vivas, um tempo em que crucificamos o único rei, um tempo em que as mulheres eram nada, matar era comum, entre outras coisas tristes e inacreditáveis. Naquele tempo, a Bíblia foi escrita. Com certeza, havia muito mais a ser dito, mas não pudemos compreender. Sobre a mente, então, nem se ouvia falar, nem se sabia que havia uma mente, um consciente e um subconsciente.

Essa passagem do Salmo 139 me chama muito a atenção, pois o "livro" se refere à nossa mente; releia: "No seu livro foram escritos todos os meus dias, cada um deles escrito e determinado, enquanto nenhum dia havia ainda". Ou seja, aquilo que você pensa, você escreve no livro da vida antes de acontecer. Só depois acontece o que você determinou em seus pensamentos enquanto ainda nada estava escrito.

Mudando a mente a partir de repetidas afirmativas, você muda o corpo. Você já deve ter escutado falar sobre o poder das palavras, não é? Houve um momento em que isso virou modinha, e as pessoas passaram a repetir aquilo que desejavam verbalmente, como "Eu sou rico, eu sou rico, eu sou rico". A questão é que a grande maioria das pessoas não entendeu como isso realmente funciona.

Não adianta nada dizer que é rico da boca para fora, sem fazer o trabalho sentimental e mental que deve ser feito. Você precisa se sentir rico, acreditar de verdade que é, e não só tagarelar; é óbvio que isso vem com ações para que você realmente possa ser rico. É como repetir "Eu sou magra, eu sou magra, eu sou magra", comendo um pedaço de pizza. Você se lembra da fé com a ação? Acreditar + agir?

Quando a Juliane e o Thiago entenderam que estavam sendo responsáveis pela sua enfermidade, eles decidiram fazer diferente. Decidiram ter novos pensamentos e realizar ações de acordo com isso. Pela repetição dos novos pensamentos e das novas ações, começaram a se curar. A decisão é o primeiro passo. É preciso decidir fazer diferente, independentemente do que sentimos e do que acreditamos.

A FALTA DE CONHECIMENTO NOS ADOECE; NÃO TEM COMO VOCÊ SE CURAR SE NÃO SABE QUE ESTÁ DOENTE.

AQUILO QUE VOCÊ PENSA, VOCÊ ESCREVE NO LIVRO DA VIDA ANTES DE ACONTECER.

MUDANDO A MENTE A PARTIR DE REPETIDAS AFIRMATIVAS, VOCÊ MUDA O CORPO.

A decisão vem antes da fé, como no caso de Aline, a mulher traída que decidiu fazer diferente, mesmo sentindo o oposto. Os três traçaram diferentes caminhos no processo de cura, mas todos com sucesso, usando o mesmo ingrediente: se apropriar e se responsabilizar por seus NOVOS pensamentos, obviamente acompanhados de ações contínuas. A única certeza que temos é que, se os velhos pensamentos voltarem, o que é novo se torna velho novamente.

Inicialmente, seus pensamentos viciados tendem a passar pelo mesmo caminho neurológico, o caminho sem obstáculos, e, quando digo "sem obstáculos", não digo "sem dor", mas falo do caminho que já é conhecido. Pense em nós, mulheres, que nos depilamos ou tiramos sobrancelhas. É claro que dói, mas nos acostumamos com a dor e passamos a fazer isso por vaidade, porque a vontade de estar sem pelos é maior do que a dor. Quanto mais fazemos, menor a dor se torna a cada dia. Não porque parou de doer, mas porque nos acostumamos.

Uma nova dor, um novo caminho, sempre será dolorido. Sabe aquele relacionamento horrível do qual você não consegue sair? Prefere continuar ali a se aventurar em uma nova história, por medo de recomeçar? E quem nunca teve desejo de tentar uma nova carreira e, por medo, desistiu? Nosso cérebro é assim! Poupa energia. Aprender gera muito esforço e, por isso, criar novos caminhos neurais exige muito conhecimento de seus monstros e gatilhos sabotadores. Ao aprender a fazer diferente do que sempre fez, você conseguirá ter novos resultados, diferentes do que sempre teve.

CAPÍTULO 4

A pior traição de todas

O que você pensa sobre si? Se você não tem uma resposta firme sobre isso, deveria, já que cada partícula do seu corpo se expressa de acordo com seus pensamentos! As membranas que envolvem nossas células têm informações preciosíssimas sobre nós, e essas informações são determinadas primeiro em nossa mente. Lembra da passagem que vimos no último capítulo? "No seu livro foram escritos todos os meus dias, cada um deles escrito e determinado enquanto nenhum dia havia ainda."

Primeiro, a mente determina. Depois, nosso cérebro ordena como nossas células devem agir. Considere alguém que pensa o tempo todo em comida ou em relações sexuais. Esses pensamentos persistentes evoluem para sentimentos e sensações, que por sua vez geram desejos. Esses desejos se tornam comandos para o cérebro, que vai em busca do hormônio de que seu corpo físico agora precisa, seja dopamina ou testosterona. Então sua mente, que tanto estimulou esses pensamentos, criou um evento por repetição até que seu cérebro ordene seu corpo a executar o evento e se torne real. Em essência, o que começa como um pensamento recorrente pode se materializar em comportamento concreto, demonstrando o poder da mente sobre nossas ações e nosso corpo.

Se não pararmos nossos pensamentos, continuaremos na repetição, correndo o risco de cairmos em comportamentos compulsivos. Daqui a pouco, você vai se ver atacando uma caixa de chocolate inteira, ou desejando ver imagens de pessoas que não são seu parceiro, e, obviamente, se esse estímulo continuar, o próximo passo levará à traição. Tanto a traição sexual e física quanto a caixa de chocolate serão estímulos temporários, não serão o bastante para satisfazer toda essa demanda de hormônios que sua mente e seu cérebro estão pedindo. Afinal de contas, você ficou muito mais tempo pensando do que fazendo, então o seu corpo está querendo mais e mais.

Agora, pense comigo: agir contrariamente ao que nos propomos é a pior traição de todas. É interessante como nos revoltamos ao sermos traídos; porém, nós mesmos não somos capazes de ser fiéis aos nossos próprios sonhos, nossas próprias metas e acordos conosco. Então por que somos tão hipócritas ao exigir que o outro seja fiel, como se fosse fácil? Se fosse fácil, não nos trairíamos toda sexta-feira abrindo uma latinha de cerveja quando decidimos não mais beber, ou gastando aquele crédito que não temos e não poderemos pagar, ou furando a dieta sempre com aquele discurso de "só mais uma vez", "só um pedacinho" ou "só por hoje".

Sim, é horrível ser traído por alguém que amamos, não estou de forma alguma negando isso; porém, mais horrível é trair a si, se tornando o seu pior inimigo, dono e responsável pelos piores pensamentos, causadores de suas piores frustrações e doenças físicas e mentais.

Quando você trai a si mesmo (comendo a caixa inteira de chocolates, abrindo a cervejinha, furando a dieta) ou sua parceira (pensando em outras pessoas sexualmente), antes de o seu cérebro e o seu corpo te exigirem mais daquela "droga", você sentirá culpa.

Sim, chamo de "droga" porque agora você está viciado na busca por dopamina; e se é vício, você é dependente e está te causando mal, podemos considerar uma droga.

Na verdade, a dopamina é um neurotransmissor do cérebro cujas características estão ligadas à motivação, com atuação no sistema de recompensa cerebral. "Quando a dopamina é liberada e seus níveis sobem em resposta a algo que ingerimos ou fizemos, o corpo sente prazer, recompensa, euforia. E, então, claro, nós sempre estamos buscando recriar essa sensação", explica a psiquiatra norte-americana Anna Lembke, chefe da clínica especializada em vícios na Universidade Stanford, nos Estados Unidos.[21]

Perceba que, antes de buscar mais satisfação, você se sente culpado e fracassado, mentiroso, sujo, fraco, incapaz e todos os adjetivos que sua mente criativa resolver adicionar em sua dose de culpa. Aí, começa uma nova dinâmica: ao se sentir culpado, a culpa gera dor, e voltam os repetidos pensamentos ruins e tóxicos sobre quem é você e sobre seu péssimo comportamento. Esses pensamentos ruins e dolorosos reforçam a dor, e o corpo então busca o hormônio cortisol[22] para suportar a dor (aqueles hormônios do estresse que te deixam irritado, mal-humorado, agressivo). Só que esse hormônio também vicia. Então, você não está só viciado em dopamina e prazer rápido de pouco esforço e curto tempo; agora está viciado também no hormônio do estresse, ou seja, viciado em

---

21. SUZUKI, Shin. Dopamina: por que busca desenfreada por estímulos pode tirar satisfação da vida. *BBC News Brasil*, 9 maio 2022. Disponível em: https://www.bbc.com/portuguese/internacional-61303597. Acesso em: 19 out. 2024.

22. STREB, João Antonio. Cortisol: o que é e o que significa se hormônio do estresse está alto. *Veja Saúde*, 28 fev. 2024. Disponível em: https://saude.abril.com.br/medicina/cortisol-o-que-e-e-o-que-significa-se-hormonio-do-estresse-esta-alto/mobile. Acesso em: 19 out. 2024.

se sentir culpado. “Como assim, Maíra? Isso vicia? Eu odeio me sentir culpado. É ruim, fico triste, arrasado, como é possível?”

Para a psicanálise, a culpa seria um medo inconsciente da autoridade externa, que se apresentaria como forma de autojulgamento: “Fiz algo que não deveria, fiz algo que alguém não aprovaria”. Por conta do autojulgamento severo e do problema em lidar com esse julgamento, a pessoa procuraria um prazer momentâneo para o alívio psíquico, o que, claro, apenas traria mais frustração. Assim se inicia um ciclo de compulsão. Chama-se ciclo porque você passa por altos e baixos, sobe e desce, como se estivesse em um círculo do qual não pode mais sair.

Não existe traição maior do que não cumprir os acordos consigo mesmo.

O PREÇO CARO DE COMER

Uma em cada cinco pessoas morre por dietas de baixa qualidade, segundo a Organização das Nações Unidas (ONU).[23] Por isso, comer saudável não é algo apenas para quem quer emagrecer. O nome já diz, comer saudável vem de “saúde”. O emagrecimento é uma consequência do cuidado com a saúde. A boa alimentação está ligada à longevidade e qualidade de vida, ou seja, seus dias diminuem quando você come mal e aumentam quando você come bem. Desse ponto de vista, responda para si mesmo: quanto você pagaria por um dia a mais de vida? Agora pense em alguém que já morreu e que você gostaria de rever: quanto você pagaria para ver essa pessoa novamente?

23. ORGANIZAÇÃO DAS NAÇÕES UNIDAS. *Uma em cada cinco mortes está associada a dietas de baixa qualidade*. 7 nov. 2018. Disponível em: https://news.un.org/pt/story/2018/11/1646631. Acesso em: 19 out. 2024.

NÃO EXISTE TRAIÇÃO MAIOR DO QUE NÃO CUMPRIR OS ACORDOS CONSIGO MESMO.

QUANTO DE VIDA CUSTA UM SANDUÍCHE?

E se eu te dissesse que, se ela tivesse deixado de comer uns chocolates ou "sandubas", poderia estar dias a mais com você? Quanto de vida custa um sanduíche?

Imagine se a gente pagasse comida com horas de vida. A comida de verdade, aquela que Deus criou, te daria horas extras de vida. Já os produtos industrializados, esses te custariam horas, tirando tempo da sua vida. Pensa só: e se você soubesse que aquele sanduíche ia te roubar cinco horas de vida? Será que você ainda pagaria esse preço?

O jornal médico *The Lancet*[24] publicou um estudo que corrobora os dados da ONU e liga mortes prematuras à rotina alimentar pouco nutritiva, provando que o alto consumo de processados e açúcar pode levar ao desenvolvimento de doenças e distúrbios graves. Realizada em 2017 por cientistas colaboradores do Global Burden of Disease (GBD), a pesquisa apontou que uma a cada cinco mortes é causada por dietas ruins, com alto consumo de sódio e baixa ingestão de grãos integrais, castanhas e sementes, comidas feitas por Deus. Os pesquisadores analisaram a dieta durante vinte anos em 196 países. As pessoas estudadas tinham mais de 25 anos e foram solicitadas a dar informações sobre quinze tipos de alimentos e nutrientes, entre frutas, leite, vegetais, carne vermelha e processada, sódio, cálcio, gorduras e ômega-3.

Além de estar ligada a mortes prematuras, a má alimentação é um fator significativo no desenvolvimento de doenças e condições de saúde graves. Em 2012, nos Estados Unidos, 45% dos 702.308 óbitos registrados foram causados por apenas três condições: infarto,

24. FOOD in the Anthropocene: the EAT -Lancet Commission on healthy diets from sustainable food systems. *The Lancet*, [S. l.], v. 393, n. 10170, p. 447-492, 16 jan. 2019. Disponível em: https://www.thelancet.com/commissions/EAT. Acesso em: 19 out. 2024.

derrame e diabetes tipo 2.[25] Segundo a Organização Mundial da Saúde (OMS), as duas primeiras lideram o ranking de mortalidade global. Para investigar a conexão entre alimentação e essas doenças fatais, uma equipe de especialistas realizou um estudo detalhado. Eles criaram um modelo estatístico utilizando dados das Pesquisas Nacionais de Saúde e de Investigação Nutricional norte-americanas (períodos 1999–2002 e 2009–2012), registros de óbito oficiais e informações de outros estudos e ensaios clínicos. Com esse modelo, os pesquisadores examinaram a associação entre o consumo de alimentos específicos e a mortalidade por doença cardíaca, derrame e diabetes tipo 2. Os resultados reforçam a importância crucial de uma alimentação saudável na prevenção dessas doenças potencialmente fatais.

A qualidade da nossa alimentação não é apenas uma escolha de estilo de vida, mas um investimento precioso em nosso futuro. Cada refeição é uma oportunidade de **NUTRIR** não apenas nosso corpo, mas também nossa alma, nossas relações e nossos sonhos. Quando optamos por alimentos que verdadeiramente nos alimentam, estamos escolhendo mais do que sabores – estamos escolhendo vitalidade, energia e possibilidades. Imagine cada garfada como um pequeno ato de amor-próprio, um compromisso silencioso com aqueles que amamos e com tudo o que ainda queremos realizar nesta vida. Existe um abismo enorme entre comer e se alimentar. A boa alimentação não é uma restrição, mas sim uma libertação. Ela nos liberta para vivermos plenamente, com saúde e disposição para abraçar cada dia a mais como uma dádiva.

---

25. ASSOCIAÇÃO NACIONAL DE ATENÇÃO AO DIABETES. *Alimentação incorreta é grande causa de mortes por doenças cardiovasculares*. 8 mar. 2017. Disponível em: https://www.anad.org.br/alimentacao-incorreta-e-grande-causa-de-mortes-por-doencas-cardiovasculares/. Acesso em: 19 out. 2024.

A BOA ALIMENTAÇÃO NÃO É UMA RESTRIÇÃO, MAS SIM UMA LIBERTAÇÃO.

DERRUBANDO O VÉU DE MAYA

Já conhecemos o imenso poder do nosso cérebro, mas você sabia que ele é capaz de criar uma imagem distorcida de nós mesmos? É verdade – às vezes, nosso cérebro pode nos fazer enxergar de uma forma que não corresponde à realidade, tudo isso como um mecanismo de proteção para evitar sofrimento. Essa capacidade de "autoenganação" pode ser surpreendente, mas é uma das muitas maneiras pelas quais nossa mente tenta nos proteger de experiências emocionais difíceis. "Como assim, Maíra? Você quer dizer que eu posso estar com sobrepeso e me vendo magra, por exemplo?" Exatamente!

Uma das primeiras tarefas que pedimos para nossos clientes em nossos programas on-line é que alguém tire fotos da pessoa de frente, de costas, de lado e do outro lado, vestindo apenas roupa íntima. Nessa fase, já conseguimos perceber quem será capaz de ter resultados ou não. Quando uma pessoa está verdadeiramente exausta de determinada situação, da saúde, do corpo, do ciclo compulsivo, ela se torna disposta a mudar. Ela precisa se entregar a nós, de verdade. É como se quisesse ser carregada no colo. A pessoa "desmaiada" será levada, não importa se está com ou sem roupas. Na verdade, ela nem está vendo, pois está realmente entregue e sendo levada no colo.

Essa entrega significa que finalmente a pessoa está pronta a ser guiada. Quando a sua vergonha ainda é maior do que a dor de permanecer ali, fica claro que não chegou no seu limite, e as mudanças mais grandiosas só poderão vir depois de ultrapassá-lo. Quando realmente estiver no fundo do poço, ela voltará; e se não voltar, é porque seu orgulho, sua vergonha, seu ego e suas desculpas irão atrapalhar, e os resultados não acontecerão. Essa pessoa vai falhar e culpar qualquer coisa ou pessoa, e normalmente somos nós que a ajudamos e a guiamos para que possa ter sensações incríveis como nunca teve: saúde, corpo e tudo que sempre achou que desejava.

Vamos fazer uma comparação com cirurgias plásticas. Quando nos submetemos a uma cirurgia plástica, somos obrigados a tirar a roupa. E por que pessoas tímidas aceitam isso? Primeiro, porque desejam muito e existe um ponto de dor muito grande atrás da cirurgia estética; e segundo, porque estão desmaiadas, descordadas, confiando 100% da sua vida a uma equipe. Posso dizer que é assim com a minha equipe. Somos responsáveis por uma das cirurgias mais importantes da sua vida: a cirurgia do seu corpo, da sua alma e da sua mente. A cirurgia do seu novo eu. Acolhido por nossa equipe, você sairá da "mesa de cirurgia" um novo ser humano, com todos os seus caminhos neurológicos reconstruídos. Novos caminhos, novas experiências, novos hábitos, novo corpo e nova vida, mas para isso eu preciso da sua assinatura de consentimento. Preciso que você assine que se entregará, que confiará, não em você, mas em nós. Por conta de tudo o que disse aqui, a assinatura de confiança e entrega da sua antiga vida é a sua foto do "antes".

E nosso cérebro também nos engana de outra forma. Já aconteceu de você tirar foto em uma turma de amigos ou alguém tirar uma foto sua e você dizer: "Meu Deus! Estou horrível nessa foto!"? Pois é. E se eu contar que, na maioria das vezes, você não se vê como de fato é? Nosso cérebro se adapta ao menos ruim, ou àquilo que damos conta, também para que a gente não sofra.

Quando pede para alguém tirar uma foto sua, é como se o seu cérebro não tivesse tempo para esse reajuste. Diariamente, ao se olhar no espelho, pelo melhor ângulo, você encontra a melhor adaptação que sua mente conseguiu fazer para que a realidade não tenha que ser enfrentada. Uma vez que seu amigo, seu marido ou sua esposa tire a foto para você, do ângulo que eles escolherem, seu cérebro não adaptado a esse olhar do outro irá enxergar as coisas como elas realmente são, e aí vem o desabamento, quando cai o véu de Maya. Essa expressão surgida da filosofia hindu traz na imagem do véu as ilusões, a realidade amenizada – um recurso da nossa mente que acaba por aliviar nossa percepção sobre o que vemos e sentimos.

Quando o cliente se recusa a inserir as fotos em nosso sistema, uma analista entra em contato para explicar a importância do processo e informa que sem a foto não será possível dar continuidade. Muitas pessoas relutam e dizem que não vão colocar, porque têm vergonha. Então, devolvemos o dinheiro dessa pessoa e não damos seguimento, pois sem a foto não existe final feliz.

No Seca Você, nossa política é clara: se a pessoa não emagrecer, devolvemos o investimento dela e ainda acrescentamos o mesmo valor como prêmio. Isso significa que garantimos o emagrecimento, e, se não acontecer, a pessoa recebe de volta o que pagou mais um bônus igual. Para podermos fazer essa promessa, criamos uma metodologia que torna o emagrecimento praticamente inevitável. É por isso que podemos garantir o dinheiro de volta. Claro, isso vale para quem segue o programa à risca, fazendo tudo corretamente conforme nossas instruções e o acompanhamento.

Somos muito cuidadosos durante o processo, e nosso lema é: "Quando você não acredita mais em si mesmo, é exatamente aí que eu entro". A gente realmente acolhe a pessoa, mas, para nos dedicarmos totalmente, precisamos ter certeza de que ela está pronta para a mudança. Não é ela acreditar em si mesma nesse momento – porque muitas vezes já não acredita. É estar realmente pronta para mudar.

QUANDO VOCÊ NÃO ACREDITA MAIS EM SI MESMO, É EXATAMENTE AÍ QUE EU ENTRO.

No fundo, o processo de transformação nunca é uma questão de emagrecimento. Ao longo dos anos, atendendo pessoas que vêm até mim querendo emagrecer, descobri que por trás dessa demanda existem histórias muito mais profundas. A maioria das clientes chega falando que não consegue parar de comer chocolate, que não tem força de vontade, que já tentou todas as dietas. Quando começamos a cavar mais fundo, descobrimos que o chocolate não é o problema – é o casamento que está desmoronando, é o trabalho que sufoca, é aquela criança interior machucada de quem ninguém nunca cuidou.

Por isso que afirmo: não adianta eu te passar uma dieta se você não entende que comida virou sua válvula de escape. Não adianta eu te passar um treino na academia se você usa seu corpo sem saúde como escudo para se proteger. Não adianta nada disso se a gente não entende primeiro o que te trouxe até aqui. E às vezes dói. Dói muito. Porque quando começamos a cavar, encontramos cada coisa... Encontramos o abuso do qual ninguém nunca soube, a traição que a pessoa engoliu em seco, a menininha que aprendeu que não merecia amor se não fosse perfeita. Como é que não vai doer?

Quando a pessoa começa a entender isso, quando para de lutar contra o corpo e começa a escutar o que ele está tentando dizer, aí sim começa a verdadeira transformação. Porque não é a comida. Nunca foi a comida. É curar a alma para depois curar o corpo.

Nas sessões individuais dos meus programas presenciais, as pessoas se abrem comigo profundamente. Uma cliente em particular me fez repensar tudo o que eu sabia sobre transformação pessoal. Ela tinha tido "oportunidades" quando era mais jovem – e coloco entre muitas aspas essa palavra, porque oportunidade cada um define de acordo com o que entende que é oportunidade. No caso dela, eram chances de se destacar no trabalho se ela vendesse seu corpo.

Isso aconteceu há muitos anos, numa época em que, infelizmente, era comum homens abusarem do poder dessa forma. Ou a mulher cedia, ou não tinha espaço. Na juventude, ela se recusou a aceitar essas barganhas horrorosas. Mas durante nossa sessão, ela confessou que se arrependia de não ter "vendido sua alma ao Diabo".

Como profissional, não posso fazer cara de susto quando ouço algo assim. Uma reação desmedida atrapalharia o processo da pessoa. Mas aquela confissão me perturbou profundamente. O que me inquietava não era apenas a confissão em si, mas o poder que os traumas têm de distorcer nossa percepção de valor ao ponto de transformar uma escolha digna em motivo de arrependimento.

Precisava entender o que leva alguém a se arrepender de não ter se vendido. No caso dessa cliente específica, a resposta estava enterrada em sua infância: ela havia sofrido um linchamento público, uma humilhação que ficou gravada em sua alma como uma cicatriz invisível. Então mergulhei fundo em estudos sobre os desdobramentos psíquicos de traumas na infância. As feridas emocionais sofridas em tenra idade são como sementes que crescem em silêncio, moldando nossa visão de mundo e nosso senso de valor próprio. Seus valores tinham sido completamente corrompidos por esse trauma inicial, como um veneno que contamina a água desde a fonte.

O linchamento público que sofreu na infância havia plantado nela uma crença devastadora: a de que seu valor como ser humano estava atrelado à aprovação dos outros, não importava o custo. Era como se aquela criança machucada ainda sussurrasse em seu ouvido, dizendo que qualquer preço seria aceitável para evitar nova rejeição.

São esses casos desafiadores, que nos tiram da zona de conforto, que proporcionam nossa maior evolução. Eles nos obrigam a olhar além do óbvio e entender que, por trás de cada escolha aparentemente incompreensível, existe uma história de dor que precisa ser vista e compreendida.

Outro caso marcante foi o de uma mulher que chegou até mim por meio do meu programa de emagrecimento mais barato. Ela estava presa em um relacionamento profundamente abusivo, com três filhos e um marido que a mantinha em um verdadeiro cativeiro emocional e físico. Para conseguir fazer o programa comigo, ela teve que enganar o marido, dizendo que se tratava apenas de um programa de saúde mental, não de estética – porque o marido era tão possessivo que preferia ter uma mulher insatisfeita com o próprio corpo a uma mulher feliz. Então, ela pediu meu programa como presente de aniversário, e ele concordou.

Durante nossas sessões, ela me revelou uma realidade devastadora. O marido a trancava em casa, a agredia fisicamente e a destruía emocionalmente, dizendo que ela era gorda, nojenta, que ninguém mais a aceitaria por ter três filhos e estar "cheia de estrias". Era um ciclo perverso de abuso e controle.

Eu me vi diante de um dos maiores desafios da minha carreira. Meu instinto humano queria resolver tudo, levá-la para minha casa, dar dinheiro, tirá-la daquela situação imediatamente. Mas aprendi, como profissional, que não podemos interferir dessa forma no processo da pessoa. A solução precisa vir dela, precisa ser construída por ela, senão não se sustenta.

O marido a tinha aprisionado através dos filhos, uma estratégia cruel e comum em relacionamentos abusivos. O ciclo de controle financeiro que ele criou era perversamente perfeito. Ele a aprisionou através da maternidade, usando os próprios filhos como correntes. Quando ela falava em trabalhar, ele não precisava dizer explicitamente que não permitia. Ele simplesmente perguntava: "E com quem você vai deixar as crianças?".

Era uma pergunta aparentemente inocente, mas carregada de crueldade, porque ele já tinha se certificado de que ela não teria resposta. Ele havia cortado os vínculos dela com amigos, e ela não tinha família para a qual recorrer. Como poderia pagar uma babá se não tinha um único centavo? Se ela tentasse se separar, para onde iria com três crianças? Ele a ameaçava dizendo que passariam fome.

É um tipo de prisão que muitas pessoas não entendem. Não tinha cadeado na porta, mas havia algo muito mais forte: o medo de ver seus filhos passando necessidade. Ele a mantinha refém através do amor que ela tinha pelos próprios filhos. Como mãe, ela não podia simplesmente sair pela porta, pois precisava garantir que seus filhos estariam seguros, alimentados, cuidados.

E assim ele conseguiu criar uma prisão perfeita: sem grades visíveis, mas com paredes tão sólidas quanto concreto. Ela não podia trabalhar porque não tinha com quem deixar as crianças. Não tinha com quem deixar as crianças porque não tinha dinheiro para pagar alguém. E não tinha dinheiro porque não podia trabalhar. Um círculo vicioso que a mantinha permanentemente dependente dele, presa em sua própria casa, vivendo praticamente em um cativeiro.

Desenvolvemos então um plano de ação. Ela começou a economizar centavos na feira. Comprava frutas a preços mais baratos no fim do dia, mas dizia ao marido que havia pagado o preço normal. Foi guardando esses micropedaços de liberdade, essas pequenas sobras, até conseguir juntar o suficiente para pagar uma babá algumas horas por semana.

Com isso, conseguiu começar a trabalhar em uma clínica veterinária. Foi construindo sua independência financeira tijolo por tijolo, centavo por centavo. Era um processo lento, mas era o processo dela. Se eu tivesse simplesmente dado o dinheiro, além de criar uma dependência emocional comigo, não teria permitido que ela descobrisse sua própria força.

É importante entender que estar pronto para a transformação é bem diferente de apenas querer. É por isso que nem sempre conseguimos tudo que queremos. Em meus treinamentos presenciais, trabalhamos muito as camadas escondidas do nosso ser, principalmente de autossabotagem, que nos fazem perder oportunidades, pessoas e até a nossa própria felicidade. E é por isso que digo que a metodologia do Seca Você é tão eficaz. Seguindo nossas orientações, o resultado vem, e vem rápido. Nossos clientes emagrecem de 6 a 24 quilos em trinta dias; obviamente isso varia de acordo com quanto a pessoa tem para eliminar, ela perde gordura, e ganha massa muscular, de forma totalmente saudável, só com comida de verdade, sem remédios e sem passar fome. Então, quando percebemos alguém resistente à mudança, sabemos que essa pessoa pode estar passando por um processo de autoenganação.

O que está por trás desse mecanismo? Uma das explicações pode ser buscada no conceito de repressão ou recalque, explicado por Freud. A repressão seria uma defesa patológica do sujeito, a ponto de ele não conseguir se recordar de certos traumas e, de fato, esquecer de algo ruim para poder viver melhor seu dia a dia, sem que essas dores psíquicas venham à tona. Seria um sistema de proteção do indivíduo enquanto ele ainda não estivesse pronto para ressignificar uma dor profunda. Algumas pessoas podem chegar a ter uma dissociação da realidade, tamanha a necessidade de não ver o que acontece de verdade. Por isso, sempre digo: você pode ser vítima de muita coisa, mas não se vitimize, não se mantenha nesse lugar.

Quando um cliente hesita em tirar as fotos, seu cérebro pode estar usando a timidez como desculpa para evitar a dor da frustração de falhar mais uma vez e ser responsável por mais uma derrota. Só que, se nós do programa permitirmos que o cliente se coloque nessa posição de vítima, o padrão se repetirá durante o processo. O cérebro está viciado nesse comportamento e buscará culpados externos quando o cliente falhar em cumprir o proposto. Logo, isso será traumático mais uma vez, e ele repetirá o caminho neurológico antes traçado, que o levará novamente para o ciclo de "falhar", acentuando os hábitos ruins dos quais ele é dependente. A compulsão alimentar é uma dependência; e, ao contrário do que muitos podem pensar, não estou falando de depender de comida. A pessoa compulsiva vive em um círculo vicioso de depender de cortisol "após comer", um hormônio gerado pela culpa, e de dopamina, hormônio gerado pela busca de carboidrato e açúcar. O ciclo agora vai além do mero prazer de comer o que se gosta: torna-se uma necessidade química de comer e também de falhar.

Se a pessoa pensar "Nada dá certo, eu não vou conseguir emagrecer, isso não é para mim...", o cérebro a colocará como vítima novamente quando ela não der conta de cumprir o proposto. Já vi isso acontecer diversas vezes. Para renunciar a vícios e prazeres, a pessoa precisa estar muito decidida, e é quando o cliente falha e cede aos prazeres e vícios, que ele procurará culpados externos pela sua dor, pelo seu fracasso. Seu corpo físico sentirá muita falta daqueles hormônios já citados e, exatamente por não se sentir merecedor, terá a necessidade de falhar e não receber mais tanta felicidade e elogios, uma vez que seu subconsciente ainda acha que não merece. E ele acabará se revoltando contra nós, que só o ajudamos.

Explico melhor. Ao longo do processo, o cliente terá resultados excelentes e muito rápidos, se sentirá como nunca se sentiu física e emocionalmente, se amará como nunca se amou, terá uma avalanche de sentimentos e experiências únicas, entrará em todas as roupas sonhadas e nunca imaginadas. Será elogiado por seu corpo, sua beleza, sua energia, sua determinação, dormirá melhor, terá mais disposição, mais energia, atrairá olhares que nunca atraiu e, sem mais nem menos, exatamente quando tudo está indo bem, seu corpo – que está viciado em ser vítima, viciado na culpa e em pensamentos ruins sobre si mesmo – acorda e percebe que está perdendo aquele personagem que o "protege".

Embora as dores do "antigo eu" sejam desagradáveis, são conhecidas, isto é, familiares e acolhedoras. Lembra que nosso cérebro odeia passar por novos caminhos, porque isso despende muita energia? Enfrentar novas dores e aprendizados pode ser assustador. Além disso, o papel de vítima traz seus próprios ganhos: compaixão, atenção e carinho. Afinal, para cada "coitadinho", existe alguém oferecendo colo. Essa pessoa construiu as suas relações amorosas e de trabalho sendo a vítima, e do nada isso acaba! Que medo, não? E se todo mundo se for? Como receber amor sendo "feliz e perfeito?"

A autopiedade também pode ser uma faceta do narcisismo, já que se sentir "a melhor pessoa do mundo" ou "a pior pessoa do mundo" são dois lados de uma mesma moeda. Ser autopiedoso em excesso o coloca como vítima do mundo e tira o seu lugar de ação. Ou seja, quem é vítima sempre está vulnerável a tudo o que os outros possam fazer. Em decorrência disso, essa pessoa sente não ter nenhum poder. Quem não tem as rédeas da própria vida não pode se considerar um ser realizador.

O psiquiatra Yuri Busin tem uma citação[26] muito esclarecedora sobre o narcisismo:

> *Todo mundo gosta de ser admirado e é natural se sentir bem e importante ao receber um elogio. No entanto, se as pessoas começam a descrevê-lo como arrogante, manipulador e exigente, você pode estar sofrendo de uma condição mais séria, o transtorno de personalidade narcisista. Geralmente, aqueles que possuem uma personalidade narcisista não demonstram empatia, são egoístas, agressivos e insensíveis. É uma doença mental rara, mas que afeta todas as áreas da vida, uma vez que os sintomas estão presentes em casa, na escola e no trabalho.*
>
> *O transtorno de personalidade narcisista é um padrão de comportamento caracterizado por egocentrismo, falta de empatia e um senso exagerado de autoimportância. Por se imaginarem superiores aos outros, eles dependem de constantes elogios e atenção para reforçar sua autoestima. Embora a origem exata do narcisismo seja desconhecida, algumas causas podem contribuir para o distúrbio, como excesso de indulgência dos pais, elogios excessivos na infância, além de fatores genéticos e biológicos.*
>
> *As pessoas narcisistas têm um senso muito exagerado de sua própria importância. Entre os principais sintomas estão: visão de superioridade para com os outros; fantasia sobre poder, beleza e sucesso;*

26. BUSIN, Yuri. *Quebrando as correntes emocionais:* liberte-se com o método PRO. São Paulo: Labrador, 2024.

grande orgulho de suas conquistas senso exagerado de direito; a pessoa acredita que todos têm inveja dela e espera elogios constantes.

Além disso, os narcisistas têm dificuldade em lidar com as críticas e podem se sentir machucados facilmente. Com isso, eles têm sérias dificuldades com relacionamentos, sendo incapazes de ouvir os outros, têm necessidade de controle e terminam amizades de forma permanente por pequenos problemas ou imaginários.

Muitas vezes, as pessoas se sentem atraídas pela personalidade de um narcisista. É comum apreciar a confiança, assertividade e estima que envolvem uma pessoa com transtorno de personalidade narcisista. No entanto, conhecendo a pessoa em profundidade, você passa a desprezar os mesmos traços que inicialmente o atraíram. Por isso, pode ser difícil para os outros tolerarem os sintomas do narcisista, o que significa que o doente acaba por viver isolado.

É bom deixar claro que os narcisistas não se enxergam como tal, e sempre acharão que o erro está nos outros, não neles: são "perfeitos", não admitem erros ou falhas, não têm empatia pelas pessoas pois não se interessam por como as pessoas se sentem com suas atitudes, apenas levam em consideração sua vontade própria. Eles acham-se os donos da razão, querem que os outros façam tudo como eles acham que é o modo certo.

Manipulam as pessoas para que façam o que querem, chantageiam emocionalmente; invertem a situação quando alguém vem reclamando de algo que eles tenham feito, reagindo com agressividade e deixando a pessoa culpada por ter questionado algo a seu respeito, e ainda pedindo desculpas por fazê-lo.

Egocentrados e egoístas, pensam sempre em si em primeiro lugar e no que vão ganhar com qualquer situação. Interesseiros. Convencidos e superiores, tratam as pessoas como inferiores. Imaturos emocionalmente e inseguros da própria identidade, precisam se mostrar autoritários e superiores para compensar essa fragilidade que não pode transparecer. Necessitam de elogios e reconhecimento o tempo todo.

Importante frisar que existem níveis de narcisismo, desde os mais leves até os graves, que beiram a psicopatia, e apenas conhece o narcisista quem convive com ele. Os familiares mais próximos, porque, para os outros, o narcisista se mostra uma pessoa excelente, divertida, simpática, sedutora, superlegal e inteligente, passando uma falsa imagem de sua real personalidade. Também é importante lembrar que o narcisista jamais é capaz de se assumir como um, já que o mundo precisa gostar dele de qualquer jeito. No fundo, é tudo sobre o ego.

Quando li essa definição direta e perfeita de indivíduos narcisistas, percebi que algumas pessoas que passaram pela minha vida poderiam ser colocadas nessa caixinha. Não é por acaso que falo disso. Tem tudo a ver com emagrecimento, vou te explicar.

Muita gente que tem dificuldade para emagrecer carrega esse instinto de "salvador da pátria". É aquela pessoa que sempre acha que vai conseguir transformar o outro – em geral, alguém narcisista. Nas relações amorosas, fica naquela de "ah, ele vai mudar, vai virar um príncipe encantado". Por quê? Porque sempre enxerga uns pontinhos bons no outro. Afinal, ninguém é ruim o tempo todo, né? Mas vou te contar uma coisa que aprendi quando estudei psicanálise: nem todo mundo tem luz dentro de si. Chocante, eu sei. Não conseguimos mudar todo mundo que aparece no consultório. Não podemos mudar todos os pacientes, as pessoas precisam querer ser transformadas e precisam fazer muito por onde.

NEM TODO MUNDO TEM LUZ DENTRO DE SI.

E sabe por que isso é importante para o emagrecimento? Porque essa mesma pessoa que fica tentando salvar o parceiro tóxico é a que se mata para ajudar todo mundo, menos ela mesma. Fica naquela: "Eu vou conseguir ajudar essa pessoa". Mas e você? Quem está cuidando de você?

É tipo aquela história da máscara de oxigênio no avião. Você tem que colocar em você primeiro, depois ajuda o outro. Sempre escolha se ajudar primeiro. Parece egoísmo? Que nada! É a melhor escolha que você pode fazer. Gente saudável atrai gente saudável.

GENTE SAUDÁVEL ATRAI GENTE SAUDÁVEL.

CAPÍTULO 5

Você não come comida, você engole emoções

Sobrepeso. Já pensou no significado dessa palavra? *Sobre o peso*. O que existe sobre o peso, acima do peso? O que é mais importante que o peso em si? A saúde? A vida? A energia mental e vital? O sobrepeso é um peso que está além do peso desejado ou recomendado pela OMS – os indivíduos que possuem Índice de Massa Corporal (IMC) entre 25 e 29,9 kg/m^2 são diagnosticados com sobrepeso, segundo a classificação padrão utilizada por médicos, nutricionistas e outros profissionais da saúde.

Para além dos números, podemos fazer uma reflexão: o que existe além do peso? Você já pensou no que existe sobre o seu peso? Por que o peso que você tem é o seu peso? O que nos leva a ter o peso que temos vai além do que comemos, tem a ver com quem somos. "Sobre o peso" eu tenho meus traumas, abusos repetidos e em infinitas camadas, rejeição... Faça essa reflexão. O que tem sobre o seu peso, além do peso da balança?

De acordo com um artigo publicado no portal *Saúde Plena*, a prevalência de sobrepeso e obesidade passou de 53% (entre 1988 e

1904) para 66% (entre 2009 e 2014).[27] O percentual de pessoas que tentavam emagrecer caiu no mesmo intervalo, passando de 56% para 49%. No texto, os autores informam que "o fato de menos adultos estarem tentando emagrecer pode ter vários motivos. Um deles é a percepção equivocada do peso, além da romantização sobre 'aceitação', um discurso que reduz a motivação para tentar perder peso".

É interessante notar como funciona a suposta aceitação. Entre as frases mais ditas, costumeiramente nos deparamos com esta: "Você precisa se aceitar como é". E eu pergunto: como você é? Você nasceu obeso? Nasceu com sobrepeso? Será que a frase correta nesse caso não seria "Se aceite como você ficou?". A verdadeira aceitação é compreender que somos como uma obra-prima em constante restauração. Assim como uma pintura clássica que, com o tempo, acumula poeira e pequenas imperfeições, nossa essência – nossa beleza e nosso valor – permanece a mesma. Aceitar-se de verdade é reconhecer que, por baixo das camadas de tempo e circunstâncias, ainda está nossa versão original, aquela que Deus criou. Esse processo de restauração é o cuidado consigo, permitindo que a essência brilhe novamente.

Aceitação é o ato ou efeito de concordar, anuir, e está relacionada à facilidade de ser bem recebido e acolhido pelo público. Reflita comigo: a OMS afirma que obesidade é doença. Portanto, podemos dizer que a obesidade é uma doença crônica, progressiva, redicivante e uma epidemia global. Mais de um bilhão de adultos, em todo o mundo, estão acima do peso – desses, quinhentos milhões são considerados

---

27. OLIVETO, Paloma. Alimentação desajustada responde por 45% das mortes por doenças cardio. *Saúde Plena*, 13 mar. 2017. Disponível em: https://www.uai.com.br/app/noticia/saude/2017/03/13/noticias-saude,203313/alimentacao-desajustada-responde-por--45-das-mortes-por-doencas-cardio.shtml. Acesso em: 21 out. 2024.

obesos.[28] Acredito que essa doença é escolhida pelos seus enfermos diariamente, desde o café da manhã até a hora do jantar. Por isso, podemos dizer que uma pessoa tem diversas chances, ao longo do dia, de fazer a escolha correta e, muitas vezes, opta pelo contrário e decide fazer o que leva à doença.

Com o passar dos anos, com milhões de repetidas escolhas erradas, as pessoas acabam por se tornarem obesas (segundo a OMS, uma pessoa tem obesidade quando o IMC é maior ou igual a 30 kg/m^2). Só então essas pessoas tentam emagrecer, mas nem todas chegam ao seu objetivo. Aquelas que não conseguem ficam frustradas e tristes por não conseguirem resultados desejados. Afinal, estão viciadas em açúcar e dependentes emocionais do alimento.

Essas vítimas da indústria alimentícia, agora obesas e viciadas em alimentos ultraprocessados – que chamo de "cadáveres alimentícios" –, encontram-se presas em um ciclo de dependência. Frustradas, elas descobrem que a mesma indústria que as levou a esse estado agora as manipula de outra forma: promove uma falsa aceitação por meio de lavagem cerebral, fazendo-as acreditar que precisam se aceitar, como se tivessem nascido assim. Essa tática desvia a atenção dos danos causados à saúde física, mental e espiritual dos consumidores, fazendo-os crer que sua condição é natural, e não resultado das práticas da indústria.

Portanto, a vítima dessa indústria, agora obesa, tenta acreditar que se ama com aquele corpo e aquela saúde, porque não consegue emagrecer, e o caminho da "aceitação" lhe parece o único. Ela bate no peito e grita

28. TRIBUNAL DE JUSTIÇA DO DISTRITO FEDERAL E DOS TERRITÓRIOS. *11/10 – Dia Mundial da Obesidade e Dia Nacional de Prevenção da Obesidade*. 13 out. 2021. Disponível em: https://www.tjdft.jus.br/informacoes/programas-projetos-e-acoes/pro-vida/dicas-de-saude/pilulas-de-saude/11-10-2013-dia-mundial-da-obesidade-e-dia-nacional-de-prevencao-da-obesidade. Acesso em: 21 out. 2024.

bem forte para que ela mesma ouça e se convença daquilo. Só que, na primeira crítica que recebe, no primeiro comentário sobre o seu sobrepeso na rede social, essa vítima sofrerá, se revoltará, gritará, xingará, chorará e suplicará por respeito, usando diariamente a mentira de que se aceita e se ama com aquele corpo que "ganhou de presente" da indústria.

Sim, o respeito é um direito de todos nós. Ninguém quer ser chamado de adjetivos que ofendem. Os insultos doem, mesmo quando não temos dúvida de quem somos. Mas quem tem certeza do que realmente é não vai perder tempo gritando aos quatro cantos "eu me aceito" ou querendo se provar tanto. A gente não perde tempo com aquilo que já sabe, que aceitou, que aprendeu. Mas toda vez que duvidamos de algo que gostaríamos que fosse verdade, mas de que não temos certeza, dói. Experimente dizer "Sua mãe não te ama!" para alguém que ainda não tem certeza disso, e depois dizer o mesmo para alguém cuja mãe o sufoca de tanto amor. Um vai rir, e o outro vai surtar. A raiva, o grito e o surto são as expressões do que está doendo.

A raiva pode ser a expressão mais primitiva de uma questão emocional que não foi resolvida, principalmente motivada pela frustração, resultado da lacuna entre o que é esperado e o que é real. Não podemos dizer que a raiva é um sentimento ruim *per se*, já que ela é um mecanismo para que o ser humano lide com suas questões mais profundas, que muitas vezes não estão tão à vista no dia a dia. Ainda assim, é inegável que pode ser um sentimento perigoso para si e para os outros quando não é tratado da forma correta. A raiva nada mais é do que uma fenda na identidade. Aquilo que faz com que a pessoa perceba que o que ela pensa sobre si talvez não corresponda à maneira como ela é vista por outros.

A RAIVA, O GRITO E O SURTO SÃO AS EXPRESSÕES DO QUE ESTÁ DOENDO.

A RAIVA NADA MAIS É DO QUE UMA FENDA NA IDENTIDADE.

Toda vez que algo te tira do sério, isso diz mais sobre você do que sobre o outro. Quando algo nos irrita profundamente, isso frequentemente revela mais sobre nossas próprias sensibilidades. Portanto, nossas reações intensas podem ser oportunidades para olharmos para nós mesmos. Além das questões emocionais relativas ao indivíduo e ao processo de cada um, podemos falar de algo mais abrangente, mais coletivo. Hoje, os médicos podem não estar discutindo os perigos do excesso de gordura corporal de forma adequada com seus pacientes, seja por ignorância ou por omissão.

Quanto mais tempo se vive com a obesidade, menos as pessoas se sentem dispostas a emagrecer; afinal de contas, nosso corpo se acostuma com o bom e com o ruim, não é mesmo? Principalmente se muitas vezes tentaram perder peso sem sucesso. Quando criei o Seca Você, minha primeira empresa focada em emagrecimento, eu sabia que as pessoas precisavam de saúde, e queria entregar isso a elas, pois precisava honrar a morte do meu pai. Mas também sabia que não queriam saúde, queriam ser magras a qualquer custo. Então pensei: "Ok, entrego aquilo do que elas precisam e vendo o que elas desejam".

Eu sabia que iriam emagrecer, porque essa é a consequência de se alimentar bem; mas elas não queriam saber disso. Então, abri uma empresa de emagrecimento que entregava, além do emagrecimento, uma grande mudança de mente através do conhecimento dos danos causados pela indústria alimentícia.

No comecinho da empresa, percebi que, no fundo, as pessoas sabiam muito bem o que precisavam comer para que ficassem magras. Todos sabem que chocolate, batatas fritas e fast-food engordam e fazem mal. Então, por que comem? "Ah, Maíra, poque é gostoso!" Lógico que existe o fato de o açúcar ser infinitas vezes mais viciante que a cocaína.

Em uma pesquisa apresentada pelo documentário *FedUp* (2014), o açúcar já era dezesseis vezes mais viciante que a cocaína, e esses dados são atualizados e ficam mais graves a todo tempo (vou aprofundar mais esse tema no capítulo sobre o jejum). Mas, além da dependência química que esses alimentos causam no seu cérebro, percebi a dependência emocional associada a eles. A pessoa sabe o que precisa comer, porém, não é capaz de dizer "não". Por que isso acontece?

Porque a gente não come comida, a gente engole emoções. No balaio de sentimentos incompreendidos por nós mesmos, você ainda acha que come comidas? Você tem fome de quê? Já parou para pensar? Fome de atenção? Fome de amor? Fome de carinho? Fome de validação? De reconhecimento?

Quando comemos por raiva, tristeza, ansiedade, agonia... por trás dessas emoções há a busca por algo maior. Raiva porque ocorreram situações indesejadas e pessoas agiram de formas que nos desagradaram; essas experiências te levam a lugares e buscas pelo que você gostaria de ter e não teve. E obviamente me refiro a sentimentos, e não objetos, porque até mesmo se você buscava posses materiais, nelas o que você procurava também era reconhecimento e felicidade. No fim, você sempre come para preencher um vazio, seja um vazio mais recente, ou um gatilho de algo que não teve na infância e segue sendo buscado inconscientemente.

Não demorou muito para eu notar que minhas alunas comiam por raiva, medo, insegurança, tristeza, alegria... Sempre havia um sentimento por trás de tudo, e fui estudar a raiz disso. Se usarmos a psicanálise como base, vemos que Freud fala sobre a fase oral, que ele chega a denominar "canibalesca", já que nessa fase o bebê introjeta na boca tudo que está próximo a ele. Por isso, a boca também é uma maneira de o bebê

VOCÊ TEM FOME DE QUÊ? JÁ PAROU PARA PENSAR?

**NO FIM,
VOCÊ SEMPRE
COME PARA
PREENCHER
UM VAZIO.**

conhecer e se conectar com o mundo. Quando o bebê toma o leite no seio da mãe, na fase da amamentação, há o primeiro encontro entre a comida e o afeto. O leite é o objeto que satisfaz o corpo biológico, e o seio da mãe é o objeto que o satisfaz psíquica e afetivamente. Portanto, essa teoria me fez pensar que, muitas vezes, quando as pessoas estão comendo, não é apenas a comida que elas buscam, mas afeto.

É inquestionável que a parte psicológica do ato de comer seja algo a ser visto e levado em conta. Muitas vezes, a pessoa está engolindo as próprias frustrações. Geralmente, esse mecanismo é o que faz alguém não conseguir parar de se alimentar da forma errada. Comer as próprias emoções pode ser muito perigoso, pois a vulnerabilidade em que você se encontra nessa situação é enorme. Quando sua saúde não estiver bem, seu corpo manifestará algum tipo de dor para que você tome atitudes diferentes, para que você se olhe. Aí entra a indústria farmacêutica. No primeiro momento, quando comeu o que faz mal, você fica doente por causa da indústria alimentícia, depois se torna escravo da indústria farmacêutica. Quando isso acontece, deixamos de nos identificar com o nosso eu.

O programa que criei é bastante profundo e completo também por este motivo: precisei entender não só o que faria bem para o corpo de uma pessoa, mas também o que faz as pessoas comerem o que comem, até quando sabem que determinado alimento pode não fazer bem. Podemos buscar explicações em Freud novamente, no conceito de "pulsão de morte", desenvolvido em seu texto *Além do princípio do prazer*. O psicanalista descreve a pulsão como uma tendência que leva as pessoas a eliminarem a estimulação do próprio organismo, um desejo inconsciente de retorno ao nada. O objetivo da pulsão de morte seria a busca pela falta de vida, pela autodestruição, um processo inconsciente que nos tornaria reféns daquilo que, em nós, quer nos destruir.

Meu trabalho é, também, para que a pulsão de vida dentro de nós vença. Para isso, quero trazer a retroalimentação (processo pelo qual uma pessoa expressa e processa adequadamente pensamentos, emoções e experiências, mantendo um equilíbrio saudável entre o que absorve e o que libera) para o centro de nossa atenção, pois acredito ser um ponto extremamente importante. Quando alguém se torna uma pessoa obesa, seja por comida, informações ou emoções, se torna obesa de modo geral. Isso acontece porque a pessoa não coloca para fora o que pensa e o que sente, e o corpo mostra ter algo errado; é o corpo dando "bug".

Pense nas pessoas com quadros de depressão. Acredito que a primeira coisa que as pessoas depressivas apresentam é a dificuldade de socializar. Ou seja, se não dou conta de receber, não darei conta de devolver. Outra coisa interessante é que as pessoas depressivas não conseguem comer alimentos saudáveis, a comida que Deus criou. Não conseguem comer aquilo que nutre, aquilo que a vida tem de melhor para dar.

Todo o Universo se retroalimenta, como feito por Deus. Imagine todas as árvores cheias de frutos. Esses frutos precisam servir de alimento, seja para o próprio solo, seja para os passarinhos, seja para nós, seres humanos. Para que essa árvore não fique pesada até seus galhos se quebrarem, ela precisará retroalimentar o sistema, assim como todas as outras coisas: os rios desembocam um no outro até se tornarem um braço ou um grande lago e desaguarem no mar. Todos os rios sabem doar e devolver. Contudo, existe uma exceção notável: o Mar Morto. Ele é o único que não devolve, só recebe. Não entrega água para nenhum outro. Exatamente por isso, ele se tornou excessivamente salgado, então nenhum peixe ou vegetação resiste às suas águas. O excesso de sal é tão grande que a falta de retroalimentação – o processo de receber e devolver – levou à sua condição atual e fez com que ele fosse chamado de Morto.

A natureza prova a importância do "saber receber", porque o grande desafio da vida é saber receber e devolver para o Universo, transformando aquilo que a gente recebe em algo novo. Uma fruta entra em nosso corpo por meio da alimentação. Quando a expelimos, ela se torna adubo, pode se transformar em outro pé da mesma fruta e voltar a retroalimentar o próprio solo.

Mais importante é lembrar que o corpo tem o dom de pegar algo e, com isso, em nossa biologia humana, transformar em tudo de que o nosso corpo precisa para viver e alimentar todas as funções celulares, cerebrais e fisiológicas. Veja que interessante! Os próprios alimentos (legumes, vegetais ou frutas) são transformados dentro do nosso corpo, nessa bela dança de saber receber, transformar e devolver para o Universo de outra forma.

Portanto, a falta de vida (ou a "pulsão de morte" de Freud) nada mais é do que a ausência de fazer parte do mundo de maneira a se retroalimentar, não sabendo receber tudo o que a vida te deu e não sabendo devolver. Pergunte-se: "De que maneira você está dando conta das suas emoções? De que maneira você está colocando para fora o que entrou?". Acredito firmemente que, se você não está devolvendo, essa é a busca pela falta da vida.

Quando falamos sobre alimentação, o percurso é óbvio: recebo pela boca, devolvo pelo ânus. Se um desses dois canais for fechado (tanto o canal de recebimento quanto o de doação), morreremos. Se pararmos de comer ou de evacuar, morreremos em questão de dias.

É uma grande lição de que viemos à vida para receber, transformar e entregar de volta para o Universo.

O BANQUETE DO DIABO

Quando começamos a flertar com o Diabo, ele nos traz o famoso banquete. O Diabo é como um concierge de um hotel caro. Você pode pedir qualquer coisa que você sonha em ter, qualquer uma, ele vai fazê-la chegar até você, sem que você faça esforço nenhum para isso, mas essa conta você vai pagar. Outra boa comparação seria: o Diabo é como o gênio da lâmpada, te dá tudo que você pedir, sem você ter a menor ideia do que precisa ser feito, afinal não há caminho para a conquista, não há aprendizado, são três grandes resultados "prazerosos" pelo mero prazer do eu quero, sem trabalho, sem conquista, sem ideia de como manter ou das consequências.

Tudo do Diabo vem agora, prazer imediato, enquanto Deus nos ensina a esperar a colheita. O Diabo tenta nos antecipar o prazer ou a bênção que já era nossa; e, ao nos entregar fora de hora, isso vem sempre com um custo muito alto.

Por exemplo, comer um doce: prazer imediato, sofrimento futuro. Compulsão por compras: prazer imediato, sofrimento futuro. Traição: prazer imediato, sofrimento futuro. Drogas, baladas e um milhão de coisas mais que geram prazer AGORA, JÁ. E os prazeres "à moda" de Deus? Planta um fruto e espera meses para colher, e só colhe se regar, se **NUTRIR**, e, diariamente, fizer o que precisa ser feito. O que é de Deus é por merecimento, e não por "birra" ou por querer sem ter profundidade.

O DIABO É COMO O GÊNIO DA LÂMPADA.

TUDO DO DIABO VEM AGORA, PRAZER IMEDIATO, ENQUANTO DEUS NOS ENSINA A ESPERAR A COLHEITA.

A riqueza financeira, por exemplo, a própria "dieta", tudo isso é um grande exemplo de se fazer o que precisa ser feito e esperar resultados duradouros, longos e sólidos.

Na verdade, o grande desafio é deixar de se enganar que esses prazeres passageiros são realmente bons, parar de fingir que eles não são danosos a longo prazo. O grande desafio é aprender a viver como Deus quer e fazer o que precisa ser feito para colher o que, de verdade, a gente merece.

Deus fez todos nós para sermos infinitamente felizes, amados, abundantes, saudáveis, e, se não estamos vivendo assim, é porque ainda não entendemos o caminho. Por isso, a proposta do livro é mostrar o que você, talvez, não esteja vendo. Te instigar a sair da manada, mudar de ambiente, a não se contentar com migalhas e a parar de consumir o banquete do Diabo.

Os alimentos de Deus têm vida, mesmo fora de seu lugar; já os produtos alimentícios são mortos, seja no seu lugar ou fora deles. Imagine fazer uma experiência: você vai até sua cozinha, abre o armário e pega um pacote de bolachas. Então, caminha até aquele canteiro do seu jardim, aquele mesmo onde você cultiva morangos, flores lindas ou temperos. Naquela terra fértil e bem-cuidada, você cava pequenos buracos e "planta" algumas bolachas. Ao lado, decide plantar também alguns biscoitos salgados, um pedaço de chocolate e até macarrão. Todos os dias, religiosamente, você rega essas "plantações" exatamente como faz com suas outras plantas. Dias e semanas se passam e, como você já deve imaginar, NADA nasce. A bolacha vira uma pasta sem vida, o chocolate derrete e some. Você já viu um pé de biscoito? Um pé de balas?

Agora, vamos imaginar outro cenário: pegue uma batata esquecida na gaveta da geladeira, aquela que já está até com pequenos brotos. Ou uma beterraba, uma cebola, qualquer um desses legumes ou frutas. Mesmo depois de dias na geladeira, se você colocar na terra e regar, em poucos dias verá a vida brotando. No mesmo canteiro onde a bolacha virou lama, surge um novo pé de batata, forte e viçoso. Sabe por quê? Porque são alimentos vivos, cheios de vida, e é exatamente essa vida que nos gera mais vida, que nutre o nosso corpo, a nossa mente, a nossa alma, e nos dá energia. Tratam o nosso intestino, cérebro, são a nossa cura; afinal, Deus é perfeito e sabe muito bem do que nosso corpo precisa. Foi ELE que nos fez e fez todos esses alimentos que nascem de forma natural.

Por isso, pergunto: e você, tem se alimentado de quê? De comida viva ou de comida cadáver? Basicamente, tem se alimentado de vida ou engolido a morte? É bom parar para refletir. A Bíblia diz que devemos viver aqui na Terra como se estivéssemos no céu. E hoje? Você vive aqui como se estivesse lá? Se existissem câmeras te filmando o tempo todo, o que você deixaria de fazer? Você faria no céu tudo o que faz aqui?

COM QUE FREQUÊNCIA VOCÊ SE PREJUDICA?

A boca é nossa conexão física e metafórica com o mundo. Através dela, nos alimentamos não apenas de comida, mas também de emoções e ideias. De que maneira você tem se conectado com ele? O que você tem colocado para dentro, tanto na parte alimentar quanto na emocional? Reflita sobre o que você tem consumido: seus alimentos vêm da natureza ou são processados pelo homem?

SE EXISTISSEM CÂMERAS TE FILMANDO O TEMPO TODO, O QUE VOCÊ DEIXARIA DE FAZER? VOCÊ FARIA NO CÉU TUDO O QUE FAZ AQUI?

Você tem se alimentado de perspectivas que te enaltecem e te fazem ser um ser humano melhor, ou que te diminuem e te fazem ser um ser humano pior? Se as suas palavras te nutrissem, você estaria se nutrindo de quê?

Essa dinâmica complexa entre alimentação física e emocional frequentemente leva a um círculo vicioso. Muitas pessoas, buscando emagrecer por infelicidade ou problemas de saúde, se encontram presas em um padrão autodestrutivo. Ao alcançarem o emagrecimento desejado, são acometidas por um sentimento de culpa. Para aliviar essa culpa e buscar prazer, voltam-se novamente para a comida. Esse ciclo se assemelha a um "globo da morte" – um movimento contínuo e perigoso que não leva a lugar algum, mas que a qualquer momento pode resultar em consequências graves.

Embora a morte não seja uma certeza, a vítima desse ciclo continua girando, seja por medo de parar e cair, ou por não saber como interromper o processo. Sem questionamento ou capacidade de escape, ela persiste até que algo drástico aconteça – uma queda ou o esgotamento total de suas energias.

Minha experiência com treinamentos e grupos de pacientes revelou que o gatilho para comer excessivamente muitas vezes começa não na boca, mas na mente. São os pensamentos negativos recorrentes que iniciam o processo. Somos o que pensamos, e frequentemente nos sabotamos com ideias equivocadas sobre nós mesmos. Tendemos a focar mais o que tememos ou não desejamos, em vez de nos concentrarmos em nossos objetivos positivos. Muitas vezes, nem sabemos o que realmente queremos, talvez porque estejamos tão fixados no que não queremos. Já notou que, quando entramos em uma nova relação, sabemos muito bem o que não queremos? Falamos muito pouco sobre o que desejamos. Se pensamentos ruins formam realidade ruim, com que frequência seus pensamentos te prejudicam?

Esses estados de pensamentos são venenos que penetram em seu ambiente de forma silenciosa, mas permanente. Todas as nossas frustrações têm por origem desejos insatisfeitos. Desejamos algo que não conseguimos ter ou ser e, na sequência, vêm a insatisfação e a frustração. Essa frustração gera pensamentos repetidos de indignação, como se eles fossem mudar a realidade. Refazemos os mesmos caminhos frustrantes mil vezes, quase como um castigo. Frequentemente, refletimos sobre decisões passadas, imaginando alternativas que poderíamos ter escolhido; então, esses pensamentos geram sensações e sentimentos tristes, estimulando nosso corpo a produzir os hormônios do estresse por tanto tempo que o próximo passo será a depressão. Acredito que pensar demais no passado gera depressão, e pensar demais no futuro gera ansiedade.

"Maíra, mas o que fazer?" Viva o agora! Esse é o famoso estado de presença. Parece tão simples, mas não é. A arte de viver o agora é um hábito por repetição e vigilância contínua. Em meus cursos, temos aulas e exercícios diários para isso. Não à toa, todo sistema escolar passa tarefa para casa, que são os exercícios repetidos que nos fazem aprender; afinal, a repetição traz a excelência e muda a realidade. Quero contar um segredo para você. Quando comecei a palestrar, eu decorava minhas falas, ou precisava de cola; mas, quanto mais vezes eu repetia aquilo, mais aquilo era meu. E quando a gente sente a nossa verdade, não precisa mais copiar nada.

SE PENSAMENTOS RUINS FORMAM REALIDADE RUIM, COM QUE FREQUÊNCIA SEUS PENSAMENTOS TE PREJUDICAM?

Hoje, subo ao palco e faço uma palestra sobre qualquer tema, não precisa ser aquele tema que um dia decorei. Falo sobre qualquer assunto dentro da minha área, até se me pedirem para falar sem nenhuma preparação. Eu tenho a habilidade de criar a palestra na hora; afinal, a repetição me gerou uma segurança enorme e uma habilidade para palestrar. Posso fazer isso de modo que você juraria que tudo está decorado.

O mesmo acontece com o estado de presença. Hoje, sei viver o estado de presença como ninguém. A habilidade de viver o agora, além de garantir a distância da ansiedade e da depressão de sua psique, te traz segurança em tudo que fizer; afinal, a insegurança não existe no agora. Insegurança nada mais é do que medo de ser reprovada ou não aceita no futuro, seja esse futuro de dois minutos à frente ou dois anos.

Se você vive o agora, os problemas não existem, porque eles não foram criados pela sua mente ansiosa que vive no futuro, nem foram relembrados por sua mente saudosista do passado. "Mas, Maíra, e se eu errar no palco?" Primeiro que o "se" já é o futuro. Até mesmo para que o meu futuro seja transformado, não posso pensar no futuro. Tenho que agir no agora e, automaticamente, o meu futuro será transformado, não porque agi pensando em algo que não havia acontecido, mas porque agi hoje, mudando completamente o meu amanhã. Se você acha que vai errar, então já errou. A partir do momento que pensou na possibilidade de errar, todas as suas ações serão na busca do seu erro.

INSEGURANÇA NADA MAIS É DO QUE MEDO DE SER REPROVADA OU NÃO ACEITA NO FUTURO.

Você já deve ter escutado a frase "A gente atrai aquilo que a gente mais teme". Até a Bíblia fala sobre isso:

"Porque aquilo que temia, me sobreveio. Aquilo que receava, me aconteceu. Nunca estive tranquilo. Nem sosseguei, nem repousei, mas veio sobre mim a perturbação."

(Jó 3:25)

"A morte e a vida estão no poder da língua, o que bem a utiliza come do seu fruto."

(Provérbios 18:21)

Essas são citações bíblicas, mas também podemos entender o poder de estar no agora pela ótica da Física Quântica, a partir do famoso experimento do observador. A teoria quântica afirma que o observador de um fato influencia o modo como um fato é percebido.[29] Trazendo para o nosso dia a dia, significa que sou responsável por mudar a minha realidade a partir do momento que escolho olhar para ela. Se você tem medo, o seu medo é tão grande que vai acabar colocando todas as suas ações à disposição do seu medo. Tudo o que fizer não será pensando em outra coisa a não ser no seu medo.

29. SERRANO, Carlos. Existe a realidade? O experimento que indica que, no nível quântico, não há fatos objetivos. *BBC News Brasil*, 13 mar. 2019. Disponível em: https://www.bbc.com/portuguese/geral-47529442. Acesso em: 21 out. 2024.

Imagine que eu tenha três plantinhas: uma de amor, uma de medo e uma de fome. Deus me diz: "O seu olhar vai **NUTRIR** essas plantas". Isso significa que aquela para a qual eu olhar mais será a mais nutrida pelo meu olhar. Paradoxalmente, se eu tiver medo de que alguma das plantas não seja nutrida o suficiente, é justamente para essa que eu vou olhar mais, nutrindo-a sem querer. Exatamente por ter medo, olharei toda hora para ela, só para ter certeza de que não está crescendo, então a plantinha crescerá.

Você pode querer olhar mais para o amor, mas seu medo pode ser tão grande que seu impulso e sua busca o puxam para o oposto do que você quer. Tenha muito cuidado para estar atento a falar e buscar aquilo que você quer, não aquilo que não quer. "Tudo bem, Maíra. Resume isso em uma frase!" Aqui está: "Estado de presença". O medo não existe, o fracasso não existe, o "se" não existe. Viva somente o agora, sem criar possibilidades ruins sobre a sua própria vida. O medo é um jardineiro que cultiva exatamente aquilo que você não quer ver crescer.

Mas vamos supor que você aprendeu a viver o estado de presença, subiu no palco e errou; seu estado de presença no agora é tão latente que não cabe medo, porque o medo nada mais é do que projeções de possibilidades ruins no futuro, e, se você está aqui no agora, você não tem medo. Então, simplesmente vai rir do seu erro no palco e, no mesmo instante, consertar a falha de maneira leve e surpreendente. Na maioria das vezes, ninguém irá perceber que você errou, pois só você saberá o discurso que deveria ter feito.

O MEDO É UM JARDINEIRO QUE CULTIVA EXATAMENTE AQUILO QUE VOCÊ NÃO QUER VER CRESCER.

Masaru Emoto, empresário, pesquisador e escritor japonês, fez uma experiência com a água.[30] Ele demonstrou como determinados sons, palavras, pensamentos e sentimentos alteram a estrutura molecular da água. A técnica consiste em expor a água a esses agentes, congelá-la e depois fotografar os cristais que se formam com o congelamento. Os cristais motivados por palavras boas e músicas tranquilas são lindos e parecem flocos de neve perfeitamente lapidados. Já os cristais motivados por palavras ruins ficam completamente disformes.

O mesmo cientista fez um experimento com arroz. Seus alunos foram divididos em três grupos. Durante trinta dias, o primeiro grupo gritava palavras boas para um dos potes de arroz; o segundo falava palavras ruins; e um terceiro pote era completamente ignorado. Depois de trinta dias, o copo com arroz nutrido de palavras de amor tinha um cheiro bom e estava bem branquinho; o nutrido por palavras feias estava meio mofado e bem fedido; e o ignorado estava completamente podre. Recomendo o documentário *Quem somos nós?*, que conta as experiências realizadas por Masaru.

Você pode fazer a mesma experiência com o feijão no algodão na sua casa, aquela que fazíamos na escola infantil. Pegue dois potinhos, deixe os dois recebendo luz e ar fresco, mas mantenha distância entre eles. Um você **NUTRIR**á com amor, e o outro, com raiva. Em quinze dias, você verá uma grande diferença entre os dois.

Se as palavras têm formato e cor, então o mal pode ser imaginado como tendo o formato e a cor de um buraco negro. O arroz ignorado, o mal e o câncer compartilham uma característica: todos são como um mofo podre. Penso que o câncer nada mais é do que uma parte

---

30. INSTITUTO OCA DO SOL. *A mensagem da água*. [s. d.]. Disponível em: https://www.institutoocadosol.org/mensagemdaagua. Acesso em: 21 out. 2024.

de você que está apodrecendo. Se você pensa de forma destrutiva e perversa, esses pensamentos têm que encontrar um escoadouro, o que em breve poderá aparecer com vários nomes – um deles se chama câncer. Por isso, precisamos recortar a parte podre para que pare de crescer. É como uma maçã que começa a apodrecer no pote de maçãs deliciosas e lindas. A maçã ruim destruirá todas as outras. Da mesma forma, pensamentos negativos, se não forem tratados, podem se espalhar e afetar todo o ser.

Assim como recortamos a parte podre de uma fruta para impedir que a deterioração se espalhe, às vezes é necessário "recortar" ou eliminar pensamentos e hábitos negativos para manter a saúde mental e física. Ignorar o problema, como ignorar um grão de arroz estragado, não o faz desaparecer – pelo contrário, pode permitir que ele cresça e se espalhe.

> ***"Se o seu olho direito o fizer pecar, arranque-o e lance-o fora. É melhor perder uma parte do seu corpo do que ser todo ele lançado no inferno."***
>
> (Mateus 5:29)

Nessa citação, a Bíblia deixa claro que o mal se alastra rapidamente, destruindo tudo à nossa volta. Esse mal pode vir das companhias, dos hábitos ou dos próprios pensamentos ruins que apodreceram sua mente. Mas, da mesma maneira que através da mente temos o poder de nos causar o mal, pela repetição dos pensamentos ruins, também podemos nos curar – pela repetição dos pensamentos bons, seguidos de ações.

Vou contar a história de uma cliente, Mayara, que anos atrás, bem no comecinho da minha carreira, entrou em um de meus programas. Casos curiosos ou muito complexos sempre chegam a mim. Ela tinha psoríase. Sua pele ficava ferida de tal maneira que ela não podia encostar a própria mão nas áreas doentes para tomar banho. Ela tinha acabado de se formar em Farmácia. Já tinha passado por todos os médicos e tomado todos os remédios possíveis, afinal acreditava em remédios, por isso cursou Farmácia. Entrou no programa para perder poucos quilos e perdeu dezesseis.

O caso dela chegou a mim porque, através do programa, a mãe dela, que era empregada doméstica e tinha diabetes, se curou da diabetes. Ela tinha pagado o programa em dezesseis vezes, porque não tinha dinheiro para pagar à vista ou em parcelas menores. Então, minha equipe trouxe o caso dizendo que a mãe tinha sido curada da diabetes e Mayara, da psoríase, tudo através do nosso programa, mas ela não tinha mais condições financeiras de dar prosseguimento. Então me perguntaram se poderíamos dar um novo programa para ela de presente, para que pudesse continuar.

Fiz uma entrevista para entender o caso, e ela chorava muito, me agradecia sem parar, dizendo: "Você salvou a vida da minha mãe, e estou curada da minha maior vergonha. As pessoas tinham nojo de encostar em mim. Eu estudei e me formei em Farmácia, e estou assustada com como enganamos as pessoas e as matamos, entregando martelos para suas sirenes".

"Entregando martelos para suas sirenes." Essa é uma frase que usamos nos nossos programas. Vou explicar. Quando ficamos doentes, nosso corpo está sinalizando que algo não está bem. Sintomas como dores de cabeça, problemas estomacais ou condições mais graves são manifestações de questões que precisam de atenção e resolução. Esses sintomas são como sirenes de alerta criadas por Deus, dizendo: "Oi, estou doente, vamos cuidar?". Os remédios, como o próprio nome sugere, remediam; ou seja, oferecem alívio temporário, adiando a necessidade de resolver o problema fundamental. Embora os remédios sejam necessários e úteis, não devem ser vistos como soluções permanentes.

Durante o período em que estamos "remediando" o problema, é crucial analisarmos e descobrirmos a causa profunda para tratar a raiz da questão. O objetivo não é depender indefinidamente de medicamentos, mas usá-los como uma ferramenta temporária enquanto buscamos uma cura verdadeira e duradoura. Não podemos tomar o remédio para sempre como se fosse a solução.

Imagine um prédio pegando fogo. A sirene de incêndio acorda você de madrugada. Você quer dormir, portanto pega seu martelo e destrói a sirene para que o barulho não incomode mais. A próxima vez que for acordado, será pelo fogo, provavelmente tarde demais. Você não resolveu o problema. Você silenciou o aviso de que algo ia mal. Isso acontece quando tomamos remédios sem entender de onde está vindo o fogo.

Hoje, a Mayara faz parte de nossa equipe, porque sua vida foi tão transformada, e vi nos olhos dela o brilho de um novo recomeço, que não pude deixar de convidá-la para essa nova jornada. Para mim, nenhum colaborador trabalha tão bem quanto um cliente transformado. Ninguém conhece tão bem as dores de quem um dia esteve ali.

NÃO FOMOS FEITOS PARA ADOECER

"Graças te dou, visto que por modo assombrosamente maravilhoso me formaste; as tuas obras são admiráveis, e a minha alma o sabe muito bem."

(Salmos 139:14)

Essa passagem é uma ótima oração de pensamentos bons e fé. Ela diz que as obras de Deus são incríveis e perfeitas, e tudo que Ele faz é perfeito, e Ele me fez, então eu sou perfeita. Como todas as suas obras perfeitas, eu não serei diferente, e a minha alma acredita e sabe disso.

Geralmente, não acreditamos que fomos feitos para nunca adoecer e duvidamos de que tenhamos sido feitos para ser infinitamente perfeitos e felizes. É o mesmo que não acreditar que Deus fez tudo com perfeição. Se Deus nos fez, Ele nos fez perfeitos. Se somos perfeitos, não devemos ficar nem doentes. Ou Ele errou?

Nosso grande desafio é entender o livre-arbítrio, tanto em relação ao pensamento quanto em relação às nossas ações. É aí que mora o nosso erro. Se o pensar ou o agir for incongruente com os mandamentos divinos e bíblicos, a doença aparecerá; mas, se agirmos 100% como os mandamentos e pensamentos bons nos dizem e tomarmos atitudes e ações para esse propósito, então agiremos perfeitamente como a vontade de Deus, que é perfeita e nos fez perfeitos.

Sua mente pode atrapalhar o funcionamento do seu corpo, isso é fato. No entanto, existem processos corporais que operam automaticamente, sem nossa intervenção consciente ou conhecimento. Um exemplo disso é seu coração e seus pulmões, que funcionam sem que você saiba como, sem nem entender como. E você, diretamente, não pode atrapalhar esse funcionamento com o poder da sua mente, correto? Certa vez vi um exemplo de que gostei bastante, que foi o seguinte: “Não sabemos pilotar um jato. E se estamos voando de jato, próximo do piloto, e começamos a gritar descontroladamente, podemos atrapalhar o voo. Isso distrairia o funcionamento de algo que desconhecemos”.

O mesmo acontece com a nossa mente. Eu não posso, diretamente, fazer o meu coração parar de funcionar com os meus pensamentos ruins repetidos, mas posso fazer o meu coração parar de funcionar ou funcionar mal por não saber pensar coisas boas, atrapalhando o funcionamento pleno do meu corpo. A compulsão, o medo e a ansiedade interferem no funcionamento do coração, dos pulmões e do intestino. Ou seja, os pensamentos interferem na harmonia do funcionamento da sua mente subconsciente; logo, interferem no corpo!

Fale com sua mente subconsciente. Comunique-se para que ela entre em um clima de paz, harmonia e ordem divina. Assuma o controle da situação! Ordene que todas as funções do corpo assumam sua responsabilidade, fale com autoridade! Seja o profeta da sua própria máquina, seja o profeta do seu corpo. A crença é um pensamento gravado no seu subconsciente! Pare de dizer o que teme, apenas profetize o que deseja.

Você pensa, pensa, pensa repetidas vezes até que passa a sentir o que pensa e grava aquilo como verdade diante das sensações e dos hormônios liberados com os novos pensamentos. “Que aquilo que espera seja feito conforme a sua fé!”

SEJA O PROFETA DA SUA PRÓPRIA MÁQUINA, SEJA O PROFETA DO SEU CORPO.

"Então, disse Jesus ao centurião: 'Vai-te, e seja feito conforme a tua fé'. E, naquela mesma hora, o servo foi curado."

(Mateus 8:13)

"Tocou então os olhos deles, dizendo: Seja-vos feito segundo a vossa fé."

(Mateus 9:29)

Nessas passagens bíblicas, fica claro que nossas crenças e expectativas podem influenciar os resultados em nossas vidas. Onde estiver sua fé, conforme o que você acreditar, aquilo acontecerá. Ou seja, se acreditar no bom, o bom acontecerá; mas se acreditar no ruim, o ruim também acontecerá. Isso será determinado por você e pelas energias das suas palavras e dos seus pensamentos.

CAPÍTULO 6

Os cinco pilares da nutrição evolutiva

Você provavelmente espera encontrar aqui mais um compêndio de diretrizes sobre nutrição convencional, mais um manual técnico sobre calorias e porções. No entanto, desde as primeiras páginas, propus um convite diferente: uma jornada que transcende o ordinário, que vai além das fronteiras do tangível.

Não pretendo me deter em conceitos já exaustivamente discutidos, nem repetir fórmulas gastas que enchem prateleiras. Se até este momento você ainda interpreta nutrição apenas como o ato mecânico de alimentar-se pela boca, como uma simples equação de entrada e saída de nutrientes, talvez seja necessário retornar ao início desta jornada. Pois provavelmente os sussurros mais profundos destas páginas não encontraram eco em sua compreensão.

A nutrição que abordo é uma sinfonia complexa que ressoa em múltiplas dimensões. É um entendimento holístico que nos ensina não apenas a alimentar o corpo físico, mas também a **NUTRIR** as profundezas da mente e as alturas do espírito. É um convite para compreender que somos seres multidimensionais, e nossa nutrição precisa refletir essa complexidade. Os cinco pilares da nutrição evolutiva são:

PENSAR

↓

BEBER ÁGUA

↓

DORMIR

↓

COMER BEM

↓

TREINAR

Exatamente nessa ordem de prioridade, primeiro abordamos o profundo impacto que os pensamentos negativos exercem em nossas vidas. É fascinante, e ao mesmo tempo perturbador, observar como nossa mente, ao se fixar persistentemente naquilo que tememos ou rejeitamos, acaba por materializar essas mesmas circunstâncias em nossa realidade. Dedicamos uma energia preciosa contemplando cenários que nos afligem, e, numa espiral descendente, colhemos precisamente os resultados que tanto nos empenhamos em evitar. É um ciclo silencioso e poderoso: quanto mais nos concentramos no que não desejamos, mais essas situações indesejadas ganham forma em nossa existência. Lembre-se: somos os únicos capazes de fazer diferente, começando por alterar nossos pensamentos. Afinal, o que você vive hoje é uma consequência do que você pensou há um tempo.

O QUE VOCÊ VIVE HOJE É UMA CONSEQUÊNCIA DO QUE VOCÊ PENSOU HÁ UM TEMPO.

Já que só você é responsável por estar colhendo o que não gosta, ou por ainda não ter alcançado o que tanto deseja, imagino que esteja com vontade de fazer diferente. Afinal, você está aqui, não está? Lendo minhas palavras, exercitando sua mente e se abrindo para novas ações que vão te levar para um universo cheio de possibilidades. Então vamos colocar tudo isso em prática!

PRIMEIRO PILAR: PENSAR

Pare de atrair o que não deseja

O primeiro pilar da nutrição evolutiva reside em seu pensamento. Assim como não podemos impedir que ondas agitadas toquem a praia, mas podemos escolher não ser arrastados por elas, também não temos controle absoluto sobre o surgimento de pensamentos nocivos em nossa mente. No entanto, está em nossas mãos decidir se permitiremos que essas correntes mentais negativas se estabeleçam, criem raízes profundas e, inevitavelmente, nos conduzam ao encontro de nossos piores temores. "Mas, Maíra, como farei isso?"

Primeiro, você precisa desenvolver a consciência para reconhecer os pensamentos negativos no momento exato em que eles surgem em sua mente. Você já elaborou sua lista de padrões mentais dos quais deseja se libertar? Se ainda não fez isso, este é o momento crucial para iniciar esse processo de autopercepção. Na lista que disponibilizamos a seguir, registre aqueles pensamentos que você reconhece que precisam ser transmutados. São aqueles que, como âncoras invisíveis, impedem seu crescimento, semeiam dúvidas sobre suas capacidades – sejam elas físicas, mentais, emocionais ou espirituais – e minam sua confiança na busca e conquista de seus objetivos e sonhos.

Esses pensamentos agem como poderosos ímãs, atraindo precisamente aquilo que você tanto teme. Quando sua mente se permite vagar por cenários temidos, inconscientemente você está nutrindo e fortalecendo exatamente aquilo que deseja evitar em sua vida. Reflita profundamente: quantas vezes seu cérebro já construiu elaboradas narrativas catastróficas? "E se eu for traída?", "Será que terei capacidade de criar meus filhos?", "E se uma doença grave me acometer?" São medos recorrentes, não? E nosso cérebro, incansável roteirista, não para de criar essas histórias hipotéticas. Em outros momentos, nos encontramos presos em um ciclo infinito de reviver dores passadas, reconstruindo mentalmente situações antigas como se, de alguma forma mágica, pudéssemos reescrever os capítulos já fechados de nossa história.

Mas preciso te dizer: nada dessa ruminação faz bem. Cada um desses pensamentos tem o poder de nos adoecer, de nos paralisar. Por isso, o primeiro passo é identificar esses padrões negativos. Que tal começar fazendo uma lista de todos os pensamentos dos quais você quer se libertar?

1. ....
....

2. ....
....

3. ....
....

4. ....

....

5. ....

....

6. ....

....

7. ....

....

8. ....

....

9. ....

....

10. ....

....

Agora que você já identificou seus pensamentos repetitivos, que possivelmente te adoeceriam em breve com algum tipo de depressão ou doença emocional, você já sabe onde não deve mais cair. Então, toda vez que se pegar pensando sobre algum item da lista que você fez, conscientemente diga a si mesmo o oposto do que pensou. Se possível, fale em voz alta, pois os comandos audíveis são infinitamente mais poderosos, porque saem da mente e passam pelos sentidos.

Por exemplo, se você tem pensamentos repetitivos de seu marido traindo você, ao "pescar" esse pensamento da sua mente, imediatamente perceba o que está fazendo e diga em voz alta: "Meu marido é fiel, me ama, me respeita, e eu vivo e viverei o melhor relacionamento da minha vida". Você nunca pode utilizar a palavra "não", falando o que não quer. Ou seja, não adianta você repetir: "Meu marido não vai me trair", porque desse modo você está novamente falando o que não quer. Fale apenas o que quer.

Repita quantas vezes achar necessário, e comece a criar pensamentos favoráveis ao seu desejo. Imagine vocês dois envelhecendo juntos, em uma viagem dos sonhos, com os netos. Crie cenários de harmonia em sua casa e em seu casamento. Você pode imaginar o que quiser, afinal a mente é infinita. Cuide apenas para não cair na armadilha de imaginar o que não deseja.

De início, poderá ser bastante desafiador construir novos pensamentos, pois sua mente tem o hábito de pensar no que já existe. Para criar novos caminhos neurais, você precisará gastar energia. Durante esse processo de criar novos pensamentos, é provável que seu corpo tente buscar recompensas rápidas, aquelas ações que são fontes de dopamina fácil – pode ser através da comida em excesso, das compras compulsivas, ou de outros comportamentos que nos dão prazer imediato.

Seu corpo tentará criar maneiras de distrair você e de "recompensar" você com dopamina barata. Ou seja, seu corpo vai buscar pouco esforço e grande recompensa. Não se engane. TODAS as dopaminas de pouco esforço e grande recompensa são viciantes e atrasam o seu caminho da evolução, e todas são pecado. Aliás, essa seria uma ótima forma de definir o pecado.

O pecado manifesta-se como dopamina de baixo custo: aquela recompensa instantânea que não exige esforço verdadeiro, aquele prazer fugaz que seduz nossa natureza carnal.

É a busca pelo atalho da satisfação imediata, em detrimento do caminho mais árduo, porém mais significativo. Enquanto a virtude demanda dedicação, persistência e crescimento interior, o pecado oferece uma falsa promessa de contentamento sem compromisso, uma gratificação superficial que, em sua essência, apenas alimenta nossos impulsos mais primitivos.

Existem as compulsões mais evidentes, como aquelas ligadas ao sexo, à comida e às compras. Mas existem também aqueles comportamentos que parecem mais "leves" ou banais – como fazer fofoca. Parece bobagem, não é? Mas quando analisamos mais a fundo, até mesmo falar mal dos outros pode nos dar aquele prazer momentâneo. E não é por acaso. Esse comportamento que parece tão inofensivo está conectado a mecanismos psicológicos e sociais muito mais profundos do que imaginamos. Vejamos quais são eles:

1. Liberação de dopamina e recompensa social

Estudos já mostraram que informações de natureza social-comparativa aumentam a atividade dos circuitos de recompensa cerebral.[31] Perceba que, quando falamos mal de alguém, especialmente em um grupo, podemos sentir uma falsa sensação de superioridade ou pertencimento, o que ativa o sistema de recompensa do cérebro.

---

31. ALICART, Helena; CUCURELL, David; MARCO-PALLARÉS, Josep. Gossip information increases reward-related oscillatory activity. *NeuroImage*, v. 210, 2020. Disponível em: https://doi.org/10.1016/j.neuroimage.2020.116520. Acesso em: 11 nov. 2024.

O PECADO MANIFESTA-SE COMO DOPAMINA DE BAIXO CUSTO: AQUELA RECOMPENSA INSTANTÂNEA QUE NÃO EXIGE ESFORÇO VERDADEIRO, AQUELE PRAZER FUGAZ QUE SEDUZ NOSSA NATUREZA CARNAL.

Essa sensação é reforçada pela conexão social criada ao compartilhar informações.

2. Fator evolutivo e necessidade de conexão

Historicamente, fofocar ajudava grupos a se manterem unidos. Compartilhar informações sobre os outros era uma forma de garantir a sobrevivência coletiva, pois ajudava a identificar aliados e ameaças.[32] Ainda hoje, essa prática gera conexão entre as pessoas, apesar de ser à custa de terceiros.

3. Projeção e autodefesa

Falar mal de alguém pode ser uma forma de projetar nossas próprias inseguranças. Quando criticamos outra pessoa, estamos desviando a atenção de algo que não queremos enfrentar em nós mesmos. Além disso, pode ser uma tentativa de autodefesa, como se "rebaixar" o outro nos fizesse sentir melhores ou mais seguros em relação às nossas falhas.

4. Impacto no cérebro e emoções

Embora possa haver prazer imediato, o efeito da fofoca é superficial e passageiro. Com o tempo, a prática pode aumentar os sentimentos de culpa, ansiedade, insegurança e até mesmo levar ao isolamento,

32. HOGENBOOM, Melissa. De onde vem o hábito humano de fofocar? *BBC News Brasil*, 1 fev. 2016. Disponível em: https://www.bbc.com/portuguese/noticias/2016/02/160131_vert_earth_fofoca_evolucao_ml. Acesso em: 11 nov. 2024.

já que pessoas que constantemente falam mal dos outros costumam ser percebidas como menos confiáveis.

Falar mal dos outros ativa as mesmas áreas que outros comportamentos de prazer imediato, como comer demais, comprar compulsivamente ou usar drogas. Todos têm raízes profundas na nossa mente. Escolhi falar da fofoca porque ela parece mais inocente, mas o mecanismo é o mesmo. A dopamina rápida e fácil nos conquista em qualquer uma dessas situações. Pense um pouco sobre como você se sente depois de falar mal de alguém. Será que esse prazer momentâneo vale a pena quando você considera os efeitos a longo prazo?

Quando invertemos a ordem divina, o pecado se instala. Se queremos o resultado sem o esforço – por exemplo, tomar remédio para emagrecer sem mudar nossos hábitos –, a conta sempre chega. O Diabo cobra caro por esse prazer adiantado.

Tudo que é de Deus exige um plantar e cultivar para depois colher e desfrutar. Quando algo é do Diabo, você primeiro colhe o prazer e depois as consequências. É como se quiséssemos receber o prazer antes de merecê-lo, antes de conquistar, de lutar, de aprender, de entregar, nos comportando como sanguessugas, como parasitas do planeta. Queremos apenas aproveitar, sem fazer nossa parte e auxiliar o ecossistema, sem retroalimentar, isto é, devolver ao planeta aquilo que recebemos. Eu convido você a fazer a seguinte reflexão: você mais suga o planeta ou mais entrega de volta aquilo que recebeu? Você mais usa as pessoas? Ou lhes serve?

Antes de controlar a boca, antes de controlar o que se fala e antes de controlar o que se vive, é preciso controlar o que se pensa.

TUDO QUE É DE DEUS EXIGE UM PLANTAR E CULTIVAR PARA DEPOIS COLHER E DESFRUTAR. QUANDO ALGO É DO DIABO, VOCÊ PRIMEIRO COLHE O PRAZER E DEPOIS AS CONSEQUÊNCIAS.

VOCÊ MAIS SUGA O PLANETA OU MAIS ENTREGA DE VOLTA AQUILO QUE RECEBEU? VOCÊ MAIS USA AS PESSOAS? OU LHES SERVE?

Existe um caminho mais elevado para nossa evolução. Podemos, através de um cultivo consciente, treinar nossa mente para encontrar satisfação genuína na prática da empatia, no exercício diário de enxergar a luz que habita cada ser. Esse processo demanda mais energia, mais dedicação e um compromisso constante com nosso desenvolvimento interior, mas os resultados transcendem a superficialidade das gratificações imediatas.

O que construímos com dedicação autêntica e esforço consciente nos proporciona frutos de uma natureza superior, que não apenas nutrem nosso ser, mas também reverberam em todas as dimensões de nossa existência. É um princípio universal que se manifesta tanto no plano físico quanto no espiritual, assim como no aprimoramento do corpo, onde cada escolha alimentar consciente e cada exercício realizado com propósito nos aproxima gradualmente de nossa melhor versão.

Esta é a sabedoria intrínseca da natureza: não existem atalhos para o crescimento verdadeiro. Primeiro, plantamos a semente da intenção positiva, depois a nutrimos diariamente com ações conscientes, mantendo a perseverança mesmo quando os resultados ainda não são visíveis, até que, no momento adequado, colhemos os frutos de nossa dedicação – frutos que carregam em si a profundidade da transformação interior.

O perigo de ruminar

Pensar nas mesmas coisas é a preferência do nosso cérebro, que busca economizar energia como adaptação evolutiva. Ele é um órgão econômico. Mesmo consumindo 20% da energia do nosso corpo, representa apenas 2% do nosso peso corporal.[33] Impressionante, não? Por isso, ele cria rotas automáticas de pensamentos e comportamentos, sempre preferindo aquilo que já conhece.

Quando nos permitimos habitar repetidamente os mesmos padrões de pensamento, nosso cérebro estabelece verdadeiros caminhos neurais, rotas familiares onde cada "ameaça" já foi mapeada e catalogada. Para nossa mente, que prioriza sobretudo a previsibilidade, navegar por essas trilhas conhecidas, ainda que tóxicas, representa uma zona de aparente segurança, em contraste com a incerteza de descobrir territórios inexplorados de pensamento.

Esse fenômeno ocorre porque nossos pensamentos negativos habituais, não importa quão destrutivos sejam para nosso bem-estar, provocam menor ativação do nosso sistema de alerta. É como se nosso cérebro sussurrasse: "Conhecemos este terreno. Já atravessamos estas tempestades mentais inúmeras vezes". Essa falsa sensação de familiaridade nos mantém presos em ciclos prejudiciais, resistentes à mudança necessária, mesmo quando esses padrões continuam minando nossa evolução e felicidade.

Essa característica do cérebro tem raízes profundas em nossa evolução. Quando um de nossos ancestrais sucumbia ao ingerir um fruto venenoso, aquela experiência trágica não se perdia com sua morte; pelo contrário, transformava-se em um aprendizado vital que se entranhava na memória coletiva do grupo. O imperativo "não coma" tornava-se mais que uma simples instrução: era uma marca em nossa programação de sobrevivência.

---

33. LÓPEZ, Ángeles Gómez. O cérebro queima em um dia as mesmas calorias que correr meia hora. Então, pensar muito emagrece? *El País Brasil*, 27 nov. 2018. Disponível em: https://brasil.elpais.com/brasil/2018/11/23/ciencia/1542992049_375998.html. Acesso em: 11 nov. 2024.

Ao longo de milhões de anos de evolução, esse mecanismo de privilegiar o conhecido em detrimento do novo consolidou-se como uma das forças mais potentes de nosso comportamento. Era uma equação simples e eficaz: repetir o que já sabemos que funciona significa permanecer vivo; aventurar-se no desconhecido poderia representar um risco fatal. Essa programação primitiva, que um dia garantiu a sobrevivência de nossa espécie, agora ecoa em nossas escolhas diárias, mesmo quando o contexto já não exige tal cautela.

Pensamentos negativos contínuos são chamados de ruminações, e ruminações podem gerar ansiedade e depressão.[34] Ruminar vem do latim *ruminare*, que significa mastigar novamente. A palavra faz referência ao comportamento de animais como vacas e cabras, que mastigam o alimento, o engolem e depois o trazem de volta à boca para mastigar novamente.

Quando ruminamos um pensamento, trazendo-o várias vezes à nossa mente, achamos que temos o objetivo de encontrar uma solução para aquele problema. No entanto, acontece o oposto. Ruminar só nos deixa mais presos no mesmo obstáculo, e acabamos entrando em um ciclo de reviver essas situações, porque queremos compreendê-las. Percebo que pessoas controladoras costumam ruminar mais, uma vez que têm maior dificuldade de tolerar incertezas. Mesmo que não seja possível mudar um cenário, as pessoas controladoras costumam ficar criando fantasias sobre o que já aconteceu – ainda que, racionalmente, saibam que não seja possível voltar atrás.

---

34. AMERICAN PSYCHIATRIC ASSOCIATION. *Rumination*: a cycle of negative thinking, 5 mar. 2020. Disponível em: https://www.psychiatry.org/news-room/apa-blogs/rumination-a-cycle-of-negative-thinking. Acesso em: 11 nov. 2024.

O ciclo de ruminar drena muito da nossa energia mental e nos faz sentir culpa, além de reviver as falhas de maneira muito crítica com nós mesmos. Em suma, embora o cérebro use a ruminação como uma ferramenta para tentar resolver problemas, quando a ruminação se torna crônica ou repetitiva demais, pode nos gerar quadros de tristeza e ansiedade, além da sensação de impotência e desamparo, uma vez que nos impede de encontrar soluções práticas e executar ações concretas.

Convido você a fazer parte da evolução das próximas gerações, assumindo o papel mais desafiador e desgastante: pensar diferente de seus ancestrais e criar uma nova maneira de pensar positivo, para que suas próximas gerações não tenham as dificuldades e limitações que você teve. Alguém terá que fazer esse trabalho. Que tal ser um grande marco de evolução na sua família?

Lembre-se!

1. Identifique seus pensamentos ruminantes.
2. Ao percebê-los, pense no oposto, isto é, naquilo que você realmente quer.
3. Fale alto o que deseja.

SEGUNDO PILAR: BEBER ÁGUA

Intestino, nosso segundo cérebro

Com certeza você já ouviu alguém dizer que estava "enfezada". O termo origina-se do latim *infestare*, carregando o significado de atormentar ou causar dano. A palavra mantém relação com "fezes", remetendo a uma pessoa constipada.

Quando acometidas por constipação intestinal, as pessoas costumam manifestar alterações de humor, transformando-se em indivíduos irritados e atormentados. O fenômeno acontece pela ausência de hidratação adequada, que compromete o trânsito intestinal. A escassez de água provoca o ressecamento das fezes, impedindo sua eliminação adequada.

As mudanças no humor emergem das alterações hormonais provocadas pelo funcionamento intestinal. O intestino desempenha papel tão relevante em nosso funcionamento neurológico que ganhou o título de "segundo cérebro". Pesquisas recentes vão além e o denominam "primeiro cérebro", baseando-se no eixo intestino-cérebro e na vasta rede de neurônios, conhecida como sistema nervoso entérico (SNE), que contém aproximadamente quinhentos milhões de neurônios, mais do que a espinha dorsal.[35] Essa rede é responsável por regular diversas funções digestivas de forma autônoma, ou seja, sem a necessidade de comandos diretos do cérebro.

O bom funcionamento intestinal desencadeia processos essenciais para nosso equilíbrio emocional, como demonstram diversos exemplos práticos. Vamos a eles.

---

35. RACHID, Italo. Intestino e cérebro: compreenda essa relação. *Longevidade Saudável*, 21 jan. 2022. Disponível em: https://longevidadesaudavel.com.br/intestino-e-cerebro-compreenda-essa-relacao/. Acesso em: 11 nov. 2024.

1. Serotonina

Cerca de 90% da serotonina (conhecida como hormônio da felicidade) é produzida no intestino, não no cérebro.[36] Esse hormônio regula o humor, o sono, e o apetite e a saciedade, ou seja, seu "sinal" para saber quando é a hora de parar de comer. Está ligada também ao trânsito intestinal. Quando não bebemos água, a desidratação compromete a microbiota intestinal, que é crucial para a produção de serotonina; a falta de água causa inflamação intestinal, prejudicando as células responsáveis pela síntese da serotonina.

2. Grelina

Conhecida como o "hormônio da fome", é produzida pelas células do estômago e do intestino. Ela sinaliza ao cérebro quando o corpo precisa de alimentos. Quando não bebemos água suficiente, produzimos mais grelina[37] – que por sua vez sinaliza ao cérebro que estamos com fome. Ou seja: quanto menos água ingerimos, maior é a nossa produção de grelina. Porém, nesse caso, você produzirá grelina por falta de água. Acabará comendo sem estar com fome de fato. Se estivesse tomando uma quantidade de água adequada, não teria essa falsa fome e não comeria fora de hora, automaticamente engordando por estar comendo. Portanto, a grelina controlada controla também

36. RACHID, Italo. Intestino e cérebro: compreenda essa relação. *Longevidade Saudável*, 21 jan. 2022. Disponível em: https://longevidadesaudavel.com.br/intestino-e-cerebro-compreenda-essa-relacao/. Acesso em: 11 nov. 2024.

37. CLEVELAND CLINIC. *Ghrelin*. [s. d.]. Disponível em: https://my.clevelandclinic.org/health/body/22804-ghrelin. Acesso em: 7 fev. 2025.

seus impulsos por comida, e a falta de água confunde os sinais de fome e sede, levando a excessos alimentares.

3. Leptina

Embora a leptina seja produzida principalmente no tecido adiposo, o intestino desempenha um papel regulador importante. A leptina é um hormônio essencial no metabolismo e na regulação do peso corporal. Controla a saciedade e atua como um sinalizador no cérebro, informando sobre os estoques de energia disponíveis no corpo.

Com leptina adequada, o corpo mantém um equilíbrio entre a fome e o gasto energético, promovendo um peso saudável. Com resistência ou disfunção da leptina, há aumento do apetite, diminuição do gasto calórico e maior tendência ao ganho de peso.

Quando o corpo está desidratado, o sistema metabólico entra em alerta para economizar energia. Isso reduz a produção de leptina, gerando também uma falsa sensação de fome, afetando o controle de apetite e consequentemente a regulação do peso. Quando a produção de leptina está baixa, ela reduz o seu gasto energético, ou seja, pode atrapalhar, retardar ou mesmo travar seu processo de emagrecimento.

Quando os níveis de leptina estão normalizados, sinalizam ao hipotálamo,[38] uma parte do cérebro, que você tem energia, isto é, gordura suficiente armazenada, reduzindo sua fome. O oposto acontece quando você não está hidratado, porque o corpo, com baixa produção de leptina, entende que precisa "guardar energia", isto é, gordura.

---

38. ROMERO, Carla Eduarda Machado; ZANESCO, Angelina. O papel dos hormônios leptina e grelina na gênese da obesidade. *Revista de Nutrição*, Campinas, v. 19, n. 1, p. 85-91, fev. 2006. Disponível em: https://doi.org/10.1590/S1415-52732006000100009. Acesso em: 11 nov. 2024.

Então, além de guardar gordura, a baixa produção de leptina desacelera seu metabolismo, fazendo com que você reduza sua queima de gordura e diminua seu gasto calórico. Ela também auxilia no controle dos níveis de glicose no sangue e faz parte da regulação dos hormônios de importantes sistemas, como o imunológico e o reprodutor.[39] A deficiência de leptina pode levar a compulsão e ganho de peso severo, pois o corpo pensa que está com fome constante e, mesmo com muita gordura, entende que precisa acumular energia.

4. GLP-1 (*Glucagon-like peptide-1*)

Secretado pelo intestino delgado, ajuda a regular os níveis de insulina e glicose no sangue. Contribui para a sensação de saciedade, porque retarda o esvaziamento gástrico; controla ainda o açúcar no sangue, porque estimula a secreção de insulina e reduz os níveis de glucagon.

A falta de água, além de prejudicar a microbiota intestinal, pode inflamar o intestino, aumentando a permeabilidade intestinal (condição que pode ser chamada de "intestino vazado"). Quando a permeabilidade intestinal é alta, as bactérias intestinais e seus produtos podem escapar do intestino, o que pode produzir inflamação e causar danos nos tecidos.[40] Com essa permeabilidade, seu corpo inteiro fica "enfezado"; e mesmo que não estejamos falando de grandes quantidades de fezes, qualquer quantidade é potencialmente prejudicial ao nosso organismo.

---

39. ROMERO, Carla Eduarda Machado; ZANESCO, Angelina. O papel dos hormônios leptina e grelina na gênese da obesidade. *Revista de Nutrição*, Campinas, v. 19, n. 1, p. 85-91, fev. 2006. Disponível em: https://doi.org/10.1590/S1415-52732006000100009. Acesso em: 11 nov. 2024.

40. INSTITUTO MELO. *Leaky Gut Syndrome – Síndrome do Intestino Permeável*. [s.d.]. Disponível em: https://institutomelo.com.br/blog/leaky-gut-syndrome-sindrome-do-intestino-permeavel/. Acesso em: 12 nov. 2024.

Isso acontece porque o intestino foi criado para ser uma barreira seletiva que permite apenas a passagem de nutrientes essenciais para o sangue, retendo as substâncias tóxicas, os resíduos alimentares, as bactérias e as toxinas para serem eliminadas da maneira correta.

Uma vez que essas toxinas vazam para sua corrente sanguínea, seu corpo reage "contra ele mesmo". Cerca de 70% das células do nosso sistema imunológico estão no intestino;[41] uma vez que partículas tóxicas vazam, o corpo reage a elas como se fossem invasoras, ativando uma resposta imune constante. Isso pode levar a inflamações crônicas capazes de gerar doenças como artrite reumatoide, doenças inflamatórias intestinais, lúpus[42] e intolerância alimentar. Além disso, existe um grande impacto na saúde mental, pois a inflamação causada pelo intestino impermeável pode afetar o eixo intestino-cérebro,[43] contribuindo para depressão, ansiedade e problemas cognitivos.

5. Peptídeo YY (PYY)

Produzido nos intestinos grosso e delgado após a ingestão de alimentos, o PYY regulado ajuda a reduzir o apetite. Sem a hidratação, o trânsito intestinal fica mais lento, reduzindo a liberação de PYY, o que gera enfraquecimento nos sinais da saciedade, levando ao aumento

41. POR QUE o intestino é considerado nosso "2º cérebro" e outros 5 fatos surpreendentes sobre o órgão. *BBC News Brasil*, 27 nov. 2018. Disponível em: https://www.bbc.com/portuguese/geral-45664504. Acesso em: 12 nov. 2024.

42. CHRISTOVICH, Anna; LUO, Xin M. Gut microbiota, leaky gut, and autoimmune diseases. *Frontiers in Immunology*, v. 13, e946248, 27 jun. 2022. Disponível em: https://doi.org/10.3389/fimmu.2022.946248. Acesso em: 12 nov. 2024.

43. OBRENOVICH, Mark E. M. Leaky gut, leaky brain? *Microorganisms*, v. 6, n. 4, p. 107, 18 out. 2018. Disponível em: https://doi.org/10.3390/microorganisms6040107. Acesso em: 12 nov. 2024.

de peso. A desidratação também aumenta o cortisol,[44] hormônio do estresse, diminuindo a sensibilidade do corpo ao PYY. Com a baixa produção de PYY, temos um crescimento da produção de grelina, o que aumenta a fome e dificulta a perda de peso.

6. Motilina

Secretada pelas células M do intestino delgado, regula as contrações musculares do estômago e do intestino. A falta de água pode acarretar fezes ressecadas, dificultando o movimento do trato intestinal e reduzindo os estímulos para a secreção da motilina, pois a desidratação compromete os sinais enviados ao intestino para iniciar as contrações peristálticas. A hidratação adequada é crucial para manter o equilíbrio de eletrólitos (como sódio e potássio), que são essenciais para os impulsos nervosos que controlam os músculos intestinais. A desregulação da motilina também traz sensação de peso no estômago e redução da eficiência digestiva,[45] causando inchaço abdominal e má digestão, fezes endurecidas e acúmulo de resíduos, o que aumenta o risco de infecções intestinais e disbiose.

---

44. MACHADO, Paola. O estresse no trabalho está fazendo você engordar? Entenda o impacto do cortisol (e como evitá-lo). *InfoMoney*, 4 nov. 2024. Disponível em: https://www.infomoney.com.br/colunistas/paola-machado/o-estresse-no-trabalho-esta-fazendo-voce-engordar-entenda-o-impacto-do-cortisol-e-como-evita-lo/. Acesso em: 12 nov. 2024.

45. CLEVELAND CLINIC. *Motilin*. [s. d.]. Disponível em: https://my.clevelandclinic.org/health/body/23037-motilin. Acesso em: 7 fev. 2025.

7. Colecistocinina (CCK)

Secretada no intestino delgado, estimula a digestão de gorduras e proteínas, reduz a fome e regula a absorção de nutrientes e a digestão. Suas funções são sinalizar saciedade, estimular a liberação de enzimas digestivas pelo pâncreas e promover a contração da vesícula biliar.

A desidratação pode interferir indiretamente na secreção e na eficácia desse hormônio, causando desequilíbrios no sistema digestivo e metabólico. Falta de água acaba prejudicando a quebra de nutrientes que sinalizam a liberação de CCK. Pode tornar o conteúdo intestinal mais seco e menos móvel, dificultando a absorção e a sinalização hormonal.

A CCK também estimula a contração da vesícula biliar para liberar bile na digestão de gorduras. A desidratação pode tornar a bile mais espessa e concentrada, comprometendo a digestão de gorduras, o que reduz os estímulos para a liberação de CCK. A bile espessa e menos eficiente dificulta a quebra de gorduras, resultando em má digestão e possíveis deficiências nutricionais. Pode causar ainda inchaço e desconforto, aumento do apetite e ganho de peso.

8. Enteroglucagon

Esse hormônio desempenha funções importantes no retardo do esvaziamento gástrico, no trânsito intestinal e na regeneração da mucosa intestinal.

O enteroglucagon desacelera a motilidade intestinal para permitir uma melhor absorção de nutrientes. Ele ajuda a reparar e manter a integridade da mucosa intestinal. A falta de hidratação pode prejudicar a função regenerativa do enteroglucagon, aumentando o risco de inflamação e doenças intestinais, como síndrome do intestino irritável (SII). Pode ainda agravar condições de inflamação crônica, afetando não apenas o intestino, mas também outros sistemas do corpo.

Por que o intestino é tão importante para a regulação hormonal?

O intestino possui células especializadas, chamadas células enteroendócrinas, que são responsáveis pela secreção de muitos desses hormônios. A microbiota intestinal (bactérias boas) também desempenha um papel essencial na produção de metabólitos que influenciam hormônios e neurotransmissores. Um intestino saudável ajuda a manter o equilíbrio hormonal geral, enquanto problemas no trato gastrointestinal podem desregular hormônios, afetando humor, apetite, peso e até o sistema imunológico.

Em resumo, a falta de hidratação necessária afeta diretamente nosso intestino, impactando nossos neurotransmissores e, consequentemente, causando dificuldade de perda de peso, fome excessiva, metabolismo lento, queda na imunidade, fome constante e ganho de peso, desequilíbrio metabólico, doenças autoimunes, resistência à saciedade e problemas intestinais.

Saúde da pele

Uma das constatações que mais me ajudaram a tomar água foi quando eu soube que estava tomando "água de fezes". O intestino grosso tem a função de absorver água dos alimentos e líquidos em digestão. Quando estamos desidratados, o corpo "puxa" ainda mais água das fezes no intestino grosso para utilizá-la em funções essenciais, como manter a circulação sanguínea, regular a temperatura corporal e lubrificar articulações. Esse processo faz com que as fezes fiquem mais secas e endurecidas, causando prisão de ventre e outros problemas.

A pele reflete rapidamente o estado de hidratação do corpo. Sabe aquelas espinhas no rosto? Quando não tomamos água suficiente, nosso corpo entra em um estado de economia hídrica para garantir que funções vitais continuem operando. Quando você não toma água suficiente, o corpo prioriza o uso da água para órgãos vitais, como o coração e o cérebro, e a pele recebe menos hidratação, ficando seca, opaca e até com rugas mais evidentes. Ou seja, você envelhece mais rápido e facilita o rompimento da pele e o aparecimento de estrias. Além disso, a falta de hidratação pode prejudicar a eliminação de toxinas, que é parcialmente feita pela pele através do suor. Isso pode piorar condições como acne ou ressecamento.

O intestino está diretamente ligado à saúde da pele. Um intestino saudável elimina toxinas de forma eficaz. Quando estamos desidratados e constipados, as toxinas que deveriam ser eliminadas pelas fezes podem se acumular no organismo. Esse acúmulo pode levar a inflamações que afetam a pele, como acne, rosácea ou uma aparência "sem vida". Em resumo, quando estamos desidratados, o corpo usa todas as reservas disponíveis, incluindo a água do intestino. Isso afeta tanto a saúde intestinal quanto a aparência da pele, reforçando a importância de beber água regularmente!

BEBER ÁGUA REGULARMENTE:

1. Garante o funcionamento correto de órgãos e sistemas.
2. Melhora a pele, deixando-a mais hidratada, com aparência saudável.
3. Facilita a digestão, melhora o intestino, ajuda no trânsito intestinal e previne constipação.
4. Regula a temperatura corporal, importante em atividades físicas e climas quentes.
5. Elimina toxinas, apoiando o funcionamento dos rins e a eliminação de resíduos.
6. Ajuda no controle de peso.
7. Reduz a fome e evita excessos alimentares.
8. Diminui a celulite.
9. Evita espinhas e estrias.
10. Melhora o metabolismo.

BENEFÍCIOS NÃO ÓBVIOS DE TOMAR ÁGUA

1. **Saúde cerebral:** melhora o foco, a memória e o humor; combate a sensação de cansaço mental.
2. **Lubrificação das articulações:** reduz dores e riscos de lesões, promovendo maior mobilidade.
3. **Prevenção de dores de cabeça:** são muitas vezes causadas por desidratação.
4. **Desempenho físico superior:** aumenta a energia e reduz a fadiga durante exercícios.
5. **Melhoria do sistema imunológico:** a hidratação adequada otimiza as defesas do organismo.
6. **Melhor circulação sanguínea:** facilita o transporte de nutrientes e oxigênio às células.
7. **Regulação do humor:** a desidratação pode causar irritabilidade e nervosismo.
8. **Saúde bucal:** reduz o risco de cáries e mau hálito.

CONSEQUÊNCIAS DE NÃO TOMAR ÁGUA

1. **Desidratação:** causa fadiga, tontura e, em casos graves, pode levar a problemas severos de saúde.
2. **Pele ressecada:** perde elasticidade e aparenta envelhecimento precoce, celulite e estrias.
3. **Constipação:** o intestino funciona mais lentamente, causando desconforto.
4. **Risco de pedras nos rins:** a falta de água dificulta a eliminação de minerais acumulados.
5. **Problemas cognitivos:** falta de foco, confusão mental e lapsos de memória.
6. **Dores de cabeça:** a desidratação é uma das causas mais comuns de dor.
7. **Queda no desempenho físico:** dificuldade em realizar atividades devido ao cansaço e à fraqueza.
8. **Problemas cardiovasculares:** a redução do volume sanguíneo pode sobrecarregar o coração.
9. **Aumento de infecções urinárias:** urina concentrada favorece o desenvolvimento de bactérias.
10. **Comprometimento do sistema imunológico:** corpo desidratado é menos eficaz em combater doenças.

TERCEIRO PILAR: DORMIR

O guardião invisível da vida

Tive uma depressão severa e alguns problemas de saúde causados pela desregulação do meu ciclo circadiano, isto é, "relógio biológico" natural do corpo, que regula diversos processos fisiológicos em um período de aproximadamente 24 horas. De verdade, achei que iria morrer. Não tinha energia para sair da cama e descobri que eu não sabia dormir.

Você sabia que existe o horário certo para dormir? Imagine que seu corpo é uma grande cidade. Durante o dia, as ruas estão cheias, os mercados abertos, os trabalhadores frenéticos, e tudo parece funcionar no limite da eficiência. Mas, quando a noite chega, a cidade precisa fechar suas portas, limpar as ruas e reorganizar os estoques para o próximo dia. O sono é o guardião invisível dessa cidade, aquele que trabalha silenciosamente enquanto você descansa, garantindo que tudo funcione perfeitamente na manhã seguinte.

O papel do sono: o faxineiro

Pense no sono como um relógio de areia mágico. Cada noite bem dormida enche o relógio com vitalidade, criatividade e saúde para o dia seguinte. Quando você sacrifica o sono, é como se estivesse quebrando o vidro do relógio, deixando os grãos preciosos escaparem para sempre, e com esse "tempo" escorre a sua vida. Durante o sono, seu corpo realiza tarefas que seriam impossíveis durante o caos do dia.

- **Limpeza profunda do cérebro:** enquanto você dorme, um "time de faxina" entra em ação no seu cérebro. O sistema glinfático, como um rio invisível, elimina toxinas acumuladas durante o dia,[46] prevenindo doenças neurodegenerativas como Alzheimer. Sem essa limpeza, é como se as ruas da sua cidade ficassem entupidas de lixo, dificultando o trânsito de ideias e pensamentos.
- **Reconstrução celular:** o sono é o momento em que seu corpo se torna um engenheiro de reparos. Ele reconstrói músculos, regenera tecidos e fortalece o sistema imunológico. É como uma equipe de construtores trabalhando para restaurar cada prédio danificado da sua cidade.
- **Organização cerebral:** durante o sono REM (o famoso momento em que os sonhos acontecem), seu cérebro arquiva memórias e organiza informações,[47] como um bibliotecário colocando cada livro no lugar certo. Sem isso, as memórias do dia se perdem, como papéis espalhados pelo vento.

O preço de ignorar o guardião

Imagine que você decide ignorar o sono. As consequências aparecem como rachaduras nas fundações da sua cidade. Aqui estão os sinais mais claros de que sua cidade está entrando em colapso:

46. DUDCHENKO, N. G. et al. Glymphatic system. *S.S. Korsakov Journal of Neurology and Psychiatry*, v. 122, n. 7, p. 20-26, 2022. Disponível em: https://doi.org/10.17116/jnevro202212207120. Acesso em: 12 nov. 2024.

47. SONO REM: o que é, por que é importante e como atingir. Revisão médica: Clarisse Bezerra. *Tua Saúde*, fev. 2023. Disponível em:https://www.tuasaude.com/sono-rem/. Acesso em: 12 nov. 2024.

1. **Ruas congestionadas:** falta de clareza mental

Sem sono suficiente, o tráfego de informações no cérebro fica caótico. A falta de foco, lapsos de memória e a sensação de "névoa mental" são como engarrafamentos que impedem você de pensar claramente. A criatividade seca, as ideias travam, e decisões simples se tornam complicadas.

2. **Pontes quebradas:** emoções descontroladas

O sono é essencial para estabilizar suas emoções.[48] Sem ele, é como tentar atravessar uma ponte quebrada: você sente que está prestes a cair. Irritação, ansiedade e até depressão podem surgir, transformando o menor problema em um gigantesco abismo.

3. **Mercados desabastecidos:** desequilíbrios no apetite

Quando você dorme mal, hormônios como a leptina, que controlam fome e saciedade, ficam desregulados. É como se os mercados da cidade abrissem desorganizados, com prateleiras cheias de doces e junk food. Resultado? Você come mais, engorda e sobrecarrega o sistema.

---

48. GOLDSTEIN, Andrea N.; WALKER, Matthew P. The role of sleep in emotional brain function. *Annual Review of Clinical Psychology*, v. 10, p. 679-708, 2014. Disponível em: https://doi.org/10.1146/annurev-clinpsy-032813-153716. Acesso em: 12 nov. 2024.

4. **Postos de segurança vulneráveis:** sistema imunológico em risco

Com pouco sono, os "guardas" do sistema imunológico ficam "preguiçosos", permitindo que vírus e bactérias invadam. É por isso que noites maldormidas estão ligadas a diversas doenças crônicas,[49] como diabetes tipo 2, hipertensão arterial, asma e outras.

5. **Energia racionada:** coração e metabolismo

Privação de sono é como cortar o fornecimento de energia para a cidade. O coração começa a bater mais rápido, o risco de pressão alta e diabetes aumenta, e sua vitalidade desaparece. É como viver em um blecaute constante.

Como proteger o guardião invisível?

◉ **Passo 1**

1. Crie um ritual noturno. Como o apagar das luzes da cidade, dê sinais claros ao seu corpo de que é hora de descansar.
2. Estabeleça uma rotina para deitar-se e acordar no mesmo horário diariamente.
3. Crie um ambiente escuro, tampe as luzes com fitas, escolha ou crie ambientes silenciosos e confortáveis para dormir.

49. INSTITUTO DO SONO. *Dormir pouco e mal*: quais são as consequências à saúde? 15 dez. 2023. Disponível em: https://institutodosono.com/artigos-noticias/dormir-pouco-e-mal-quais-sao-as-consequencias-a-saude/. Acesso em: 12 nov. 2024.

4. Limite o consumo de cafeína, usando até no máximo meio-dia; evite alimentos pesados no fim do dia.
5. Desligue as telas, leia um livro ou medite.
6. Reduza o uso de celulares e computadores pelo menos uma a duas horas antes de deitar-se.
7. Ative o modo noturno ou use aplicativos e óculos que bloqueiam a luz azul.
8. Prefira luzes quentes (amarelas) à noite.

A luz emitida pelas telas de celulares, computadores e outros dispositivos eletrônicos pode impactar negativamente a saúde, especialmente o sono e o apetite. Isso ocorre porque as telas emitem luz azul, um tipo de luz de alta energia que "imita" a luz do dia. Ela é especialmente prejudicial à noite porque interfere na produção de melatonina, o hormônio responsável por regular o sono.

Como isso acontece? A retina dos olhos possui células sensíveis à luz que enviam sinais ao cérebro, especificamente ao núcleo supraquiasmático, que controla o relógio biológico (ciclo circadiano). Quando exposta à luz azul, a produção de melatonina é reduzida, dificultando o início do sono e sua qualidade.[50] As consequências são dificuldade para dormir ou insônia, sono mais leve e menos restaurador e desequilíbrios no ciclo vigília-sono, o que pode gerar cansaço ao longo do dia.

A interrupção do sono causada pela luz azul também afeta a produção de hormônios relacionados ao apetite, como leptina e

50. LUZ AZUL: principais riscos para a saúde e o que fazer. *Tua Saúde*, maio 2021. Disponível em: https://www.tuasaude.com/luz-azul-faz-mal/. Acesso em: 12 nov. 2024.

grelina,[51] sobre as quais já falamos. No caso da leptina, quando o sono é prejudicado, os níveis desse hormônio diminuem, fazendo você sentir menos saciedade. Quando falamos da grelina, a privação do sono faz os níveis desse hormônio subirem, o que pode levar a um aumento do apetite, especialmente por alimentos calóricos e ricos em carboidratos.

A falta de sono pode ainda aumentar os níveis de cortisol,[52] que também influencia no ganho de peso e nos desejos por comida.

Passo 2

Respeite o ciclo circadiano, seu guia natural. Dormir e acordar nos mesmos horários é como sincronizar o relógio da cidade com o nascer e o pôr do sol. Já reparou como a natureza é perfeita? Quando o Sol se põe, os passarinhos todos vão dormir. Ao fim da tarde, a natureza se prepara para o descanso, da mesma forma que, todos os dias, no mesmo horário, junto com o sol, os pássaros e a natureza acordam. Como podem ser tão primitivos, tão menos inteligentes que nós e, ainda assim, tão mais espertos e obedientes a Deus? Ou será que os burros somos nós?

Dormir quando o sol vai embora é uma prática alinhada com seu ciclo circadiano, o relógio biológico natural do corpo. Esse ciclo é influenciado pela luz e pela escuridão, regulando funções essenciais,

51. SOCIEDADE BRASILEIRA DE ENDOCRINOLOGIA E METABOLOGIA. *Insônia e obesidade*. 15 set. 2014. Disponível em: https://www.endocrino.org.br/insonia-e-obesidade/. Acesso em: 12 nov. 2024.

52. ASSOCIAÇÃO PAULISTA PARA O DESENVOLVIMENTO DA MEDICINA. *Como o sono afeta o seu corpo?* 21 mar. 2016. Disponível em: https://spdm.org.br/noticias/saude-e-bem-estar/como-o-sono-afeta-o-seu-corpo/. Acesso em: 12 nov. 2024.

como o sono, a liberação de hormônios e até a digestão. Quando desrespeitamos esse ritmo e dormimos tarde, nosso organismo sofre diversas consequências. Vamos entender melhor.

1. **Regulação hormonal**

A melatonina é produzida em maior quantidade durante a noite, quando a luz natural diminui. Dormir cedo garante que esse hormônio atue corretamente, promovendo um sono profundo e reparador. Já o cortisol naturalmente começa a aumentar pela manhã para nos despertar. Quando dormimos tarde, o ciclo de cortisol fica desregulado, causando cansaço e dificuldade em acordar. O cortisol em si não é ruim. Apesar de ser conhecido como hormônio do estresse, ele é muito necessário para termos energia, força e determinação para a vida. O problema ocorre quando esse hormônio está desregulado, nos prejudicando pelo simples fato de estarmos produzindo-o em horário e quantidades exageradas ou baixas. Da mesma maneira que muito cortisol na hora errada nos deixa estressados, pouco cortisol na hora errada nos deixa sem energia e força para viver.

2. **Reparação do corpo**

Durante as primeiras horas de sono (especialmente antes da meia-noite), o corpo entra em um estado de regeneração profunda. Nessa fase, são liberados hormônios como o hormônio do crescimento (GH), que repara tecidos, fortalece os músculos e ajuda no metabolismo, crescimento de cabelos e unhas. O sono mais importante ocorre das dez da noite às três da manhã. É importante ressaltar que não basta deitar-se às dez da noite, é preciso estar efetivamente dormindo nesse horário, pois essas primeiras horas são muito importantes. É no primeiro ciclo de sono profundo da noite, cerca de uma hora após o início do sono, que ocorre o maior pico de liberação de GH de todo o dia.[53] O hormônio também auxilia no processo de emagrecimento, rejuvenescimento, cicatrização, fortalecimento dos ossos, recuperação dos músculos pós-treino, preservação de massa magra e rejuvenescimento da pele.

3. A sincronização com a natureza e o papel da pele

Antes da eletricidade, as pessoas seguiam o ritmo natural do sol, e nosso corpo ainda está biologicamente programado para esse ciclo. Dormir cedo mantém o corpo em equilíbrio com esse ritmo natural, melhorando o desempenho físico, mental e emocional.

A pele, sendo nosso maior órgão, tem um papel crucial nesse processo. Ela possui receptores sensíveis à luz, chamados opsinas, semelhantes aos que existem nos olhos. Por meio desses receptores, a pele é capaz de captar sinais luminosos e desencadear diversas respostas biológicas no corpo, mesmo sem a participação direta dos olhos.

Quando criamos luz artificial durante a noite, confundimos a percepção natural da nossa pele. Ela não consegue distinguir se é dia ou noite, o que causa uma desregulação do nosso relógio biológico e, consequentemente, de nossos hormônios. A pele envia sinais ao relógio biológico central (localizado no núcleo supraquiasmático do

53. BRASSANINI, Guilherme William. *Hormônio do crescimento (GH) e SONO*. 8 mar. 2021. Disponível em: https://www.drbrassanini.com.br/post/blogujte-ze-sv%C3%A9ho-z-ve%C5%99ejn%C4%9Bn%C3%A9ho-webu-a-z-mobilu-1. Acesso em: 12 nov. 2024.

cérebro), interferindo na produção de hormônios importantes, como a melatonina e o cortisol.

Os efeitos dessa exposição à luz noturna são múltiplos: ela atrasa a liberação de melatonina, mantendo o corpo em estado de alerta, e altera a produção de neurotransmissores como a serotonina, afetando o humor. Além disso, causa estresse oxidativo na pele através da produção de radicais livres,[54] acelerando o envelhecimento.

Por isso, é importante evitar qualquer fonte de luz durante o sono, mesmo as mais fracas. Uma sugestão prática é cobrir todas as luzes de aparelhos eletrônicos no quarto, como televisão, ar-condicionado e frigobar, para garantir um ambiente totalmente escuro.

Consequências de dormir tarde

Dormir tarde se tornou um hábito comum na vida moderna, mas seus impactos na saúde são mais sérios do que muitos imaginam. O costume pode desencadear uma série de problemas de saúde, tanto físicos quanto mentais. Entenda a seguir os principais riscos associados a esse hábito e como ele pode afetar seu bem-estar a longo prazo.

54. NAKASHIMA, Yuya; OHTA, Shigeo; WOLF, Alexander M. Blue light-induced oxidative stress in live skin. *Free Radical Biology and Medicine*, v. 108, p. 300-310, 2017. Disponível em: https://doi.org/10.1016/j.freeradbiomed.2017.03.010. Acesso em: 12 nov. 2024.

PROBLEMAS DE SAÚDE A LONGO PRAZO

1. **Doenças metabólicas:** dormir tarde prejudica o metabolismo,[55] aumentando o risco de obesidade, diabetes e colesterol alto.
2. **Pressão alta:** estudos mostram que quem dorme menos de sete horas por noite tem maior probabilidade de desenvolver hipertensão.[56]
3. **Desequilíbrios no apetite:** dormir tarde aumenta os níveis de grelina (fome) e reduz a leptina (saciedade). Isso pode levar a pessoa a comer mais à noite, aumentando o ganho de peso.
4. **Impacto na saúde mental:** dormir tarde aumenta o risco de ansiedade, depressão e dificuldade de concentração. Isso ocorre porque a falta de sono de qualidade afeta neurotransmissores importantes, como a serotonina (hormônio conhecido como da felicidade).
5. **Menor produtividade e energia:** não dormir cedo reduz o tempo de sono reparador, prejudicando o aprendizado, a memória e o desempenho em tarefas diárias.
6. **Desequilíbrio no ciclo circadiano:** a exposição à luz artificial à noite (de telas ou lâmpadas) engana o cérebro, levando-o a pensar que ainda é dia. Isso atrasa a produção de melatonina e pode causar insônia.

55. DORME depois das 23h? Hábito favorece o ganho de peso, mostra estudo; entenda os motivos. *O Globo*, 30 nov. 2023. Disponível em: https://oglobo.globo.com/saude/noticia/2023/11/30/sono-x-dieta-a-hora-que-voce-vai-dormir-favorece-o-ganho-de-peso-saiba-qual-e.ghtml. Acesso em: 12 nov. 2024.

56. SOOD, Aayushi et al. Sleep duration and hypertension incidence: systematic review and meta-analysis. *Journal of the American College of Cardiology*, n. 83, n. 13, 2024. Disponível em: https://www.jacc.org/doi/10.1016/S0735-1097%2824%2903867-1. Acesso em: 12 nov. 2024.

Por que dormir cedo é essencial no mundo moderno?

Dormir cedo é mais do que um hábito: é uma escolha de autocuidado que impacta profundamente sua qualidade de vida.

Em nosso estilo de vida atual, no qual acessamos as telas o tempo todo, frequentemente realizamos trabalhos noturnos e temos muitas distrações, dormir cedo pode parecer um desafio. No entanto, priorizar o sono alinhado ao pôr do sol é uma forma de proteger sua saúde física e mental e afastar a depressão e a ansiedade.

O sono não pode ser considerado um luxo, pois é uma necessidade vital. Ignorar o "guardião invisível" da sua cidade interna é o mesmo que comprometer tudo o que você é e pode ser. Então, da próxima vez que considerar sacrificar horas de descanso por algo que parece mais importante, lembre-se: o sono é o alicerce de sua saúde, suas emoções e seus sonhos – tanto os que você vive enquanto dorme quanto os que você realiza quando está acordado. NADA é mais importante que uma boa noite de sono. Sem sono, sem sonhos realizados.

NADA É MAIS IMPORTANTE QUE UMA BOA NOITE DE SONO. SEM SONO, SEM SONHOS REALIZADOS.

QUARTO PILAR: COMER BEM

O banquete da vida

Imagine que seu corpo é um templo magnífico, cuidadosamente construído com tijolos que você escolhe a cada dia. Esses tijolos não são feitos de cimento ou argamassa, mas sim dos alimentos que você coloca no prato. Cada refeição é uma oportunidade de erguer paredes fortes e resistentes ou de usar materiais fracos que cedo ou tarde podem desmoronar.

Comer bem não é fazer dieta. É construir. É **NUTRIR** o único lar que você nunca poderá abandonar: o seu corpo.

Seu prato, seu volante

Já se perguntou por que você se sente tão cansado depois de uma refeição pesada ou tão energizado depois de comer algo leve e fresco? É como abastecer um carro: você pode colocar combustível premium ou gasolina adulterada. O motor é o mesmo, mas o desempenho será completamente diferente. Seu prato é o volante que guia sua vida. Escolher alimentos saudáveis é como dirigir em uma estrada ensolarada, onde cada curva é feita com leveza, paisagens lindas, sua música preferida tocando no rádio, vento no cabelo... E o destino é sua saúde. Por outro lado, escolher alimentos ultraprocessados é como tentar acelerar em uma estrada esburacada, escura e sem sinalização. O trajeto será mais difícil, e o destino será a doença.

COMER BEM É NUTRIR O ÚNICO LAR QUE VOCÊ NUNCA PODERÁ ABANDONAR: O SEU CORPO.

A dança invisível dentro de você

Dentro do seu corpo, há uma dança invisível acontecendo o tempo todo. A sinfonia biológica se desenrola em cada célula, em uma coreografia molecular meticulosamente orquestrada pela sabedoria divina. Vitaminas, minerais e antioxidantes atuam como bailarinos primorosos em um espetáculo contínuo de vida, executando seus movimentos com precisão milimétrica em cada tecido, cada órgão, cada sistema.

Quando nos alimentamos com os frutos naturais da terra – vegetais, frutas suculentas, grãos integrais ricos em nutrientes e proteínas cuidadosamente selecionadas –, permitimos que essa dança celular alcance sua expressão mais sublime. Cada nutriente sabe exatamente seu papel nesse balé biológico, movendo-se com graça pelos intrincados corredores do sistema digestivo, atravessando as barreiras celulares com elegância e cumprindo sua missão com maestria.

Entretanto, quando introduzimos em nosso organismo substâncias artificiais, açúcares refinados e gorduras processadas, é como se insertássemos notas dissonantes nessa sinfonia perfeita. O corpo, em sua sabedoria divina, não reconhece essas estruturas moleculares estranhas, criadas em laboratório. São como dançarinos desajeitados em meio ao balé primoroso da vida, causando tropeços e desarmonias no espetáculo celular.

Essas substâncias não naturais vagam pelos tecidos como bailarinos perdidos, sem conhecer sua coreografia, sem compreender seu papel. O sistema imunológico, nosso vigilante coreógrafo, tenta constantemente corrigir esses movimentos desarmônicos, resultando em um estado de inflamação crônica. As células, confusas com os sinais contraditórios, podem começar a executar suas funções de maneira errática.

A perfeição divina se manifesta na complexidade impressionante de nosso metabolismo. Cada alimento natural carrega em si um código biológico que nosso organismo reconhece instantaneamente, fruto de milhões de anos de evolução guiada pela sabedoria celestial. As fibras, as vitaminas, os minerais e os fitoquímicos presentes nos alimentos integrais são como partituras perfeitamente escritas para nossa orquestra metabólica.

Em contrapartida, os alimentos ultraprocessados são como músicas sintéticas em meio a uma sinfonia clássica. O corpo não compreende completamente essas novas melodias artificiais, não sabe como processá-las adequadamente. Essas substâncias estranhas podem se acumular em tecidos inadequados, formar depósitos indesejados e, eventualmente, comprometer o funcionamento harmonioso de nossos sistemas.

As consequências dessa desarmonia nutricional se manifestam gradualmente. Primeiro, como pequenos desequilíbrios – fadiga inexplicável, oscilações de humor, distúrbios digestivos. Com o tempo, os desajustes podem evoluir para condições mais sérias – inflamações crônicas, resistência à insulina, desequilíbrios hormonais e até mesmo transformações celulares indesejadas.

Por isso, alimentar-se conscientemente transcende a mera questão de calorias ou peso corporal. É um ato de respeito à coreografia divina inscrita em cada célula de nosso ser. Ao escolhermos alimentos integrais, naturais, minimamente processados, honramos a inteligência inata de nosso corpo e permitimos que a dança da vida se expresse em sua plenitude mais radiante.

Essa sabedoria, codificada em nossa biologia por desígnio divino, nos convida a uma reconexão com as fontes naturais de nutrição.

Cada refeição pode ser uma oportunidade de sintonia com essa dança cósmica, um momento de comunhão com a inteligência superior que rege todos os processos vitais. Quando nos alimentamos com consciência e reverência, nos tornamos participantes ativos do processo, permitindo que cada célula de nosso ser dance em perfeita harmonia com o ritmo da criação.

Agora, embarque comigo em uma forma interessante e fácil de visualizar como o corpo reage aos alimentos naturais e aos alimentos processados.

O corpo: uma orquestra que reconhece a partitura

Quando você ingere alimentos naturais – frutas, legumes, grãos integrais e proteínas de qualidade –, está entregando ao seu corpo uma partitura perfeita. Cada vitamina, mineral e nutriente sabe exatamente qual papel desempenhar no grande espetáculo do seu organismo. O cálcio dos vegetais verdes vai fortalecer os ossos; as fibras do abacate ajudam na digestão, limpando o intestino como uma vassoura e "levando para fora" tudo o que precisa sair; os antioxidantes das frutas atuam como guardiões, protegendo suas células contra danos. Tudo funciona em sincronia, como uma orquestra em harmonia. Seu corpo entende esses alimentos porque eles são naturais, projetados pela natureza para dialogar diretamente com o seu organismo.

Os produtos processados passam uma mensagem confusa. Imagine ingerir um alimento ultraprocessado, cheio de conservantes, aditivos, gorduras trans e açúcares refinados. É como entregar uma mensagem codificada e confusa ao seu corpo. Ele tenta decifrar, mas muitas vezes não consegue. O excesso de açúcar vira gordura acumulada em lugares onde não deveria estar; os aditivos químicos são vistos como intrusos, e o corpo luta para eliminá-los, gerando inflamações; a falta de nutrientes verdadeiros deixa suas células "famintas", mesmo que você tenha acabado de comer, gerando falsa fome e potencialmente compulsão. É como se músicos descoordenados tentassem tocar juntos: os instrumentos desafinam, o ritmo se perde, e o resultado é um show desorganizado.

As células perdidas no caos

Quando o corpo recebe alimentos processados, ele pode criar "células perdidas" – como um trabalhador sem instruções em um canteiro de obras bagunçado. Essas células podem acumular-se de forma inadequada, gerando problemas como acúmulo de gordura visceral (ao redor dos órgãos), formação de radicais livres, que danificam tecidos e inflamações crônicas, que são o berço de muitas doenças, incluindo diabetes e problemas cardiovasculares. A ingestão excessiva de sal, açúcar ou gordura saturada está associada a inflamação crônica, pressão alta, alto nível de açúcar no sangue, doenças cardíacas e diabetes tipo 2.[57]

57. JIBRIN, Janis. Alimentos ultraprocessados: eles não são só ruins para a saúde, como afetam a sua mente. *National Geographic Brasil*, 12 dez. 2023. Disponível em: https://www.nationalgeographicbrasil.com/ciencia/2023/12/alimentos-ultraprocessados-eles-nao-sao-so-ruins-para-a-saude-como-afetam-a-sua-mente. Acesso em: 12 nov. 2024.

Os alimentos naturais têm um GPS interno

Os alimentos naturais vêm com um GPS embutido. Eles "falam" a mesma língua do seu organismo e sabem exatamente aonde ir e o que fazer. Uma laranja, por exemplo, entrega vitamina C diretamente ao sistema imunológico, fortalecendo suas defesas. O salmão fornece ômega-3, que nutre o cérebro e combate inflamações. Cada mordida em um alimento saudável envia um "mensageiro confiável" que sabe o caminho, enquanto os alimentos ultraprocessados são como turistas perdidos, atrapalhando o trânsito metabólico.

Ao pensar nas suas escolhas alimentares, pergunte-se: você quer uma orquestra que toca em harmonia ou um espetáculo desorganizado? Quer trabalhadores eficientes ou uma equipe perdida no caos? Cada alimento que você ingere é um comando, um recado para o seu corpo sobre como operar. Alimentos naturais entregam clareza, equilíbrio e vitalidade. Produtos processados criam ruído, confusão e, muitas vezes, doença.

Sua comida, sua história

Os alimentos que você escolhe contam a sua história. Cada mordida pode ser um parágrafo de vitalidade ou uma vírgula de cansaço. Comer bem não é um sacrifício; é uma narrativa poderosa sobre quem você deseja se tornar. Se a sua vida fosse um livro, e o capítulo de hoje abordasse o que você comeu, ele descreveria uma mesa cheia de cores, energia e vida? Ou falaria de embalagens vazias e sabores artificiais? Calorias vazias de nutrientes e prazos de validade? Você descasca ou desembala? Come ou se alimenta?

OS ALIMENTOS NATURAIS VÊM COM UM GPS EMBUTIDO. ELES "FALAM" A MESMA LÍNGUA DO SEU ORGANISMO E SABEM EXATAMENTE AONDE IR E O QUE FAZER.

COMER BEM NÃO É UM SACRIFÍCIO; É UMA NARRATIVA PODEROSA SOBRE QUEM VOCÊ DESEJA SE TORNAR.

Você se distrai e se engana, ou fica atento e se cuida? Você é profundo ou superficial? Você lê livros ou rola o feed das redes sociais? Afinal, você se alimenta de quê?

A mágica do corpo grato

Quando você se alimenta bem, seu corpo responde com gratidão. É como plantar uma árvore e vê-la florescer. As folhas ficam mais verdes (sua pele brilha); os galhos, mais firmes (seus músculos fortalecem); e as raízes, mais profundas (sua mente e suas emoções se equilibram). Que tipo de semente você está plantando? Cada alimento saudável é um investimento no seu jardim interno, enquanto os ultraprocessados são ervas daninhas que sugam sua energia e sufocam seu potencial.

Comer bem não é uma questão de restrições ou proibições; é um pacto de amor consigo mesmo. É entender que você merece o melhor. Merece energia, leveza, saúde, felicidade e respeito. Cada refeição é uma declaração de cuidado e respeito ao seu corpo e à sua história. Lembre-se: você não vive para comer, mas come para viver. E viver bem começa no que você coloca no prato. Pare de comer mecanicamente e passe a enxergar a alimentação como um ritual cheio de propósito, energia e amor-próprio. Que tipo de história você quer escrever com as suas escolhas?

**COMER BEM
NÃO É UMA QUESTÃO DE
RESTRIÇÕES OU PROIBIÇÕES;
É UM PACTO DE AMOR
CONSIGO MESMO.**

QUINTO PILAR: TREINAR

O movimento que cria vida

O corpo humano é como um carro de alta performance, projetado para funcionar em movimento. Assim como um motor precisa rodar para não enferrujar, os músculos, as articulações e até o cérebro exigem movimento para se manterem saudáveis. Parar, por outro lado, é como estacionar esse carro por meses. Os pneus murcham, o motor se enfraquece, e a estrutura perde sua força. Portanto, o movimento não é apenas um ato físico. É um convite para a vida. É a linguagem que o corpo entende melhor.

Quando nos movimentamos, cada sistema do nosso corpo responde como as engrenagens perfeitamente sincronizadas de um motor. Os músculos, semelhantes ao motor principal, queimam combustível (glicose e gordura) para gerar energia. O coração, como uma bomba de combustível eficiente, aumenta seus batimentos para distribuir mais sangue rico em oxigênio. Os pulmões, tal qual o sistema de refrigeração, intensificam suas trocas gasosas para manter tudo funcionando na temperatura ideal.

Nosso esqueleto, comparável ao chassi do carro, também se fortalece com o movimento. A pressão e o impacto controlados estimulam a renovação óssea, tornando nossa estrutura mais resistente. As articulações, como rolamentos bem lubrificados, produzem mais líquido sinovial quando em movimento, mantendo-se flexíveis e protegidas.

O cérebro, equivalente ao computador de bordo, também se beneficia enormemente. O movimento estimula a neuroplasticidade, permitindo que nosso "computador central" crie novas conexões e mantenha-se afiado.

Porém, quando optamos pelo sedentarismo, é como deixar um carro parado na garagem por muito tempo. Os músculos, por falta de uso, começam a se atrofiar, de modo similar a um motor que emperra. O metabolismo desacelera, como um carro que passa a consumir mais combustível para realizar as mesmas tarefas. As articulações ficam rígidas, e os ossos podem se enfraquecer, como uma estrutura que começa a apresentar pontos de ferrugem.

Por isso, manter-se em movimento é mais que uma escolha: é uma necessidade vital. Seja através de uma caminhada diária, uma aula de dança, uma partida de futebol ou uma sessão de musculação, cada movimento é uma forma de manutenção preventiva desse incrível veículo que é nosso corpo. E assim como um carro bem cuidado pode rodar por muitos anos, um corpo ativo tem mais chances de percorrer a estrada da vida com saúde, vigor e autonomia.

O movimento é, portanto, nossa principal ferramenta de manutenção. É através dele que garantimos não apenas a funcionalidade de nosso "veículo", mas também sua longevidade e performance. Cada passo, exercício e movimento consciente é um investimento em nossa qualidade de vida, um depósito no banco da saúde futura. Afinal, assim como não esperamos um carro funcionar bem sem manutenção regular, não podemos esperar que nosso corpo mantenha sua vitalidade sem o combustível essencial do movimento.

Operários incansáveis

Pense nos seus músculos como operários de uma fábrica gigante. Quando você se move, esses trabalhadores ganham vida, transportando energia para todos os setores do corpo. Exercícios, especialmente os que envolvem força, como levantar pesos ou caminhar em ritmo acelerado, estimulam esses operários a construírem massa muscular.

O desenvolvimento de massa muscular é muito importante porque os músculos são responsáveis não apenas pelo movimento; eles também atuam como reservatórios de energia e saúde. Armazenam glicose (açúcar no sangue) e ajudam a manter os níveis de insulina sob controle, protegendo contra a diabetes.[58] Além disso, o tecido muscular consome calorias mesmo em repouso, transformando o corpo em uma máquina de queimar gordura. Portanto, sem a prática de exercícios físicos, os nossos operários entram em greve, e o corpo perde força, resistência e até a habilidade de lidar com excessos calóricos.

Uma bomba que ama correr

Tal qual uma bomba hidráulica, o coração está sempre pronto para trabalhar. Quando você pratica exercícios aeróbicos, como correr, pedalar ou nadar, essa bomba fica mais eficiente. A cada batida, ela distribui mais sangue, oxigênio e nutrientes para cada célula. Exercícios regulares fortalecem o músculo cardíaco, reduzindo o risco de doenças cardiovasculares.[59] Um coração forte precisa de menos esforço para bombear sangue, o que reduz a pressão arterial. Durante o exercício, a circulação sanguínea melhora, ajudando na renovação celular e no transporte de toxinas para fora do corpo. Sem movimento, o coração

58. ROBERTS, Michelle. Musculação reduz risco de diabetes em mulheres, diz estudo. *BBC News Brasil*, 15 jan. 2014. Disponível em: https://www.bbc.com/portuguese/noticias/2014/01/140111_musculacao_diabete_mdb. Acesso em: 12 nov. 2024.

59. PRÁTICA de atividade física pode reduzir em até 36% mortalidade por doenças cardiovasculares. *DCI Unifesp*, 27 jul. 2022. Disponível em: https://dci.unifesp.br/assessoria-de-imprensa-e-jornalismo/releases/r-pratica-de-atividade-fisica-pode-reduzir-em-ate-36-mortalidade-por-doencas-cardiovasculares. Acesso em: 12 nov. 2024.

se torna preguiçoso, como uma bomba enferrujada que trabalha em ritmo lento e ineficaz.

Pesquisas demonstraram também que o treinamento físico, especificamente o treinamento aeróbico, está associado à diminuição da gordura visceral abdominal,[60] o que beneficia a saúde cardiometabólica em pessoas com obesidade.

Dessa forma, o exercício físico regular emerge não como apenas uma opção, mas como uma necessidade vital para a manutenção da saúde cardiovascular e metabólica. A prática constante de atividade física potencializa as funções cardíacas, aprimora o condicionamento e otimiza o funcionamento de todo o organismo. Os benefícios transcendem o sistema cardiovascular, manifestando-se na composição corporal, no equilíbrio metabólico e na qualidade de vida global.

Estudos científicos continuam revelando novos benefícios do exercício físico, reforçando sua importância fundamental na prevenção de doenças e na promoção de uma vida mais longa e saudável. Essa compreensão nos convida a incorporar o movimento como parte essencial de nossa rotina diária, reconhecendo-o como um investimento em nossa saúde presente e futura.

Um jardim que floresce com movimento

Seu cérebro é como um jardim. Cada gota de suor que você produz ao se exercitar é como a água que rega o jardim, ajudando a florescer ideias, criatividade e felicidade. Durante a atividade física,

---

60. OPPERT, Jean-Michel; CIANGURA, Cécile; BELLICHA, Alice. Physical activity and exercise for weight loss and maintenance in people living with obesity. *Reviews in Endocrine and Metabolic Disorders*, v. 24, n. 5, p. 937-949, out. 2023. Disponível em: https://doi.org/10.1007/s11154-023-09805-5. Acesso em: 12 nov. 2024.

transformações extraordinárias acontecem em nosso sistema nervoso. O corpo libera endorfina, desencadeando uma cascata de sensações positivas e renovadoras.

Mas não é só isso. Cientistas descobriram que o exercício aumenta a produção de fator neurotrófico derivado do cérebro (BDNF),[61] uma proteína fundamental que atua como guardiã dos neurônios, fortalecendo a memória, aguçando a concentração e estabelecendo uma proteção natural contra doenças neurodegenerativas, incluindo o Alzheimer.

Nosso cérebro demonstra uma capacidade extraordinária de adaptação, modificando constantemente suas estruturas funcionais através da neuroplasticidade. Esse processo possibilita a contínua aprendizagem e o desenvolvimento de novas habilidades. A atividade física regular potencializa esses mecanismos adaptativos, criando um ambiente propício para o desenvolvimento cognitivo.

Estudos descobriram que o exercício físico pode desencadear processos que facilitam a neuroplasticidade,[62] o que aumenta a capacidade do indivíduo de responder a novas demandas com adaptações comportamentais. Além disso, estudos recentes sugeriram que combinar treinamento físico e cognitivo pode resultar em um aprimoramento mútuo de ambas as intervenções. Novos dados também sugerem que, para manter os benefícios neurocognitivos induzidos

---

61. TROMBETTA, Ivani Credidio *et al.* Níveis séricos do BDNF na proteção cardiovascular e em resposta ao exercício. *Arquivos Brasileiros de Cardiologia*, v. 115, n. 4, p. 771-780, 2020. Disponível em: https://doi.org/10.36660/abc.20190368. Acesso em: 12 nov. 2024.

62. HÖTTING, Kirsten; RÖDER, Brigitte. Beneficial effects of physical exercise on neuroplasticity and cognition. *Neuroscience & Biobehavioral Reviews*, v. 37, n. 9, p. 2243-2257, nov. 2013. Disponível em: https://doi.org/10.1016/j.neubiorev.2013.04.005. Acesso em: 12 nov. 2024.

pelo exercício físico, um aumento no nível de aptidão cardiovascular deve ser mantido.

Ficar parado é como deixar esse jardim sem água. As plantas murcham, o solo endurece, e as ideias deixam de brotar. Assim como um jardim negligenciado perde seu vigor, a ausência de movimento regular pode comprometer todo esse delicado equilíbrio neurológico, limitando nosso potencial de crescimento e desenvolvimento mental.

Pilares que amam impacto

Seus ossos são como pilares que sustentam o templo do corpo. Mas, ao contrário do que muitos pensam, eles não são rígidos e imutáveis. Os ossos se renovam constantemente, e o impacto gerado por atividades físicas como caminhar, correr ou pular atua como um arquiteto interno, estimulando a produção de células ósseas. O exercício regular, especialmente os que envolvem uso de pesos, aumenta a densidade óssea, prevenindo condições como a osteoporose.[63]

A movimentação também fortalece as articulações e reduz dores crônicas, pois o movimento estimula a produção de líquido sinovial, o "lubrificante natural"[64] das articulações. Se você não se move, esses pilares começam a se enfraquecer, tornando-se frágeis e suscetíveis a fraturas.

63. HOSPITAL ALEMÃO OSWALDO CRUZ. *Atividades físicas de alto impacto são aliadas no combate à osteoporose*. 17 out. 2018. Disponível em: https://www.hospitaloswaldocruz.org.br/imprensa/hospital-na-midia/atividades-fisicas-de-alto-impacto-sao-aliadas-no-combate-a-osteoporose/. Acesso em: 12 nov. 2024.

64. TERCIC, Dunja; BOZIC, Borut. The basis of the synovial fluid analysis. *Clinical Chemistry and Laboratory Medicine*, v. 39, n. 12, p. 1221-1226, dez. 2001. Disponível em: https://doi.org/10.1515/CCLM.2001.196. Acesso em: 12 nov. 2024.

Cada sistema do seu corpo – músculos, ossos, coração, cérebro – é como um instrumento musical. Separadamente, eles produzem sons, mas é o movimento que os transforma em uma sinfonia. Exercitar-se é como o maestro que coordena tudo, trazendo harmonia para a saúde e a vida. Quando você se move:

O CORAÇÃO TOCA O TAMBOR,
marcando o ritmo.

OS PULMÕES TOCAM A FLAUTA,
enviando oxigênio para cada parte.

OS MÚSCULOS E OSSOS CRIAM A MELODIA,
mantendo você firme e forte.

O CÉREBRO ADICIONA O TOM CRIATIVO,
iluminando seu humor e seus pensamentos.

Parar é enferrujar

Agora pense no corpo como uma bicicleta. Se você não pedalar, ela começa a enferrujar. As engrenagens emperram, o brilho desaparece e, com o tempo, ela deixa de funcionar. O exercício é o óleo que mantém tudo em movimento. Não importa se você caminha, dança, nada ou corre, o importante é se mexer. Não se trata de ser um atleta, mas de lembrar que você foi projetado para o movimento.

Não se movimentar é um convite para a morte. O movimento é a linguagem fundamental do Universo. Em sua infinita sabedoria, Deus criou um Universo em constante expansão e transformação. Os planetas giram em suas órbitas precisas, as estações se sucedem em seu ciclo eterno, as células de nosso corpo se renovam continuamente. Essa dança cósmica não é mera coincidência, mas um princípio fundamental da criação que nos convida à participação ativa.

A lei universal da energia se manifesta em nossa existência cotidiana. Quando nos movimentamos, geramos uma força vital que se multiplica, criando um círculo virtuoso de vitalidade e bem-estar. Em contrapartida, a inércia se propaga como uma onda negativa, diminuindo nossa força vital e nossa conexão com a energia divina que permeia todas as coisas.

Permanecer na imobilidade representa mais que uma escolha pessoal. É uma forma silenciosa de recusa ao dom precioso da vida, uma negação do papel único que cada um de nós desempenha na grande teia da existência. Quando nos permitimos cair na armadilha da inatividade, nos desconectamos do fluxo vital que sustenta toda a criação. A preguiça, quando se torna um padrão, age como um véu que obscurece nossa percepção do sagrado em nós mesmos. É um convite sutil para a diminuição gradual de nossa força vital, um sussurro que nos afasta da plenitude que poderíamos experimentar. Cada momento de inércia desnecessária é uma pequena recusa à abundância de vida que nos foi oferecida.

A gratidão pela vida se manifesta através de ações concretas. O movimento consciente é uma forma de oração em movimento, um agradecimento ativo pelo corpo que nos foi dado, pelos membros que nos permitem explorar o mundo, pelo coração que bate incansavelmente em nosso peito.

Quando nos movimentamos conscientemente, participamos ativamente do milagre da existência, colaboramos com nossa própria evolução e contribuímos para a harmonia do todo. A escolha pelo movimento é um ato de amor-próprio e reverência pela vida. É reconhecer que fomos criados para a expansão, para o crescimento, para a transformação contínua. O básico, quando realizado com consciência e gratidão, torna-se extraordinário – uma celebração diária da dádiva da existência.

Seja grato a Deus pela sua vida, faça o básico. Movimente-se.

CAPÍTULO 7

Mastigando caco de vidro de boca fechada

Como todos, errei e tropecei incontáveis vezes antes de encontrar minha força interior e começar a construir o mundo que eu tanto desejava. Os tombos, os tropeços e todos os desafios que enfrentei foram parte inevitável desse processo de crescimento. Digo isso para deixar claro que ninguém é só bom ou ruim. Eu já fui machista como meu pai, e muitas vezes acabei me relacionando com pessoas que ofereceram "pouco" (assim como meu pai também foi parcimonioso em suas demonstrações de afeto). Hoje sei que um pai e uma mãe nunca nos entregam pouco, porque eles entregaram tudo, isto é, nos dão nossas vidas. Não importa o que seus pais te entregaram; mesmo que você nunca os tenha conhecido, saiba que eles te entregaram tudo, pois aí está você, não é mesmo? Meu pai me ensinou muito. Ele falava pouco, quase nada, mas demonstrou seus ensinamentos com atitudes, que muitas vezes valem mais do que frases.

Eu sempre tive uma relação muito distante com meu pai, construída no silêncio. O silêncio ensina mais que palavras ao vento, e machuca mais também. Quando tive que ficar com ele no hospital, logo antes de ele morrer, eu morava com meu filho em Miami. Não tinha dinheiro para nada. Ainda assim, viajei para o Brasil sozinha e fiquei quarenta dias no hospital com meu pai – quarenta dias sem ver o sol. Meu filho continuou nos Estados Unidos, pois não podia se ausentar da escola. Nesse período, faltou dinheiro para pagar o aluguel e a luz e para o meu filho comer. Meu pai tinha dinheiro, mas ele estava morrendo. Eu não poderia pedir para ele me ajudar financeiramente. Como a gente pede dinheiro para quem está morrendo? Não pedi, e um grande amigo que eu tinha feito na Califórnia, o Barata, me emprestou US$ 1 mil. Meu filho, então, pôde comer, e eu pude pagar o aluguel, porque lá as autoridades nos arrancam da nossa moradia se não pudermos pagar a conta, e poderíamos acabar na rua mesmo!

Eu ia e voltava, ia e voltava sempre acompanhando meu pai de perto. Inicialmente foi difícil processar tudo o que estava acontecendo. Foi nesse momento que aprendi uma lição: em vez de perguntar "por que isso está acontecendo comigo?", devemos questionar "para que isso está acontecendo comigo?". Tudo tem um propósito, um "para quê", e a doença do meu pai não era exceção. Foi para que a gente, finalmente, tivesse uma relação de pai e filha. Só pude conhecer o meu pai graças à doença dele, principalmente quando teve encefalite cerebral, que o fazia esquecer dos fatos recentes. Na época, conversando com a minha terapeuta, ela me explicou a parte psíquica e emocional do que se passava com ele. Ela disse: "A encefalite do seu pai acabou quebrando o sistema neurológico de crenças e de proteção emocional que ele criou em determinado momento da vida".

O SILÊNCIO ENSINA MAIS QUE PALAVRAS AO VENTO, E MACHUCA MAIS TAMBÉM.

De fato, quando ele teve a encefalite cerebral, voltou a ser o que era quando adolescente, segundo minha avó. Ele ria, era leve, um meninão. Mas esquecia tudo a cada cinco minutos. Só lembrava de fatos antigos. Então, a cada cinco minutos, tinha um estalo e falava: "Onde estou? O que estou fazendo aqui?". Eu respondia: "No hospital. Você está fazendo tratamento para o câncer". E eu tinha que repetir a história inteira, tudo de novo, a cada cinco minutos.

Chegou um momento em que as pessoas tinham perdido a paciência com ele, já não aguentavam mais contar a mesma história. Para ele, era uma nova experiência. Para quem estava ao redor, era a milésima vez no dia. O processo de cuidado em si era muito trabalhoso também, porque quando a enfermeira aparecia para dar remédio, ele não queria, pois não se lembrava do que estava fazendo ali. Quando há pessoas morrendo de câncer, todos sofrem no processo. Ficamos cansados, exaustos mental e fisicamente. Às vezes, ficamos grosseiros e queremos fugir daquela situação. É difícil assistir à morte de alguém tão importante sem perder as esperanças e não poder chorar. Um dia, eu briguei com meus familiares que iam no hospital e não tinham paciência com meu pai. Eu decidi que contaria para meu pai a mesma história vinte vezes, trinta vezes, quarenta vezes ao dia, se fosse necessário. Acabei assumindo ainda mais os cuidados com ele e morando no hospital. Minha avó sofreu muito, pois ela havia perdido um filho ainda bebê, e meu pai era seu único filho vivo, o queridinho da mamãe. Na mesma época, o irmão dela também estava morrendo de câncer de próstata. Ela saía do hospital acabada e, na sequência, ia visitar o irmão em outro hospital. Ele acabou falecendo enquanto meu pai ainda estava internado. Minha avó sabia que seu filho seria o próximo. Não conseguir permanecer ali, ou não conseguir repetir quarenta vezes a mesma história, fazia parte da negação em relação à morte de meu pai.

Durante esses cinco minutos de lucidez, meu pai repetia: "Eu tenho os papéis em algum lugar". Imagino que ele deva ter separado documentos importantes, porque estudou sobre a doença e deve ter pensado: "Se eu esquecer, os documentos estão aqui". Só que eu nunca soube que papéis eram esses. Mas aproveitei esse devaneio dele para criar um papel e melhorar o estado emocional de meu pai.

Peguei um caderno e propus a ele: "Pai, que tal criarmos um diário juntos? Vamos registrar sua jornada aqui no hospital". Anotava cada detalhe – as horas, os acontecimentos – e guiava sua mão trêmula para assinar. Inevitavelmente, a névoa da confusão voltava a se instalar em sua mente a cada cinco minutos, e ele indagava, perdido: "Onde estou?". Com paciência, eu o reconectava à realidade: "Pai, você está no hospital. Olhe, temos aqui nosso diário". Seus olhos percorriam as linhas, e um vislumbre de reconhecimento iluminava seu rosto, trazendo-lhe um pouco de paz.

Gradualmente, nossa pequena rotina se tornou seu porto seguro. Ao despertar de seus cochilos, sua primeira pergunta era sempre: "Eu tenho algum papel?". Com um sorriso caloroso, eu respondia: "Claro que sim, pai. Está aqui, é o nosso diário". E ali, naquelas páginas preenchidas com nossa história compartilhada, ele encontrava não apenas informações, mas também conforto e conexão. O diário foi diminuindo sua angústia, porque fui criando fragmentos na memória recente dele de que existia um papel, associando ao que ele recordava da memória antiga, ainda que, na realidade, não fosse o mesmo papel. Ele foi ficando mais tranquilo com as enfermeiras e medicações, seu sofrimento foi diminuindo. Imagine você "acordar" sem se lembrar de nada, de onde está, do que está acontecendo, e pessoas estarem injetando remédios em você. Meu pai era controlador demais para aceitar tal redenção.

Durante esse período, passei por muitas provações ao mesmo tempo. Além da situação do meu pai, precisava lidar com a reação da namorada da época, que agia de forma infantil e provocativa. Suas ações incluíam cenas de ciúme completamente fora de contexto, considerando o estado de saúde dele. O mais perturbador era a maneira como ela parecia deliberadamente "castigar" o meu pai, criando situações para provocar sua confusão e desconforto.

Um exemplo particularmente marcante dessas provocações era quando ela chegava com o cabelo molhado no hospital, algo aparentemente inocente, mas carregado de intenções dúbias. Meu pai, já fragilizado pela doença e deitado na cama, inevitavelmente perguntava: "Onde você estava?". Ela respondia com um ar de falsa casualidade, e sorriso no canto da boca: "Ah, eu estava no shopping" ou "Eu estava no salão". No entanto, era evidente para mim que havia uma intenção velada nessas ações, como se ela estivesse tentando despertar ciúmes ou inseguranças nele. Até hoje, não consigo compreender plenamente as motivações por trás desse comportamento dela. Era doloroso testemunhar essas provocações enquanto meu pai estava ali, vulnerável e doente.

Tinha que lidar também com meu irmão e minha avó, completamente machucados e bagunçados, porque amavam muito o meu pai, e vê-lo naquele estado os deixava machucados, então acabavam fugindo de alguma forma. Meu filho estava nos Estados Unidos, sozinho. Em meio a tantos desafios, eu sentia que precisava fingir que estava tudo bem. Lembro de um dia no qual eu estava no quarto de hospital, "minha nova casa"; saí do quarto, parei atrás da porta do lado de fora, pois não podia me afastar muito, e chorei copiosamente

– por cinco minutos contados no relógio, pois cada minuto fora do quarto era menos tempo de vida com ele. Eu só pensava: "Eu só tenho esses minutos para chorar, porque quando eu voltar, tenho que fingir que nada está acontecendo". Por mais que ele soubesse que estava morrendo, sempre existe uma esperança de que tudo pode mudar a qualquer momento; chorar na frente dele era aceitar a sua morte antes de ela acontecer, era retirar as esperanças dele.

A minha irmã, filha da minha madrasta com ele, tinha treze anos na época, e meu pai não nos deixava contar que ele estava morrendo. Foi a única "briga" com o meu pai que eu topei encarar, embora nunca tenha havido um embate de fato, pois àquela altura ele já não tinha condições de decidir. Descumpri o seu desejo. Eu liguei para ela e disse: "Eu sei que você é uma criança, mas ninguém quer te contar algo que eu tenho certeza de que você gostaria de saber, e mais para a frente poderá guardar ressentimento de não ter sido avisada. O pai está morrendo. Largue tudo e venha para cá imediatamente. Fique comigo para você viver os últimos dias dele".

Foi muito importante eu ter feito isso. Ela veio, ficou comigo quinze dias no hospital, rimos, escutamos histórias importantes dele. Em alguns momentos ele uivava de dor, com aquela voz dura, grossa e assustadora de homem macho, sabe? Ver um homem forte gritar de dor e pedir por socorro: "Ai! Ai! Está doendo muito, façam alguma coisa!". Eu nunca tinha visto meu pai reclamar nem de dor de cabeça, os gritos estremeciam e ecoavam as paredes do quarto frio e cheirando a remédios. Imagino que tenha sido bastante difícil e traumatizante para uma menina, mas foi marcante e necessário, uma vez que isso oscilava com olhar de menino e histórias antigas que nunca o tínhamos ouvido contar. Ela me agradece até hoje.

PERSEGUIDA PELAS PESSOAS, PROTEGIDA POR DEUS

Quando meu pai faleceu, as contas bancárias dele foram bloqueadas, porque minha irmã era menor de idade e, portanto, havia imbróglios jurídicos para acessá-las. Quando crianças ou adolescentes recebem uma herança, a lei diz que eles são muito jovens para lidar com isso sozinhos. Eles não podem participar do processo legal nem cuidar dos bens herdados por conta própria. Por isso, um adulto é escolhido como "curador especial". Aquilo demoraria alguns anos para se desenrolar. Eu tinha só R$ 800 na minha conta do Brasil, e foi exatamente assim que iniciei a minha jornada como empreendedora.

Ao começar minha carreira com emagrecimento, costumo dizer que reinventei a roda. Na época, não existia nenhuma metodologia parecida com a do Seca Você. Antigamente, a abordagem nutricional era bastante simplista e restritiva. Quando as pessoas consultavam um nutricionista, recebiam planos alimentares que se concentravam principalmente em quantidades específicas de alimentos *in natura*. Por exemplo, poderiam receber orientações como consumir uma colher de arroz com uma de feijão, ou 100 gramas de berinjela com 200 gramas de grão-de-bico. Em alguns casos, as recomendações incluíam opções processadas, como um pacote de bolacha de determinada marca ou meia fatia de pão com patê. Os pacientes eram orientados a seguir rigorosamente essas recomendações. O acompanhamento era mínimo, com o paciente retornando ao consultório apenas após trinta dias para avaliar se o plano tinha sido eficaz ou não.

Nesse método, existem alguns problemas. O primeiro é que nenhum nutricionista nessa época passava receitas de cardápios, afinal não eram chefs gourmet. A responsabilidade de preparar as refeições recaía inteiramente sobre o paciente, sem qualquer direcionamento sobre como fazê-lo de forma saborosa e prática. Além disso, o acompanhamento era extremamente espaçado. O paciente só retornava após trinta dias, o que criava uma série de dificuldades. Se a pessoa cometesse erros, tivesse dúvidas ou desistisse do plano, não havia suporte imediato. Qualquer ajuste ou esclarecimento teria que esperar um mês inteiro. Difícil, né?

Quando criei o Seca Você, eu já amava cozinhar. Sou filha de italianos, meu pai lambia o prato, de verdade! Lambia mesmo, como se faz na Itália. Amava as macarronadas cheirosas da minha avó, já da rua dava para sentir o cheiro do seu molho de tomate natural, que cozinhava por oito horas. Meu pai comia o pote inteiro do macarrão. Ao final, já sem camisa, sem falar nada e com a barriga estufada empurrando a mesa, ele puxava o prato e o lambia inteirinho. Meu irmão também comia de forma extrema – tanto que chegava a ter dificuldade para respirar. Lembro da minha avó orientando-o, aos oito anos, a levantar os braços para conseguir respirar, enquanto ele chorava, passando mal, dizendo: "Não consigo respirar, acho que vou morrer".

O amor da minha família pela comida também vem de uma herança da guerra pela qual as gerações anteriores passaram. Minha avó fugiu da Itália juntamente com seus pais, que passaram fome, como todos na guerra. Viviam apenas com um saco de farinha para fazer pão para muitos dias. Meu bisavô pôde permanecer vivo somente porque um morto caiu baleado por cima dele, e ele passou alguns dias em silêncio, até conseguir fugir. A gente não tem ideia do que é passar fome, mas eles tiveram. Os que não vieram da guerra vieram da Itália. Na minha família, é pecado deixar comida no prato.

Então, eu já amava comer e já amava comida. Minha mãe e minha avó cozinhavam muito bem, e eu aprendi com elas.

Partindo dessa raiz tão profunda, aprendi a amar o alimento, criei receitas deliciosas, mas saudáveis, para meus clientes terem prazer ao comer, uma vez que a comida está 100% relacionada com o prazer. Eu sabia que era possível comer de maneira saudável com receitas gostosas, porque desde que eu tinha me curado do câncer, não comia mais coisas que me faziam mal. Afinal, foram elas – junto das emoções – que me adoeceram. Se você pensa de forma destrutiva e perversa, esses pensamentos têm que encontrar um escoadouro, o que em breve poderá aparecer com vários nomes. Um deles é câncer.

Acredito que o câncer é a ingestão do que não se deve botar para dentro, deixando uma deficiência na digestão do que se precisa botar para fora. Emocional ou fisicamente. Na parte física, consumimos produtos alimentícios ruins, que adoecem nosso intestino, nos impedindo de digerir corretamente o que não deveríamos ter consumido. Ou escutamos e vivenciamos sentimentos e situações que não deveríamos ter vivido, e não somos capazes de digerir e colocar para fora aqueles sentimentos que precisam ser removidos. Ou seja, indigestão física e emocional.

A partir de minha experiência, construí meu grande diferencial profissional a princípio: criar receitas deliciosas que geram acolhimento e amor e emagrecem. Como era algo muito diferente, as perguntas das clientes começaram a surgir com frequência. E foi então que pensei nos grupos. Reuni essas pessoas em grupos como salas de aulas, para facilitar minha agilidade nas respostas e poder tirar as dúvidas de todos de uma só vez. Afinal, as dúvidas de quem tem dificuldade de emagrecer, assim como as dores e os desafios, são bem parecidas.

ACREDITO QUE O CÂNCER É A INGESTÃO DO QUE NÃO SE DEVE BOTAR PARA DENTRO, DEIXANDO UMA DEFICIÊNCIA NA DIGESTÃO DO QUE SE PRECISA BOTAR PARA FORA. EMOCIONAL OU FISICAMENTE.

A mágica começou a acontecer. Conforme os problemas surgiam, eu criava soluções rápidas e únicas. A melhor atitude que um empresário pode ter é escutar o seu cliente e receber os problemas como uma mina de ouro, porque deles surgem as ideias dos novos produtos. A cliente vinha com uma dificuldade. Por exemplo, odiava comida de dieta. Criei a solução: comidas gostosas e receitas maravilhosas. Agora eu é que tinha um problema, porque a cliente tinha muitas opções, então também tinha muitas dúvidas sobre as receitas e como fazê-las. Assim, criei outra solução: colocar todas juntas e responder de uma só vez. E então apareceu outro problema, porque problemas são assim: quando você soluciona um, vem outro.

Com os grupos, elas se lamentavam demais. Falavam sobre o que queriam comer e não podiam naquele processo, e o grupo começou a se tornar o muro das lamentações. Lembra que gente ferida fere? Pois é, eu separei as mulheres dos homens em grupos diferentes, e mulheres juntas reclamando: meu Senhor, que perigo! Percebi que parecia um ambiente escolar. Pessoas juntas com as mesmas limitações e dificuldades, e com as mesmas necessidades emocionais e físicas.

Essas mulheres feridas, cansadas de tentar e nada dar certo, cansadas de tentar caber em suas roupas, cansadas de se olharem no espelho e não gostarem do que viam, ou nem se reconhecerem, cansadas de pagarem por dietas e não emagrecerem, estavam muito feridas, e, ao juntar suas feridas e sangrar uma na outra, aquele grupo se tornou um grupo de ódio.

Agora, sim, eu tinha mais um problema! Se o bolinho queimava, era porque a receita estava errada; se a cliente comia algo fora da dieta, era porque ninguém respondeu a ela a tempo, e por "culpa do programa ela comeu"; se leu algo errado ou se leu e não entendeu, ou se nem leu, mas estava ali, se estava triste e comeu tudo, era sempre culpa dos outros – no caso, nossa culpa.

Então, vi ali uma necessidade nova. Precisava colocar pessoas para dar assistência em tempo real. Foi então que tive a ideia de inserir as "monitoras". Foi esse o nome que dei inicialmente para as profissionais que ficariam responsáveis por tirar as dúvidas daquelas pessoas e monitorar suas necessidades. E então eu tinha mais um problema: as monitoras seriam formadas em quê? Porque tínhamos perguntas sobre todos os assuntos: sobre as receitas e também a parte nutricional, sobre os exercícios que elas haviam recebido do personal, ou às vezes simplesmente elas queriam atenção da nossa equipe e acolhimento.

Percebi que precisaria criar um método de treinamento para que essas mulheres "adoecidas" recebessem não apenas o seu tratamento do que fazer, mas também muito amor e atenção, para que o como fizesse a diferença na mudança de suas mentes. Nosso programa foi construído com muito amor, competência, busca por resultados, eficiência, acolhimento, atenção, rapidez, novidade, dinamismo, soluções ágeis, prazer e alegria. Mas o mais o mais importante foram as críticas e reclamações. Fiquei boa em arrumar soluções para todas as reclamações, e graças a elas criamos algo único.

Em pouco tempo, nos tornamos o programa de emagrecimento mais falado e desejado do Brasil. Cresci de maneira assustadoramente inexplicável e admirável, e mais importante: orgânica. Coisa de Deus! Apesar de nessa época eu não acreditar Nele, Ele já acreditava em mim. Acho que essa seria a pergunta correta. Pouco importa se você acredita em Deus. Será que Deus acredita em você?

POUCO IMPORTA SE VOCÊ ACREDITA EM DEUS. SERÁ QUE DEUS ACREDITA EM VOCÊ?

Fomos contratados pelos maiores artistas do país e do mundo, e por mais de oitocentas mil pessoas! Estávamos em todas as capas de revistas, entrevistas, sites. Eu tinha formado uma equipe com nutricionistas, profissionais de educação física, terapeutas e analistas comportamentais, e nunca mais parei de estudar tudo o que diz respeito a dores das clientes.

Obviamente, surgiram problemas nas mesmas proporções da fama. Eu era a cara do programa, a fundadora, então, quando os artistas falavam que haviam emagrecido, diziam que tinha sido com a Maíra Cardi, e não com o Seca Você. Eu acabei ficando mais famosa ou maior que o nome da empresa. É o que normalmente acontece quando o fundador é uma pessoa pública.

De repente, uma verdadeira perseguição de nutricionistas se iniciou. Esses profissionais não tinham a menor ideia do que era o meu programa, do que de fato fazíamos, qual era meu papel e quem estava na equipe. Começaram um movimento horrível para me condenar como criminosa, e diziam que eu praticava exercício ilegal da profissão, que eu não podia passar dieta para ninguém, porque não era nutricionista. Olhe a complexidade!

Primeiro, eu não daria conta de atender oitocentas mil pessoas sozinha. Claro que havia uma equipe liderada por mim sendo empresária e influenciadora, mas cada um em sua área de atuação. Depois, disseram que o que fazíamos não era nutrição. Mas eles não estavam preocupados em aprender com seus clientes, como eu havia aprendido, e não estavam interessados em entender o que eu estava fazendo para ficar tão famosa e ter resultados surpreendentes, como os que eles não conseguiam ter sem remédios. Eles só queriam uma coisa: me parar.

Não dava para admitir que precisavam aprender algo novo para permanecer no mercado? Era mais fácil me condenar e entrar em negação, fazendo uma rebelião, do que permitir que suas mentes aprendessem algo novo? Obviamente não estou falando dos bem-sucedidos, porque gente feliz e ocupada não tem tempo de atazanar a vida dos outros.

Eu fui cinco vezes à delegacia prestar explicações do que eu fazia com minha equipe. Fui xingada de irresponsável, de louca, acusada de prestar um desserviço, acusada de vender dietas malucas e perigosas. Alguns pagaram pessoas para se passarem por clientes, para falar mal do programa, inventando histórias absurdas como: "A Maíra nos manda beber detergente para secar gordura". E acredite, isso saía nas capas de jornais, porque, infelizmente, muitos jornalistas de hoje não buscam verdades, buscam cliques, independentemente de isso custar a falência da empresa do outro, da qual mais de quatrocentas famílias dependem.

Em um episódio vergonhoso, a televisão anunciou em uma matéria aparentemente séria, mas mentirosa, que uma mulher havia ficado paralítica ao treinar pendurada de cabeça para baixo. De fato, isso era verdade, essa pessoa caiu e ficou paraplégica por treinar de forma errada por conta própria (nunca vi essa pessoa, e ela nem me conhecia; tinha aprendido o exercício em algum lugar que nada tinha a ver comigo ou com meus programas).

Na sequência, aparecia a moça, falando que tinha caído de cabeça para baixo e ficado paraplégica. A reportagem então retornava para o repórter, que criticava, de forma genérica, os programas on-line. Acontece que essa cliente nunca foi minha, assim como o tal treino jamais foi criado por mim. Não preciso dizer que minha vida se tornou um caos. Naquela época, eu tinha trinta anos de idade, era uma menina sozinha, e o mundo me acusava de ser criminosa. Com certeza, só consegui sair viva dessa perseguição porque Deus já acreditava em mim; eu não acreditava Nele, mas Ele acreditava em mim. O propósito Dele já estava traçado ali. Os abutres sempre aproveitam esses momentos para tirar mais sangue e obter mais cliques. Não tenho mais acesso à matéria original, mas lembro-me de outra matéria, essa em jornal, algo mais ou menos me acusando de ter orientado minhas clientes a beberem detergente para queimar gordura. Um absurdo!

Eu não faço ideia de como consegui, até mesmo porque hoje vejo que não era eu quem impulsionava o negócio, era Ele. Eu não desisti, sabia que meu trabalho estava sendo feito, recebíamos muitos e-mails de médicos nos parabenizando por resultados inexplicáveis para a medicina, sobre curas de doenças incuráveis. Os clientes mandam áudios dizendo: "Não pare!", "Estou viva graças a você", "Eu tomava remédios e não tomo mais", "Eu tinha depressão e hoje sou feliz", "Eu emagreci 60 quilos", "Meu casamento tinha acabado, e seu programa me resgatou". Deus fala através de gente. Ele não me deixou parar.

QUANTO CUSTAM SEUS LIMITES?

Obviamente esse crescimento tão rápido teve um custo. Foram dois anos dormindo muito mal ou nem dormindo. Às vezes, virava a noite acordada. Às vezes, dormia três horas por dia. Uma dor sem tamanho nas costas começou a me limitar. Eu me consultava com todos os médicos, fazia todos os tratamentos do mundo, e nada funcionava.

Já não conseguia mais andar ereta e, por uns seis meses, andei de quatro, literalmente, me arrastando pela casa, sempre sorrindo e fazendo "piada da dor". A vida me ensinou a confundir a dor rindo dela.

Nessa época, ainda morava na Califórnia, tinha acesso aos melhores médicos, e ninguém descobria o meu problema. Até que, numa noite, fui de quatro para o banheiro e ali fiquei. Uma dor insuportável invadiu meu corpo todo e me tirou os movimentos das pernas. Eu não podia andar nem me mexer. Eu gritava muito, muito mesmo. Fui retirada de casa de ambulância. Era viciada em trabalho. Quando estava saindo de casa, ainda com os enfermeiros me aplicando morfina na veia, eu gritava: "Pega meu computador!".

No hospital, o Barata me acompanhou. Ele é americano, tinha em torno de quarenta anos de idade na época. Lembro de seus olhos arregalados; ele estava assustado com os meus gritos pedindo mais morfina. Dizia: "Maíra, eles te aplicaram mais morfina do que um soldado que perde batalha. Estão dizendo que se derem mais, você morre". Eu nunca senti tanta dor! Dor de nervo é medonha!

É claro que meus pensamentos foram em parte responsáveis por chegar a esse estado. Eu vinha de um luto muito intenso por meu pai. Meus pensamentos cíclicos de "o que não fiz, o que podia ser diferente" atraíram as enfermidades. Tudo começa com o pensamento e a repetição dele, lembra? Buscamos ações e hábitos destruidores a partir do que pensamos. Até então, eu tinha entendido essa ideia, mas não estava a fim de mudar o comportamento de verdade.

A VIDA ME ENSINOU A CONFUNDIR A DOR RINDO DELA.

Eu deveria ficar um ano sem andar, de cama, e usar cadeiras de rodas. Nessa época, eu era muito amiga da Daiane, esposa do Anderson Silva, lutador de MMA. Ele tinha à disposição profissionais de alto padrão, pois estava em recuperação após uma cirurgia e pretendia voltar a lutar. Usei a academia dele para fazer minha recuperação. Quem me ajudou muito na fisioterapia, para a recuperação dos movimentos, foi o Guto Demeski, fisioterapeuta de alta performance. Obviamente, com a alimentação e muitos exercícios – e essa era a minha área –, eu tinha a certeza de que estaria pronta o mais rápido possível. Em dois meses eu era outra, ninguém acreditava!

O médico que me operou era do melhor hospital de Beverly Hills e me disse, com todas as letras: "Sua falta de sono gerou isso, e enquanto você não dormir, terá dores fortíssimas!". Durante o sono, reidratamos o líquido que fica na espinha, nas costas. Faz parte da "faxina" do corpo reidratar isso durante a noite. E um disco meu estava "morto", seco e podre, porque eu não dormia.[65] Veja esta passagem da Bíblia, que demonstra o que estou contando:

> ***"Provas o meu coração e de noite me examinas; tu me sondas e nada encontras; decidi que a minha boca não pecará."***
>
> (Salmos 17:3)

65. "É durante o sono que o líquido cefalorraquidiano (líquor) é capaz de fluir com maior precisão e volume por entre as células circundando nosso sistema vascular cerebral e trazer fora essas impurezas acumuladas, limpando assim o ambiente cerebral" (BERTOLA, Laiss. Dormir é essencial, mesmo que não pareça. *Academia do Psicólogo*, 28 ago. 2023. Disponível em: https://academiadopsicologo.com.br/areas-de-atuacao/dormir-e-essencial-mesmo-que-nao-pareca/. Acesso em: 21 out. 2024).

O que seria examinar? Quando somos examinados por um médico, ele procura algo errado para que possa consertar, e é exatamente assim que acontece com o nosso sono. Ele repara tudo o que está errado em nosso organismo.

A Bíblia cita muito a escuridão como perigosa, onde tudo de errado acontece, mas a verdade é que essa era a maneira que Deus tinha para explicar o que precisávamos entender. Nem tudo é literal naquele livro, há muitos recados por trás das parábolas.

"Tropeça, pois vê a luz deste mundo. Quando anda de noite, tropeça, pois nele não há luz."

(João 11:9-10)

O que essa passagem quer dizer? Na minha visão, ela nos mostra que, à noite, estamos cansados e incapazes de resolver problemas e tomar decisões. Necessitamos nos recompor, e o sono é um dos pilares mais importantes para nosso corpo se reconstruir, unir forças e fazer nosso espírito se reconectar com Deus.

Particularmente para as mulheres, há uma época da vida na qual a privação de sono acontece de modo extremante avassalador: no puerpério da maternidade. Só quem é mãe entende a exaustão física e emocional que é o puerpério, ou seja, os primeiros 45 a 60 dias com seu bebê. Além dos desafios, dos medos e da complexidade de cuidar de uma vida, ficamos tantos dias sem dormir de maneira profunda que tudo dói. Choramos, nos sentimos sozinhas, não compreendidas, não amadas e incompetentes. Nada parece ter solução.

QUANDO UMA MENINA SE TORNA MÃE

Eu passei pelo estado de privação de sono durante meus dois puerpérios. Tenho dois filhos, portanto passei por isso duas vezes. Uma, aos dezessete anos de idade, quando eu ainda era uma menina e tive meu filho, o Lucas; e dezoito anos depois, quando tive a Sophia. Minha gravidez e o pós-parto do Lucas foram tão traumáticos que eu tinha certeza de que nunca mais iria querer passar por aquilo de novo.

Mas por que você "nunca mais" queria ser mãe, Maíra? Aos dezesseis anos o Lucas já estava dentro na minha barriga, ou seja, quando eu ainda brincava de boneca. Sofri muito preconceito por ser mãe nova, principalmente em casa. Quando meu pai descobriu que eu estava grávida, ficou sem falar comigo por um tempo. Eu estudava em colégio de gente rica, e eles me olhavam com olhar de reprovação. Então, no intervalo, eu me escondia na sala de aula. Como eu era muito nova, tive um problema na gestação e vomitava a cada meia hora. Foi bem difícil estudar, prestar atenção às aulas, ter força, viver. Então, para mim foi difícil esse início de vida, essa gravidez "indesejada" – odeio essa palavra que foi usada e ouvida exaustivamente por mim.

Meu pai tinha vergonha por eu ter engravidado, minha avó tinha vergonha por eu ter engravidado; então eu me colocava nesse lugar "vergonhoso" de extrema rejeição para mim e para o Lucas, que antes mesmo de nascer já estava recebendo essa péssima informação sobre sua existência. Eu era muito ignorante, e muito nova, me arrependo muito de não ter sido capaz de fazer diferente por ele, são danos "de informações" irreversíveis. Além disso, eu sentia que minha família, que deveria ser meu porto seguro, olhava para mim com uma mistura de desapontamento e pena. Cada palavra não dita crescia no silêncio da minha alma. Minha terapeuta costumava repetir "O que não é falado é atuado", e, de fato, as atuações do silêncio machucam mais que palavras. Olhares, desprezos, evitações. Às vezes, sentia-me como se estivesse sozinha em uma jornada que nunca havia planejado, e nem sabia se estava preparada. Eu era jovem, muito jovem, e disso eu sabia.

Aos meus dezessete anos, o Lucas nasceu, em Cuiabá (MT), onde eu morava na época. Tive pré-eclâmpsia, um problema grave relacionado com o aumento da pressão arterial de grávidas; quase morremos. Eu não tinha a menor ideia do que estava acontecendo. Eu tinha muita dificuldade de expressar meus sentimentos.

Meu dia do parto foi assim: eram cerca de três da manhã. Eu estava deitada na minha cama grande e vazia, pois raramente meu companheiro estava ali. Senti muita falta de ar, me senti tonta e fraca, acho que pensei que ia morrer, mas tive vergonha de incomodar alguém da casa. Eu era tão boba e tímida. Pensei: "Uma hora vai passar", e fui para a varanda do apartamento respirar ar fresco. Deus possivelmente acordou a avó do meu filho, que me encontrou na varanda passando muito mal. Depois só me lembro de estar no hospital e o médico dizer: "Ela precisa ter o bebê agora". Depois eu soube por alguém que eu quase morri. Mas nem tive a consciência disso. Adolescentes são bem desacordados.

Após ter o Lucas, fui morar com a minha avó em São Paulo. Meu pai ainda decidia as coisas por mim, e de maneira bem frustrante e dura. Eu me lembro exatamente de como foi o dia que ele se decepcionou comigo. Era um domingo, ele tinha bebido mais que deveria, e, passando pelo corredor escuro dos livros, ele se arrastava pelas paredes, caindo de um lado para o outro. Tentando se equilibrar e parecer lúcido, ele disse: "Se você for, não precisa voltar, esquece que sou seu pai".

CADA PALAVRA NÃO DITA CRESCIA NO SILÊNCIO DA MINHA ALMA.

Como toda adolescente, eu fui. Naquela noite eu “perdi” meu pai, assim como seu apoio, sua casa e tudo que vinha dele. A ilusão que escolhi viver durou apenas cinco dias. Todas as vezes que decidia por mim, eram decisões bem frustrantes; eu ainda era ingênua demais para traçar um caminho bom.

Foi então que fui morar com a minha avó, mãe do meu pai. Sou apaixonada por ela, mas, apesar de doce, também era dura como ele. A casa era cheia de regras, e, para eu ficar, precisava obedecer, vivíamos entre tapas e beijos.

Como eu mudei de cidade e ninguém me conhecia ali, era uma nova pessoa, então o que eu contasse sobre mim se tornaria verdade, e, nessa nova história, “publicamente” só eu cabia. Ela me “proibia” de dizer para os meus amigos que eu era mãe. Imagine para a psique do Lucas o que isso significou. Eu tinha que esconder o meu filho dos meus amigos, esconder do mundo. Veja como isso é forte. Mas eu não tinha noção da profundidade avassaladora do que isso estava causando em nós. Na verdade, eu tinha pouca noção de tudo. Minha avó falava que iam achar que eu era uma “mulher da vida”: “Mãe solteira, os homens vão te destratar”. Veja de onde vinha o machismo! Minha avó era machista, e ela que criou meu pai. Minha avó jurava que estava me protegendo da sociedade de homens maldosos e aproveitadores, achava que estava me protegendo de sofrer. Sem perceber que agora sofrem todos.

Perceba como as coisas “erradas” que carregamos estão sendo nutridas há gerações. Quais coisas que te impedem de evoluir a sua geração está nutrindo, através de você? E por que minha avó era machista? Porque também foi criada assim. Minha avó me contou que certa vez estava escutando novela pelo rádio, com a mãe dela, e foi narrada a cena de um beijo na boca. Por causa disso, minha bisavó disse: "Que nojo, Deus me livre! Que pouca-vergonha". Minha avó, espantada, respondeu: "Mamãe, você nunca beijou o papai na boca?". Ela teve nove filhos com ele! E a minha bisavó respondeu: "Deus me livre, minha filha, que pouca-vergonha". Minha avó Elian é muito moderna hoje em dia, mas foi essa criação que ela deu para o meu pai, pois foi o que ela viveu e aprendeu.

Ao narrar essas histórias, quero chamar a atenção para algo importante: devemos refletir por que culpamos os homens como se a responsabilidade da formação do caráter deles fosse 100% só deles, e nós, mulheres, não tivéssemos responsabilidade alguma nessa parte. Esses homens foram criados por quem? O que nós, mães, ensinamos sobre responsabilidade afetiva? Enquanto ensinamos a menina a brincar de boneca, costurar, fazer comida e cuidar do bebê, os meninos medem o tamanho do pênis na escola e brincam de guerra e destruição em casa.

Será que não deveríamos ensinar o básico sobre amor, respeito, cuidado com as mulheres e os bebês? Esse menino, criado pela mesma mãe que cria a menina, o qual cresce falando palavrão, medindo o tamanho do pênis e comparando com os outros meninos, assistindo e vendo pornografia, vai se casar com a menina que aprende a se vestir de princesa, falar baixo, cruzar as pernas, fazer comida, cuidar dos filhos; enquanto ela brinca de boneca e fala de se casar, o menino brinca de bater e matar e fala sobre usar mulheres – obviamente, não vai dar certo. Eles não foram criados um para o outro. Um foi criado para se relacionar sexualmente com o maior número de pessoas, e a outra para se casar e ser fiel, e se possível virgem.

Claro que eu não estou culpando a mãe pelo fato de o filho ser um péssimo homem ou não ter respeito pela mulher. Estou chamando

QUAIS COISAS QUE TE IMPEDEM DE EVOLUIR A SUA GERAÇÃO ESTÁ NUTRINDO, ATRAVÉS DE VOCÊ?

a responsabilidade de criar um futuro melhor para nós, mulheres, que estamos cansadas de nos meter em enrascadas, e somos 100% capazes de melhorar essa realidade, uma vez que nós criamos esses homens. Que tal começarmos a dizer o correto e o errado para eles desde pequenos? Na época das nossas mães, a educação de um menino também era "silenciada" por elas; digo pela minha mãe e pelas mães de todos os amigos do meu irmão Bruno. Minha mãe assistia às "brincadeiras" do meu irmão, assim como escutava seus palavrões.

Tínhamos uma vizinha que chamava Paula. Ela tinha um corpo escultural. Na piscina do prédio onde morávamos, ela tomava sol com seu biquíni fio dental amarelo. Meu irmão Bruno tinha uns três ou quatro anos quando "não resistiu" e apertou a bunda dela. Como assim não resistiu? Eu me lembro da minha avó e da minha mãe contando essa história para as amigas e rindo: "A Paula estava andando na piscina e enquanto ela andava a bunda ia se movendo para cima e para baixo, daí o Bruno foi atrás dizendo 'Bundá, bundá', e não resistiu e apertou a bunda dela".

Também percebo que meu maior sentimento de preconceito na época da gravidez do Lucas não foi porque me tratavam diferente na escola, por estar grávida entre adolescentes, com o barrigão enorme durante o recreio, recebendo olhares de desaprovação. Mas o maior preconceito era meu mesmo, comigo, por isso eu me escondia de mim. O preconceito era meu, porque ele vinha de dentro da minha casa.

Hoje, nós, mulheres, não pensamos igual às nossas mães, e que bom que os nossos filhos não vão pensar mais assim! Mas as nossas mães pensavam, por isso os nossos irmãos são mais "irresponsáveis afetivamente" do que as mulheres. Responsabilidade afetiva, hoje sei o que é isso: é quando você deveria se responsabilizar pelo que “despertou e cultivou” no outro, diante de suas promessas, diante de seu compromisso afetivo. Você sabe o que é defraudação emocional? É quando uma pessoa leva a outra a acreditar em suas intenções românticas que, na verdade, não são genuínas. Quando uma pessoa finge estar interessada na outra, criando expectativas emocionais de compromisso ou sentimentos que não pretende cumprir, isso seria uma defraudação. Parou para pensar quantas pessoas cometeram esse “crime” com você? Ou com quantas pessoas você cometeu esse “crime”? Brincar com sentimentos alheios é superperigoso, machuca, engana, prejudica, pode criar bloqueios, gatilhos; em casos graves, pode até levar à morte.

DE REPENTE, TRANSBORDEI: QUEM VOMITA TAMBÉM SE SUJA

Com tantos traumas, jurei não ter mais filhos, até que veio a Sophia, me ensinando a ser mãe de uma maneira completamente diferente, madura, em outro tempo, com outro olhar. Deus é bom o tempo todo!

Depois de muitos anos, engravidei pela segunda vez aos 36 – meu filho Lucas já tinha dezoito anos. Com a experiência da segunda maternidade, posso afirmar que não existe idade para não errar. Nasce uma mãe, nasce uma culpa. A maior dificuldade de uma mãe é desapegar-se da culpa. Com o tempo, percebi que essa resistência está muito ligada à inabilidade que temos de nos mantermos presentes, de fazermos o que precisa ser feito no agora. Me pego pensando várias coisas que eu poderia ter feito diferente, mas existem tantas outras no agora que eu poderia fazer e não faço, por um milhão de desculpas. É mais "fácil" remoer o passado e se culpar do que fazer de fato algo diferente no agora.

Ainda assim, estou vivenciando uma maternidade completamente diferente – como qualquer maternidade, ainda é sofrida e assustadora, mas deliciosa ao mesmo tempo. A Sophia tem cinco anos, e meu marido e eu decidimos mudar completamente as nossas agendas para dar a atenção e o tempo de que ela precisa para seu desenvolvimento. O nosso escritório ficava a uma hora e meia de nossa casa. "Nossa! Por que tão longe?" Porque trabalhamos no melhor lugar para se trabalhar e moramos no melhor lugar para se criar filhos. Fazíamos três horas de "sacrifício" diário para o bem das crianças.

Decidimos estar mais presentes. Depois que pegamos a Sophia na escola, daí para a frente todo o tempo é dela: brincadeiras, jantar juntos, banho, ler a Bíblia, orações em família e soninho. São três horas de muita qualidade. Mas, para isso, temos que sair do escritório às 16h30; e, para poder dar conta de tudo, temos que acordar às 5h30. Por vezes, deixamos de fazer várias outras atividades para estar com ela.

Houve um dia em que meu marido tinha uma reunião importante com jogadores de futebol, que foram investir por meio do escritório de investimentos dele. Os jogadores chegaram atrasados, por isso ele teve que sair correndo e não pôde ficar para reunião, porque tinha que buscá-la na escola. Correu como nunca para chegar e, chegando lá, ela estava brava, porque eu havia esquecido de levar a naninha para pegá-la. Então, ela começou a fazer birra, a chorar e a se comportar de maneira ingrata, como as crianças fazem às vezes. Ela estuda a dois minutos de casa, já íamos chegar e pegar a tal naninha.

Nesse dia, meu marido e eu conversamos e refletimos: somente a maternidade e a paternidade nos fazem descobrir o amor de verdade, porque não é recíproco. Você normalmente faz tudo e recebe nada ou recebe raiva, birra, ingratidão. Às vezes escuta: "Eu não queria que você fosse minha mãe". E é preciso continuar ali, dizendo: "Mas eu amo ser sua mãe e eu te amo, mesmo você dizendo que não me ama mais". Ou seja, existe amor mais verdadeiro e complexo do que esse?

Só aprendemos o que é amar após ter filhos, porque amar sem querer nada em troca, a gente até quer, mas em geral não temos isso. "Ah, Maíra, mas minha filha é doce, me ama, é carinhosa..." Claro que sim! Não estou dizendo que esses momentos não existem, mas que existem outros tão desafiadores, que saber permanecer entregando o melhor é muito amor. Até pelo menos a criança completar um ano de idade, principalmente as mães deixam de viver para elas mesmas e passam a viver para o bebê. Você entrega tudo o que tem: suas noites de sono, seu amor, seu tempo, sua dedicação, deixa de sair, de namorar, de dormir, e recebe apenas gritos, cocô, xixi, choro, vômito e cuspidas. Aí, sim, a gente aprende a ser gente, chegamos mais próximos do amor de Jesus, incondicional e desinteresseiro, às vezes não recíproco, seja pela falta de maturidade ou até de consciência.

A mãe deixa de sair, a mãe deixa de investir na carreira, deixa de ter uma vida social mais ativa, e eu sou uma pessoa que amo a minha própria individualidade. Eu amo viajar, amo a minha liberdade. Por muitas vezes, me senti sugada. Eu me senti vivendo para ela e por ela. O puerpério da Sophia – que me gerou uma depressão pós-parto horrorosa – foi mais intenso que o do Lucas, e penso que por uma junção de motivos. Primeiro, minha idade em cada uma das gestações. Quando tive o Lucas, eu tinha dezessete anos, e a Sophia, eu tinha 36. Quando somos adolescentes, não temos sono. Eu não tinha. Mas no puerpério da Sophia eu já estava em outra fase da vida. Ela acordava de hora em hora durante os quatro primeiros meses, depois três vezes durante a noite, até os quatro anos; isso foi enlouquecedor. Dizem que a criança tem a energia da mãe, né? Minha energia era agitada e confusa, tadinha, sofremos as duas.

Meus pontos da cesárea abriram todos, porque eu fazia força para me levantar muitas vezes, durante a noite, para amamentar, e sempre sozinha, e às cinco da manhã eu já estava acordada para trabalhar. Lembro que fui muito criticada na internet por postar uma foto no terceiro dia do pós-parto da Sophia, sentada em uma cadeira de escritório, dando de mamar. As pessoas acharam um absurdo eu trabalhando tão cedo. Como se aquilo fosse opcional! Eu amaria estar deitada sendo cuidada, paparicada, ou dormindo, mas não foi possível; eu estava sozinha, longe da minha mãe, sem babá e cheia de contas da casa para pagar. Eu ainda ocupava os dois papéis na minha própria vida, de mãe e provedora, e não estou me colocando no lugar de vítima. Estou me colocando no lugar de responsável mesmo; somos responsáveis pelas nossas escolhas e precisamos dar conta dos resultados delas, sejam eles como planejamos ou não.

Eu sempre fui boa em fazer o que precisasse ser feito, sem reclamar, e isso, de certa forma, irrita muito as pessoas. Toda vez que alguém vê a sua força, a falta de empatia vai gritar. Alguém vai criticar. Não querem saber se você está sangrando, pelo que está passando e se chora à noite. As pessoas vão xingar e pronto; afinal, a determinação alheia, inconscientemente, irrita muita gente. É doloroso assistir à determinação do outro enquanto você falha. Então, criticam sem nem entenderem o porquê. Logo, machucam quem está lutando e se arrastando para poder fazer o seu melhor.

É DOLOROSO ASSISTIR À DETERMINAÇÃO DO OUTRO ENQUANTO VOCÊ FALHA.

Dessa forma, nas críticas, as pessoas devolvem aquilo que as está machucando e criticam aquilo que não são capazes de fazer. Mas por trás do julgamento, da camuflagem, do que se faz, se está certo ou errado, existe apenas o fracasso da pessoa que critica, de não ser capaz ou de não ser determinada o bastante. Por isso, não tenho medo em dizer que pessoas fortes apanham sempre. Não é que não doa, mas pessoas fortes não reclamam, porque estão ocupadas demais vencendo suas guerras. Não podem parar, exatamente por continuarem sendo determinadas e fazendo aquilo que quem está criticando não faz.

Estudei sobre esse tema quando me aprofundei nos estudos de Psicologia, mas onde mais aprendi essa lição foi na prática, na vida. Houve um único momento em minha vida em que eu gritei e supliquei por ajuda. Estava completamente destruída emocional e fisicamente também, porque vinha de uma depressão pós-parto intensa. Meus exames hormonais e vitais eram péssimos, passava por privação de sono havia mais de um ano, entre milhões de outros desdobramentos ruins. Não importa o que houve ou o que me fez chegar a esse estado, a mensagem aqui é que foi a única vez que estive destruída por dentro, transbordei o que tinha e, como só tinha espinhos e sangue, coloquei todo o meu sofrimento para fora – o que saiu com aparência de ódio em meio às lagrimas. O mais louco de tudo é que foi a fase em que mais fui acolhida pelo Brasil inteiro.

Fui acolhida porque, naquele momento, deixei transparecer minha fraqueza. Gente forte só apanha. Tantas vezes estive forte por fora e morta por dentro – e apanhei tanto. Por isso, digo que sou o tipo de mulher que mastiga caco de vidro de boca fechada, sorrindo por fora e sangrando por dentro. Odeio ser vítima, não porque quero parecer forte ou parecer que sou mais, mas porque a vítima sempre busca

**PESSOAS FORTES
APANHAM SEMPRE.
NÃO É QUE NÃO DOA,
MAS PESSOAS FORTES
NÃO RECLAMAM, PORQUE
ESTÃO OCUPADAS DEMAIS
VENCENDO SUAS GUERRAS.**

o acolhimento, o colo; e, na maioria das vezes, nada disso me leva aonde quero chegar. Se eu parar para receber um abraço, vou atrasar o meu caminho. Triste, né? Hoje enxergo isso, mas só enxergo porque pude parar para me olhar de verdade, pude ter tempo para respirar. Outro ponto interessante é que, nessa época que transbordei, acredito que atraí o que transbordei. Eu não tinha nada de bom para dar. A verdade é que quem está sangrando derrama seu sangue no outro.

Me perguntam bastante como eu lido com as críticas sendo uma pessoa pública de muito alcance. As críticas nunca são sobre mim. Bem dizia o Sigmund Freud, criador da Psicanálise: "Quando Pedro me fala sobre Paulo, sei mais de Pedro do que de Paulo".

As pessoas colocam para fora aquilo que não está cabendo nelas mesmas. E, nesse caso, eu transbordei. Vazei mágoa, transbordei dor, arrependimento, raiva, ódio, tristeza, solidão, indignação, sangrei minhas feridas, sangrei a defraudação e os abusos que sofri, sangrei muito. Eram muitas feridas, mas muito mais do que eu podia dar conta, tanto que não dei, não cabia mais em mim tudo aquilo.

As redes sociais nos convidam a criar um papel mentiroso de nós mesmos e, às vezes, nos perdemos nas fantasias do que achamos que somos, ou precisamos ser. Passei muito tempo calada e mostrando algo que não era real, mostrando algo para não desagradar o outro, para não prejudicar o outro. Passei muito tempo engolindo lixo e dizendo "Manda mais, porque sou forte", "Eu dou conta", "Aqui cabe mais", "Eu posso carregar", e, quando todo aquele lixo não cabia mais em mim, eu transbordei. Foram quase trinta dias vomitando todo o lixo. Ao final do espetáculo, eu estava vazia, oca, sem lixo e sem nada. Com o lixo, foi junto a minha identidade, a minha dignidade. Eu nem sabia mais quem eu era, do que eu gostava e o que eu queria,

**MASTIGO CACO
DE VIDRO DE BOCA
FECHADA, SORRINDO
POR FORA E SANGRANDO
POR DENTRO.**

AS PESSOAS COLOCAM PARA FORA AQUILO QUE NÃO ESTÁ CABENDO NELAS MESMAS.

qual era a minha intenção com aquilo tudo. Tive muita vergonha do que fiz. Me arrependi de ter jorrado, transbordado o meu pior em público. Era como uma mulher bonita, inteligente, rica, destruindo tudo em um segundo; em um exemplo figurado, "vomitando bêbada na porta da balada mais famosa da cidade".

Todos viram, todos ouviram ou souberam e, no fim, uma mulher independente e forte ficou conhecida como "Nossa, tadinha! Você viu o que aconteceu com ela?". A verdade é que eu jamais vomitaria se não tivesse me agarrado na garrafa de pinga. Tudo bem, eu não sabia que era pinga, tinha rótulo de vinho bom, mas como eu pude culpar a pinga se eu bebi porque quis? Depois de três goles do "vinho", eu já sabia que era pinga e continuei a beber até passar mal. Entende que, no fundo, eu não deveria ter culpado a pinga? Bem, a partir daquele vexame eu atraí mais polêmicas; claro, eles se conectaram a mim, fomos iguais por algum tempo.

Minha rede social, que antes falava de emagrecimento, saúde e alegria, virou só sangue, ódio e bandeiras novas. Fiquei apavorada, era ódio o tempo todo. Eu estava presa na minha própria emboscada e não tinha a menor ideia de como sair dali. Olhava para aquelas pessoas transbordando ódio e pensava: "Meu Deus, como fui buscar isso?".

Afundei-me ainda mais na depressão que já vivia. Meu desejo era de morrer. Eu não tinha coragem de me matar jamais, mas morrer era meu desejo da alma. Eu dormia pensando: "Ai, como seria bom se eu tivesse um ataque cardíaco durante a noite...". Deus me livre! Hoje digo que "está repreendido em nome de Jesus".

Mais uma vez eu escondia isso do mundo, não porque queria parecer forte, mas porque tinha dois filhos para criar sozinha e não podia parar. Duas pessoas ou três, próximas a mim, sabiam pelo que eu estava passando. Eu era nova, bonita, tinha uma casa dos sonhos deslumbrante, o corpo dos sonhos, status dos sonhos, famosa e muito rica, mas muito pobre de alegria, de felicidade, de amor-próprio, de GRATIDÃO, de Deus. Sabe aquele ditado "era tão pobre, tão pobre, que só tinha dinheiro?". Era sobre mim também no auge do meu vazio eterno.

Era triste, minha vida era sem cor, nada fazia sentido. Comecei a planejar que, quando a Sophia tivesse quinze anos, eu poderia ter uma doença e me entregar; assim foi durante algum tempo. Eu criava e pensava infelicidades sobre mim mesma repetidamente; eu sabia muito bem o que estava fazendo, afinal estudo isso e sei o poder que essas repetições de pensamentos tétricos têm sobre a vida e sobre si. Quem já teve depressão sabe o quanto é profundo e doloroso. Meus pensamentos e meu espírito estavam doentes. Eu desenvolvi a depressão e a estava nutrindo diariamente. Mesmo sabendo que estava criando pensamentos repetitivos ruins, eu não era capaz de me desapegar das minhas reclamações, agonias e condições. Eu me distraía e me enganava trabalhando muito, ou "supertarefando", como dizia a minha terapeuta. Demorei para identificar o que era, mas depois soube que era depressão. Como tenho uma força gigante, continuava fazendo tudo o que precisava ser feito. Mesmo com depressão, continuei, e sempre mantendo o sorriso artificial no rosto apático.

Eu não acreditava em Deus, mas Ele já estava olhando para mim, quando eu ainda não estava olhando para Ele.

CAPÍTULO 8

Coisas que adoraria ter aprendido antes

Gostaria de ter aprendido mais cedo que não somos prisioneiros de quem fomos ontem. Para ser uma nova pessoa, você precisa de algumas coisas: trocar as células do seu corpo (essa parte é mais fácil, porque acontece sem percebermos, de modo involuntário e automático); estruturar caminhos neurais, criando novas memórias e transformando suas ações; elaborar uma vida nova, desenvolver novos hábitos, conhecer novas pessoas e lugares.

Cada célula do nosso corpo está em constante renovação, nosso cérebro pode criar novos caminhos a qualquer momento, e podemos começar de novo – não apenas metaforicamente, mas literalmente, em nível celular. Essa verdade científica e espiritual mudou completamente minha perspectiva sobre transformação pessoal.

Para nos tornarmos uma nova pessoa, precisamos entender que a transformação acontece em diferentes níveis: físico, neural e comportamental. A renovação física, apesar de importante, é apenas o começo. O verdadeiro desafio está em criar novos caminhos neurais – as rotas que nossos pensamentos e comportamentos percorrem em nosso cérebro. Imagine seu cérebro como uma floresta densa. Os caminhos que você usa frequentemente se tornam trilhas bem-marcadas, fáceis de seguir. São seus hábitos, seus padrões de pensamento recorrentes, suas reações automáticas.

Para criar novos caminhos neurais, precisamos ter coragem de abandonar as trilhas conhecidas e nos aventurar pelo mato fechado. No início, será desconfortável. Você encontrará resistência, como alguém tentando abrir caminho pela vegetação densa. Seus velhos padrões de pensamento tentarão te puxar de volta para o caminho conhecido. É aqui que entra o poder das novas memórias.

Cada nova experiência, cada nova forma de pensar ou agir, vai gradualmente abrindo uma nova trilha em seu cérebro. Quanto mais você usa esse novo caminho, mais ele se torna estabelecido. É como passar repetidamente pelo mesmo trecho da mata: aos poucos, o caminho vai ficando mais claro, mais fácil de percorrer.

Mas como criamos essas novas memórias? Através da ação consciente e deliberada. Não basta desejar mudar ou pensar diferente, é preciso agir diferente. Quando Aline decidiu transformar seu casamento, ela não mudou apenas seus pensamentos sobre o marido. Ela começou a agir de forma completamente nova, enviando flores, preparando jantares românticos, expressando amor mesmo quando seus sentimentos ainda estavam machucados.

É aqui que entra o terceiro nível da transformação: a criação de uma nova vida através de novos hábitos, novos relacionamentos e novos ambientes. Não podemos esperar que nosso cérebro crie novos caminhos se continuamos frequentando os mesmos lugares, convivendo com as mesmas pessoas que reforçam nossos velhos padrões, mantendo as mesmas rotinas que nos mantêm presos a quem éramos.

NÃO BASTA DESEJAR MUDAR OU PENSAR DIFERENTE, É PRECISO AGIR DIFERENTE.

Pense em como os ambientes influenciam nosso comportamento. Quando me mudei para uma casa clara, aberta, cheia de luz e rodeada pela natureza, isso não foi apenas uma mudança de endereço, foi uma decisão consciente de criar um ambiente que refletisse e apoiasse minha transformação interior. As cores claras, os espaços abertos, o som dos pássaros, tudo isso ajuda a manter minha mente também clara e aberta para novas possibilidades.

Os novos hábitos são como pequenas âncoras que nos ajudam a manter o curso da transformação. Pode ser algo simples, como começar o dia com uma oração ou meditação, em vez de imediatamente checar as redes sociais. Ou pode ser algo mais desafiador, como mudar completamente nossa alimentação. Cada novo hábito é como mais uma passagem por aquela nova trilha na floresta. Aos poucos, o caminho vai se tornando mais claro e mais natural.

Às vezes, podemos nos sentir como se estivéssemos em uma vida dupla durante esse processo. Parte de nós ainda responde aos velhos padrões, enquanto outra parte já está experimentando novas formas de ser. É normal e faz parte do processo. É como quando estamos aprendendo um novo idioma: no início, ainda pensamos na nossa língua materna e traduzimos mentalmente, até que um dia o novo idioma começa a fluir naturalmente.

A boa notícia é que, assim como nosso corpo está programado para se renovar constantemente, nosso cérebro também tem uma capacidade incrível de se transformar. Não importa quantos anos passamos reforçando certos padrões, sempre é possível criar novos caminhos neurais. Sempre é possível mudar.

OS NOVOS HÁBITOS SÃO COMO PEQUENAS ÂNCORAS QUE NOS AJUDAM A MANTER O CURSO DA TRANSFORMAÇÃO.

No entanto, precisamos estar dispostos a passar pelo desconforto inicial dessa mudança. É como trocar a mobília de uma casa enquanto ainda moramos nela. Por um tempo, as coisas podem parecer fora do lugar, confusas, até que a nova organização se estabeleça.

A verdadeira transformação acontece quando os três níveis (físico, neural e comportamental) se alinham. Quando não apenas nosso corpo está se renovando, mas também estamos ativamente criando novos padrões mentais e vivendo de formas que apoiam essa renovação. É quando nos tornamos, verdadeiramente, uma nova pessoa.

E é aí que está a beleza desse processo. Não estamos apenas mudando superficialmente, mas nos transformando na essência. Cada nova célula, cada novo caminho neural, cada novo hábito nos aproxima mais de quem fomos chamados a ser. É uma jornada que exige coragem, persistência e, acima de tudo, fé – crendo que podemos ser mais do que nosso passado, mais do que nossos velhos padrões, mais do que imaginávamos ser possível.

FAXINA NOTURNA

Sempre tive muito preconceito com meditações. Sou muito agitada, minha cabeça não para, quero fazer muitas tarefas ao mesmo tempo, e a meditação sempre me pareceu uma grande baboseira. Até que estive em uma viagem para visitar meu irmão na Califórnia e conheci o trabalho de um escritor e palestrante americano que havia ficado paralítico por ter a coluna afetada em seis pontos. Ele estava condenado a ficar em uma cadeira de rodas para o resto da vida, mas, com a mudança do padrão de seus pensamentos, mudou a sua história.

Sei que é um grande desafio mudar de pensamento. Ainda mais complicado é não pensar em nada, criar um espaço vazio na mente, como pede a meditação. Quando conseguimos, de fato, ter nossa mente em "branco", conseguimos nos conectar com a nossa essência. Quando alcançamos "O Todo", acontece o que chamo de arrebatamento: é como se fôssemos levados para outro plano, mesmo com nosso corpo estando aqui.

Para mim, o melhor horário para meditar é ao acordar. Além de ser o melhor momento para ter silêncio, com menos chances de interrupções, há outro fator primordial: as informações mais importantes que podemos passar para nossa mente deveriam ser entregues pela manhã, porque durante a noite passamos pela faxina do sono. A falta dessa limpeza pode trazer danos irreversíveis à nossa saúde – lembra como eu fiquei doente por falta de sono?

Vamos nos aprofundar em como acontece essa faxina. Imagine uma casa suja. Uma pessoa começa a varrer a casa, e de repente a dona da casa dá uma ordem: "Toda vez que tocar a campainha, aquele local que você estava varrendo não poderá mais ser varrido. Ou seja, você não poderá voltar a varrer onde estava varrendo e precisará ir para outro cômodo". Imagine que essa pessoa juntou uma quantidade enorme de lixo no meio da sala, mas a campainha tocou, e ela foi atender a campainha. Agora, ela não poderá voltar a limpar onde estava limpando. Ela precisa limpar outra coisa, porém aquele lixo acumulado e parado no meio da sala ficará ali e nunca mais poderá ser retirado. Terrível, não é?

Agora, imagine que a sua mente é a casa, e a pessoa limpando é seu sistema de "resetar" ; ou seja, jogar fora tudo o que não é bom, para que seu corpo funcione em harmonia novamente. Durante as noites, recuperamos nosso fôlego, nossa energia, nossa sanidade mental. É como se fôssemos um celular e, ao longo do dia, a bateria fosse usada até acabar. Pela noite, damos uma boa e nova carga para que o celular aguente firme o próximo dia.

Durante a faxina do sono, nossa mente passa por uma grande limpeza na qual tudo o que vivemos sairá de cena, será revisitado, e nossa mente decidirá o que ficará e o que sairá, o que terá de bom e de ruim para arrumar ali. Nosso cérebro se comunica com o intestino, e a produção de muitos hormônios noturnos começa a existir para que a gente emagreça, para que não tenhamos depressão, para que possamos reconstruir músculos e muitas coisas bem importantes do funcionamento do corpo que só podem ser ajustadas durante o sono. Mas isso não acontece quando acordamos antes da hora, nem quando dormimos pouco, ou quando nos mexemos a noite toda sem conseguir entrar em sono profundo.

A faxina pesada só se inicia após o sono profundo. Ou seja, se falamos dormindo ou não paramos de nos mexer, tendo uma noite agitada, não conseguimos receber a faxina. Mas o que acontece se acordarmos durante a noite ou de madrugada para pegar um voo, por exemplo? Aquela campainha toca, temos que abrir a porta, e lembra da regra? Não podemos voltar a limpar aquele cômodo.

A Bíblia também fala sobre a importância do sono.

"O choro pode persistir uma noite, mas de manhã irrompe a alegria."

(Salmos 30:5)

Você pode chorar à noite, e a alegria virá pela manhã. Os ensinamentos bíblicos já diziam isso através de parábolas, porque pouco se entendia sobre a mente e o ciclo do sono. A Ciência e a Biologia, de modo geral, eram precárias. O que a frase está transmitindo é que não existe tristeza que resista a uma boa noite de sono.

Quando a nossa bateria está esgotada, tudo fica mais difícil de acontecer. Estamos exaustos de andar, de falar, ouvimos muitas coisas que não gostaríamos, toleramos pessoas e situações afrontosas, nos cansamos física e mentalmente, terminamos o dia esgotados como se estivéssemos entregando até a nossa última gota de energia, e, às vezes, acontecem coisas bem pesadas, trágicas. Ao final da noite, em nossa cama, desabamos a chorar, queremos colo, queremos silêncio e ser acolhidos.

O que Deus está dizendo com essas palavras do Salmo 30 é que não existe nada melhor que a noite para devolver tudo de que precisamos e, de novo, o nosso sorriso no rosto. Espiritualmente, podemos pensar que, pela noite, nossa alma pode finalmente se ver livre e, então, teremos o nosso encontro com Deus. Aí é com você!

"Bendirei o Senhor, que me aconselha; na escura noite o meu coração me ensina!"

(Salmos 16:7)

Por que à noite nossos corações nos ensinam? Durante a noite, revisitamos tudo o que aconteceu durante o dia. Existe a escolha do que ficará e do que sairá, do que faz sentido e do que não faz; existem aprendizados durante a noite com a reorganização dos pensamentos.

Às vezes, estamos exaustos e não somos capazes de resolver um problema de tão cansada que está a nossa mente. O problema parecerá muito maior do que é, e precisamos de uma boa noite de sono para acordar com todas as respostas que não tínhamos quando fomos dormir. Até parece que Deus respondeu as nossas dúvidas, não é? Por isso, digo que à noite o nosso coração nos ensina. Ou seja, dormimos sem saber e acordamos sabendo.

O BÁSICO DE SER HUMANO

A seguir, vou compartilhar algumas coisas sobre mim. À primeira vista, você pode pensar "Nossa, como ela é boazinha!", mas acredite: sou pior do que deveria ser e mais egoísta do que gostaria. Na verdade, muito do que faço é mais por mim mesma do que pelos outros, mais pelo que sinto ao fazer do que de fato pelo que faço sentir.

Dificilmente aprendemos com o que ouvimos; acredito que aprendemos mais ou melhor com o que vemos. Recentemente, me dei conta da raiz de quem sou e por que eu realmente amo ajudar as pessoas. Lembrei-me de que, quando eu era criança, nossa família almoçava muitas vezes aos finais de semana com as pessoas em situação de rua. Alguém tocava a campainha para pedir algo e, do nada, a pessoa estava lá, comendo com a gente. Depois, meus familiares ofereciam um banho. A pessoa se lavava, botava uma roupa do meu pai e ia embora. Sem mencionar todos os cachorros de rua que ele, meu pai, enfiava no carro e levava para casa – minha avó ficava doida! Percebo como esse resgate de lembranças da infância está relacionado ao fato de que eu realmente amo ajudar as pessoas. Eu me satisfaço de tal maneira com isso que não sei explicar.

Muitos nem sabem, mas ajudo todos os que estão à minha volta; não sinto que sou legal, apenas que não faço mais que a minha obrigação. Isso me lembra o *tsedaká*, um princípio fundamental do judaísmo que transcende o conceito comum de caridade. Originado da palavra hebraica *tzedek* (justiça, retidão), não é visto como uma opção de bondade, mas como uma obrigação moral e espiritual. Esse princípio parte da compreensão de que tudo o que possuímos é, na verdade, um empréstimo divino, e compartilhar não é apenas um ato de generosidade, mas uma forma de honrar o propósito da nossa prosperidade.

Um dos grandes sábios judeus, Maimônides, estabeleceu oito níveis de *tsedaká*, sendo o mais elevado aquele que permite ao receptor se tornar autossuficiente, preservando sua dignidade e independência. Esse conceito se assemelha a uma fonte d'água: se retiver tudo para si, estagna; mas ao permitir que a água flua, gera vida ao seu redor. Assim, o *tsedaká* não é apenas dar, mas participar ativamente de um ciclo de abundância e justiça que beneficia toda a comunidade.

Eu trabalho com gente e, por conta disso, posso dizer que é o que mais gosto de fazer e de vivenciar – ajudar os outros a se realizarem física, emocional e espiritualmente. Talvez por isso eu tenha um princípio, dentro de mim, de que as pessoas que trabalham na minha casa precisam ser e estar felizes. É muito ruim trabalhar em qualquer lugar estando infeliz.

Essa convicção – de ajudar os outros e querer vê-los sempre bem – não me faz boazinha. Eu já ouvi as pessoas dizendo "Nossa, você é tão legal, você ajuda todo mundo!". Não é bem assim. Não é bem diretamente pelo outro, falo muito disso com meu marido. Tem gente que gosta de colecionar vinhos; tem gente que gosta de colecionar carros, relógios; tem gente que gosta de viajar. O meu prazer é ver as pessoas felizes. Então, minha "bondade" vai até a página dois. Eu gosto, mas não é só para ajudar as pessoas como objetivo final, é porque me dá muito prazer; e ajudando as pessoas, eu me ajudo. Então, é algo que faço também para me fazer feliz, pois, se algo não te faz feliz, dificilmente você conseguirá permanecer fazendo aquilo; você até fará para criar uma cena, mas não perdurará.

Eu não sou o tipo de pessoa que precisa da gratidão dos outros. Apoio muitas pessoas discretamente e fico igualmente feliz. As pessoas me pedem coisas o tempo todo, e essas solicitações nem sempre ressoam em meu coração. Mesmo assim, frequentemente atendo a esses pedidos. Na maioria das vezes, delego a tarefa a alguém, sem que os outros saibam que estou por trás daquela ação. São contribuições do tipo "o dinheiro vindo de uma conta aleatória".

Isso foi uma lição que aprendi com o tempo. Sempre gostei de ser solidária, mas às vezes acabava prejudicando a pessoa involuntariamente. Ela pedia uma geladeira, eu fornecia, depois um fogão, em seguida o plano de saúde, e no mês seguinte eu estava pagando o aluguel. Até que percebi que isso é atrapalhar, pois a pessoa deixa de se esforçar por conta própria e para de evoluir. Então, comecei a fazer de longe. Me faz feliz saber que a pessoa está feliz. É quase uma necessidade que tenho. Eu me estimulo a trabalhar mais dessa maneira, me retroalimento assim; a vida é um ciclo de dar e receber, e tudo o que não se entrega um dia adoecerá.

Minha avó foi empregada doméstica quando era novinha e já me contou episódios que viu e viveu quando trabalhava na casa das pessoas. Eu fico chocada como a escravidão não acabou. Hoje pagamos salários para que os "escravos" se disfarcem de funcionários. Com certeza, se tivessem outras opções, não estariam ali. Minha avó não conta nada de maneira sofrida nem dramática, porque ela é super para a frente; não é sofrida. Ela me relatou: "Quando eu trabalhava como cozinheira, não podia sair da cozinha, não podia lanchar, não podia falar com os patrões. Eu passava vontade, porque não podíamos comer". Eu ouvia aquilo quando criança e achava triste demais a maneira como as pessoas a tratavam. "Ah, o funcionário não pode comer isso, o funcionário não pode comer aquilo." Então, na verdade, você é que não tem dinheiro suficiente para ter um funcionário fazendo o que você deveria fazer. E a pessoa poderá dizer: "Ah, mas o dinheiro não dá para eu comprar alimentos para eles!". Então não tenha funcionários, faça você mesmo! Porque você está dizendo que uma pessoa vai viver na sua casa, fazer tudo para o seu bem-estar, limpar, organizar, fazer comida para seus dias serem mais agradáveis e leves, e você não quer que ela coma da sua comida?! É inacreditável! Que tipo de energia de desejos e tristeza carrega essa pessoa na sua casa?

Muitos patrões fazem seus funcionários levarem comida de casa, porque, pela lei, você não precisa dar. Há um valor que é preciso dar em vale-refeição, mas o funcionário pode trazer de casa. Você não precisa fazer comida e dar para ele. Eu fico pensando: é um patrão robô, não é humano. Como você vai comer um alimento, ver a pessoa passando vontade na sua frente e não dar? Não oferecer a ela?

Penso na babá da minha filha. Ela tem filhos e um neto. Como seria para ela dar para minha filha as coisas e ela mesma não poder ter e dar a eles de comer? Como ficaria o coração dela sabendo que eles estão passando necessidade? Que tipo de energia minha própria filha estaria recebendo de tudo isso? Então não é possível. Ou ela vai ganhar bem o suficiente para que possa comprar para o filho dela, ou eu não sou capaz de ter uma funcionária. E não penso assim porque sou boazinha, mas porque vejo as pessoas, eu as enxergo.

Quando as pessoas realmente enxergam o outro, além do próprio umbigo, elas mesmas passam a ajudar os outros, porque tudo é uma coisa só, tudo se retroalimenta. Às vezes você fica fazendo filantropia na rua e se esquece de olhar a sua casa. Isso é horrível. Se você fosse bom com quem está perto, se proporcionasse coisas boas para quem está perto, você já resolveria muitos problemas. Eu resolvi dar um carro para a minha babá e sinto que não fiz mais do que minha obrigação, porque, quando morávamos no Rio de Janeiro, ela morava longe da minha casa. Eu descobri que ela saía às quatro da manhã da casa dela para chegar às oito na minha. Descobri que ela deixava de ficar com o filho dela, porque ao chegar em casa ele estava dormindo; ou seja, para ficar com a minha filha e me ajudar, o filho dela não via a mãe. Então, o mínimo que eu poderia fazer, podendo fazer, era dar um carro para ela. Comprei um carro para que ela não precisasse pegar ônibus e chegar em minha casa destruída física e emocionalmente. Óbvio que estou falando do meu cenário e do ponto de vista da minha condição financeira. Mas, mesmo que você não tenha dinheiro, dê tempo, carinho. Tem gente que tem tempo para dar e não dá, tem carinho e não dá. Não estou falando de coisas, estou falando de olhar para o que o outro precisa e você poder e ter para dar.

Quando viemos para Campinas, eu a chamei para vir comigo. Ela topou, então fiz a casa dela, decorei, fiz quarto para as crianças, comprei brinquedos, móveis. Foi mágico ver a felicidade dela recebendo um novo lar. Hoje, ela trabalha muito mais feliz, muito mais alegre, muito mais leve. Ela trabalha muito melhor, trata minha filha melhor. Gente feliz faz gente feliz. E gente infeliz faz gente infeliz; então, quando você é gente boa e legal com as pessoas, automaticamente é isso que você vai colher. É só olhar em volta. Aqui se planta, aqui se colhe.

Outro dia, chegou um funcionário em casa com um pano amarrado na cabeça, parecia que estava em um episódio do Chaves. Eu perguntei o que era aquilo e ele disse que era dor de dente. Gente, como eu vou deixar o homem com o pano amarrado na cabeça trabalhando? Levei ao meu dentista. Um tratamento dentário pode ser bastante caro; custa quase o valor de um carro quando os dentes estão bem ruins, e essas pessoas não podem pagar, não têm acesso, e fica caro remediar. Simplesmente não sou capaz de deixar o homem assim, e não adianta só pagar a conta, entende? É falta de conhecimento, também de cultura, de sabedoria. Depois do tratamento, sentei-me na frente dele e disse: "Eu vou pagar e vou te ajudar, mas o senhor tem que escovar os dentes, senão vai acontecer outras vezes".

Se eu gosto de trabalhar com transformação de pessoas, se essa é minha missão de vida, como não faria isso dentro de minha casa? Se vejo um funcionário com dor ou identifico a pessoa mais cansada, logo mando para meus médicos, mando o laboratório vir fazer exames, compramos vitaminas. Fico de olho em tudo, vejo o que está acontecendo e do que estão precisando. A transformação começa com quem está próximo, e se está perto, é minha responsabilidade. Deus não me deu tudo o que tenho, tanto em capacidade quanto em bens, para eu não fazer o mínimo e ajudar quem está próximo. Então, quando digo que trabalho com transformação, estou sempre cuidando das pessoas, primeiro dos meus. Ao mesmo tempo, agradeço por ser muito abençoada. Se Deus está me dando o dinheiro para poder ajudar as pessoas, eu vou fazer isso. Essa é minha maneira de fazer o bem.

Infelizmente, o governo não ajuda as pessoas como deveria, não faz o papel que tinha que fazer. Mas porque ele não faz, não significa que eu não possa fazer. Essas pessoas são sempre boas e agradecidas? Lógico que não, afinal são pessoas. Às vezes se encerra o ciclo, são raras as vezes, mas acontece, e essas pessoas me processam, inventam coisas e tomam algum dinheiro, porque o ser humano é assim, é falho. Mas não me firo com isso. Eu não espero gratidão, nunca. Dizem que é para eu parar de ajudar, para largar de ser burra. Eu vou continuar fazendo o que faço. Meu exemplo precisa ser Jesus, Ele nunca parou seu propósito porque não acreditaram nele.

FLUXO DA VIDA

O que faz as pessoas se decepcionarem é a expectativa criada sobre os outros. O que vier de volta não tem a ver com você, e sim com o outro, seja bom ou ruim. Quando abri a minha empresa, eu tinha R$ 800 na conta. Eu mereço tudo que eu tenho, porque trabalhei e batalhei. Dinheiro é energia. Toda energia que eu coloco em algo vai retornar.

Então, por que algumas pessoas são muito ricas e outras não? Porque algumas pessoas colocaram muita energia naquele projeto. A energia retorna automaticamente, e não adianta fazer as coisas reclamando. Nunca diga "Ai, que saco, eu tenho que fazer esse trabalho". Não faça assim! Procure manter uma energia clara, abençoada e grata, senão não é energia, não gira a roda; ao contrário, ela drena e só prejudica sua vida.

Faça sem esperar retorno, e então o que você precisa chegará até você. Isso tem a ver com a alimentação também. Por exemplo, se começo a me alimentar bem, sem pensar que vou emagrecer como objetivo final, eu vou emagrecer; é uma questão de tempo, porque estou cuidando de mim, e não tratando meu corpo como um vestido novo que compro para um evento pontual. Eu não fico dizendo "Ai, que saco essa dieta que não funciona", porque assim é impossível dar certo. Você já está dizendo que é um saco o tempo todo. É ruim para o seu corpo, para a sua mente; logo, isso vai dar errado, a energia está ruim.

Das reflexões que trouxe, a mais importante é: nós somos todos um só. Tudo na vida se retroalimenta, e o que não se retroalimenta corta o ciclo da vida e morre. Lembra que falamos sobre isso, quando dei o exemplo do Mar Morto? Vamos retomar, porque é importante que você mantenha essa ideia em sua mente. Imagine uma macieira cheia de maçãs. As maçãs caem no solo, alimentam o próprio solo, alimentam outros animais e nós também. Se essas maçãs ficassem penduradas na árvore, ela cairia no chão com o peso e, possivelmente, morreria pelo excesso. Tudo na vida precisa florir, dar frutos e ser entregue ao outro para fazer parte do ecossistema.

Mas veja que interessante. Vamos a uma reflexão mais profunda que estive pensando. Quando comemos goiaba e outras frutas, como melancia, uvas e tudo o que tem caroço, digerimos as frutas, aproveitamos os seus nutrientes; porém, o caroço não pode ser digerido por nós, porque Deus é tão perfeito que nosso corpo criado por Ele não digere esse caroço, que sairá inteirinho. E exatamente por isso, quando alguém faz cocô no mato, as fezes entram em contato com o solo, e dos caroços que ali caem se fazem árvores. E assim se pode dar sequência ao fluxo da vida. Interessante pensar que, se nossa entrada ou saída se fechar para o retroalimentar – ou seja, receber e entregar –, morremos. Cortando o fluxo da vida, deixamos de fazer parte dela.

FAÇA SEM ESPERAR RETORNO, E ENTÃO O QUE VOCÊ PRECISA CHEGARÁ ATÉ VOCÊ.

Porém, você não pode fazer isso consumindo nenhum produto alimentício, entende? Porque esses produtos estão mortos, não têm vida, não têm caroço ou semente, e então se quebra o ciclo da vida. Não é à toa que produtos alimentícios geram depressão, justamente pela falta de nutrientes necessários e pelo excesso de toxinas inflamatórias ao intestino. Em um estudo[66] do Núcleo de Pesquisas Epidemiológicas em Nutrição e Saúde da Universidade de São Paulo (Nupens/USP), publicado na revista científica *Clinical Nutrition*, os ultraprocessados foram ligados a um risco 42% maior de sintomas depressivos.

O preço de não saber receber os alimentos de Deus é se desconectar do fluxo da vida. O fluxo de energia vital dos alimentos deve ser recebido e estar livre para fluir. As doenças são avisos de maus recebimentos em diferentes níveis: "Oi, não está legal isso aqui que você tem me dado; você poderia me dar outras coisas, por favor?". O corpo apresenta algum sintoma para sinalizar que não está bem, e você faz o quê com essa informação? Come direito? Não, você simplesmente toma um remédio, que nada mais é que um silenciador de sintomas. Eu observo que o mau recebimento de energia e a incapacidade de retornar essa energia se manifesta, no nível físico, como doenças, feridas, dores, manchas e mau cheiro. No nível emocional, pelos distúrbios do sono e do sistema nervoso. No espírito, por meio do negativismo e dos impulsos destrutivos.

Portanto, nossa jornada pela vida é profundamente influenciada pela energia que emanamos e recebemos. Seja no trabalho, nas relações ou na forma como nos alimentamos, cada escolha impacta nosso

66. YONESHIGUE, Bernardo. Ultraprocessados são ligados a risco 42% maior de sintomas depressivos, mostra estudo da USP. *O Globo*, 7 maio 2024. Disponível em: https://oglobo.globo.com/saude/noticia/2024/05/07/ultraprocessados-sao-ligados-a-risco-42percent-maior-de-sintomas-depressivos-mostra-estudo-da-usp.ghtml. Acesso em: 19 out. 2024.

O PREÇO DE NÃO SABER RECEBER OS ALIMENTOS DE DEUS É SE DESCONECTAR DO FLUXO DA VIDA.

bem-estar físico, emocional e espiritual. Ao nos alinharmos com o fluxo natural da vida – fazendo o bem sem expectativas, nutrindo nosso corpo com alimentos vivos e mantendo pensamentos bons, seguidos de ação –, criamos um círculo virtuoso de prosperidade e saúde. Lembre-se: você é parte integrante desse grande ecossistema. Cuide de si mesmo, contribua para o todo, permita-se receber o que o Universo tem a oferecer e saiba devolver. Assim, você não apenas florescerá individualmente, mas também nutrirá o mundo ao seu redor, perpetuando o ciclo sagrado da vida.

SEM CORRENTES

Você já mudou de ideia sobre algo bem importante, e não tinha cara ou não fazia a menor ideia de como voltar atrás? Agi assim por muitos anos de minha vida. Meu pai não mudava de opinião, e quando falávamos algo e depois mudávamos nossas ideias, ele dizia que a gente mentia. Meu pai odiava mentiras, mas odiava com um ódio que vinha dele mesmo e ele nem sabia. Tudo o que você odeia muito, odeia de morte, é sobre você. Tem algo aí que precisa ser olhado, que você foge e odeia. Ele odiava lembrar que meu avô traiu minha avó, e não é que ele fez igual com minha mãe?

Aos dezenove anos, eu trabalhava como jornalista em um programa de TV e entrevistei uma atriz muito interessante. O nome dela é Maitê Proença. Como eu era muito nova e estudava bastante sobre meus entrevistados para não passar vergonha ao vivo, no meio da entrevista eu afirmei algo que havia lido sobre ela, e ela, de maneira surpresa, me respondeu: “Eu disse isso? Eu não disse isso!”. Nessa hora eu morri, e comecei a buscar na minha mente onde eu tinha lido aquilo, até que lembrei a fonte exata e disse para ela: "Li em tal lugar" – e informei a fonte.

Então, ela bem calma e de maneira divertida, respondeu: "Nossa, mas isso tem muito tempo! Eu era muito nova, eu já não penso mais assim, eu já mudei de opinião; ainda bem, né? Porque só pessoas burras não mudam de opinião; eu pensava isso ontem, hoje eu já não penso mais".

Uau! Esse episódio foi muito libertador para mim. Eu tinha acabado de aprender que podia mudar de opinião e que não estava mentindo. Ou seja, aquela certeza que dei sobre algo, aquele juramento sobre algo que eu sentia ou pensava naquele momento, tinha um novo lugar, que era: mudei de ideia, isso não faz mais sentido, e não interessa se falei ou não falei. Agora não sinto mais, não penso mais, não quero, não acredito, mudei.

Em meus programas, quando vamos começar um novo plano alimentar, uma dieta nova, trazemos muitas verdades sobre outros métodos já vividos e utilizados. Não existe verdade absoluta sobre as dietas. Você sabia que um dia as pesquisas, que na época eram consideradas as pesquisas científicas, garantiram que o mundo era plano? Diziam que a Terra era achatada, e não redonda. A gema do ovo já fez mal e já fez bem em diferentes pesquisas científicas, em épocas diferentes. E ainda hoje existem dualidades a respeito do mesmo assunto. O grande desafio da humanidade, portanto, é respeitar as escolhas do outro.

Em minha metodologia, quando um cliente traz verdades absolutas sobre suas dificuldades para emagrecer, sobre o que funciona e não funciona com ele, e o que vai dar certo ou não, cheio de tantas certezas, eu começo um trabalho forte de quebra das verdades absolutas, as famosas crenças. Se minha equipe e eu não fizermos um apurado e profundo esforço para transformar completamente as crenças dessa pessoa, ela não será capaz de emagrecer. Ela tentaria trilhar os mesmos caminhos que não funcionam. Mas ela não sabe que não funciona, porque mistura com as experiências que teve, com o que viu, viveu ou aprendeu, que deram certo por um momento ou para alguém, e começa a recortar e a replicar parte disso em nosso método.

Só que nosso método é nosso e único, e não é nada parecido com o que ela acha, viu ou viveu. E suas certezas a impedem de chegar aonde deseja. Isso é tão óbvio que, se o que ela fez ou sabe estivesse certo, não nos contrataria. Se veio até nós, é porque precisa de ajuda. Mas, mesmo assim, a pessoa não percebe e inicialmente insiste em fazer o que sabe e o que fez. Diante disso, nossa missão não é fazer a pessoa ficar magra, mas fazê-la amar a si mesma ao ponto de não aceitar nada menos do que aquilo que Deus disse que é o melhor e agradável para você: saúde, dinheiro, beleza. Pare e pense: tudo o que Deus faz é belo.

Então, minha equipe e eu estamos continuamente estudando e nos perguntando: "Como transformar de verdade a mente dessas pessoas?". Você sabia que nosso cérebro é "plástico", como se realmente pudesse se transformar como algo moldável? Nosso cérebro é plástico devido à sua capacidade de mudar e se adaptar ao longo da vida em resposta a experiências, aprendizados e ambientes. Esse fenômeno é conhecido como neuroplasticidade. O cérebro pode formar novas conexões neurais, reorganizar estruturas e até compensar danos em algumas áreas. Isso significa que estamos constantemente moldando nosso cérebro por meio de atividades, pensamentos e interações com o mundo ao nosso redor. A plasticidade cerebral é fundamental para o aprendizado, a recuperação de lesões cerebrais e a adaptação a novos desafios.

A neuroplasticidade pode ocorrer em diferentes níveis, desde mudanças nas conexões entre neurônios individuais até a reorganização de redes neurais inteiras. Isso permite que o cérebro se adapte a uma variedade de situações, como aprender novas habilidades, superar traumas emocionais e se recuperar de lesões. A plasticidade cerebral é mais pronunciada durante períodos críticos de desenvolvimento, como a infância, exatamente quando são formadas nossas verdades absolutas, nossas crenças. Mas o processo continua ao longo da vida adulta, embora em menor escala, ou com maior dificuldade. Práticas como exercícios mentais, aprendizado contínuo e exposição a novas experiências podem promover a plasticidade cerebral e ajudar a manter a saúde do cérebro ao longo do tempo.

Mas sem mudar, nada muda. Parece óbvio, porém acredite: as pessoas querem mudanças, mas não querem mudar. Elas têm medo de sair do controle, de se desapegarem de suas certezas; eu era essa pessoa, até entender que isso faz andar para trás, cria obesos mentais, espirituais e físicos. Se não muda, não evolui; logo, adoece, para no tempo e morre na sequência. De várias formas, com vários nomes de doenças e justificativas para o fim, tudo precisa cumprir o seu ciclo. Eu não posso estudar o que quero, escolher acreditar no que quero, ou seguir por esse caminho, sem que o outro se revolte e queira me obrigar a aceitar as teorias que ele acredita como única e verdadeira? O mundo é tão grande e complexo para ser tão óbvio e igual para todos. Nem nossa impressão digital é igual, e estamos falando de muita, muita gente no planeta. Deus nos fez únicos, e a maneira de vermos o mesmo fato também é diferente.

Parece que as pessoas estão mais preocupadas com a vida do outro, ou com o que o outro faz ou pensa, do que consigo mesmas. Exatamente

AS PESSOAS QUEREM MUDANÇAS, MAS NÃO QUEREM MUDAR.

por isso, o mundo está como está. A maioria das pessoas não faz o que acredita e o que quer. Elas brigam para que os outros façam o que elas querem, brigam para que o mundo ou os outros sejam melhores diante do que elas acreditam. Mas poucos fazem o que falam.

Reparar e julgar a vida alheia é uma grande distração para o cérebro, para não olhar para as nossas incapacidades, limitações e frustrações. É uma forma de fazer barulho para que não possamos notar aquilo que desprezamos ou não conseguimos mudar em nós. Em vez de nos distrairmos julgando os outros, devemos focar em criar novas memórias e experiências que nos impulsionem a evoluir.

Quando entendemos que fomos criados para sermos um canal de bênçãos – e não apenas um reservatório –, nossa vida ganha um novo sentido. Trata-se de não apenas fazer o bem, mas honrar os outros com o que Deus nos confiou, reconhecendo que cada talento, recurso e oportunidade tem um propósito maior que nós mesmos. Seja através da transformação física que nos permite servir melhor, da renovação mental que nos liberta de antigas amarras ou da consciência espiritual que nos conecta ao fluxo divino da vida, cada mudança nos aproxima do nosso verdadeiro potencial. E assim como as células do nosso corpo se renovam, como nossos pensamentos podem criar novos caminhos, e como a natureza se mantém em constante ciclo de dar e receber, nós também somos chamados a uma jornada contínua de crescimento e generosidade. Porque no fim, o maior presente que podemos dar ao mundo é nos tornarmos exatamente quem fomos criados para ser: um reflexo do amor e da abundância de Deus.

REPARAR E JULGAR A VIDA ALHEIA É UMA GRANDE DISTRAÇÃO PARA O CÉREBRO, PARA NÃO OLHAR PARA AS NOSSAS INCAPACIDADES, LIMITAÇÕES E FRUSTRAÇÕES.

CAPÍTULO 9

Não há mal que perdure

Passei praticamente a minha vida inteira sem acreditar em Deus. Não era uma certeza de que Ele não existia. Eu queria acreditar, mas não conseguia. Fazia esforço, mas não acreditava, porque não tinha essa referência em minha casa.

Meu pai era agnóstico. Ele não tinha certeza de que Deus não existia. Sabia que existia "uma força maior", mas era algo mais na linha da Ciência e seus mistérios. Acreditava na Ciência plenamente. Tenho uma vaga lembrança das conversas entre minha mãe e minha avó; minha mãe acreditava em Deus, mas praticamente não falava dele, na verdade minha mãe não falava nada que meu pai não gostasse ou não acreditasse, ela vivia para agradar e servir a ele. Minha avó era espírita, e, quando ela falava sobre a sua fé, meu pai se fazia de surdo e mudo. Fingia que não estava vendo nem ouvindo nada. Não falava de Deus, não acreditava em Deus, mas nunca falou mal nem debochou da Sua existência. E essa é a diferença entre o agnóstico e o ateu. O ateu é mais agressivo ao insistir que Deus não existe e pronto; é, na verdade, arrogante, porque há uma diferença entre não ter certeza de que Deus existe e afirmar que Ele não existe.

Para afirmar que Ele não existe, é preciso conhecer os quatro cantos do mundo, além de todo o passado, o presente e o futuro. Aí, sim, seria possível dizer: "Conheço e sei de tudo e realmente Ele não existe". Só que é impossível ser essa pessoa. Seria o mesmo que dizer que você é Deus, porque só Ele conhece tudo no mundo. Logo, afirmar "Deus não existe" é a maior arrogância e ignorância que pode existir.

Lembro de três contatos rasos com Deus antes de me entregar a Ele totalmente; Ele me sondava fazia muitos anos. Quando eu era uma menina, mais ou menos aos nove anos de idade, tinha uma vizinha chamada Larissa. Ela era evangélica, e todo domingo eu ia à igreja com ela, a avó, mãe do pai dela, e a mãe, que tinha acabado de ser deixada pelo marido, que tinha uma amante. A sogra e a mãe oravam muito pela reconstituição do casamento, e íamos juntas à igreja todos os domingos. Mas eu não acreditava em Deus, só era amiga da Larissa.

Anos depois, no colegial, a minha melhor amiga se chamava Sara, era filha da pastora, e eu também a acompanhava aos cultos de domingo, sem acreditar em Deus. Passei a vida na igreja sem estar na igreja. Meu corpo estava lá, mas minha alma nunca, não com a certeza do que estava fazendo.

Mais para a frente, já adulta, quando estava machucada e tentando me reconstruir, uma amiga cantora chamada Simone levou-me para um retiro de três dias. Estávamos em um grupo com poucas pessoas, e lá fui eu buscar Deus, no auge da minha angústia. Porém, não O encontrei – não porque Ele não estava ali, mas porque eu não estava. Se você não está encontrando Deus, tenha a certeza de que você ainda não SE encontrou, porque Ele sempre estará em você, a menos que você não esteja.

ELE SEMPRE ESTARÁ EM VOCÊ, A MENOS QUE VOCÊ NÃO ESTEJA.

Quando eu não acreditava em Deus, um dos motivos era a religião. A religião pintava um Deus egoísta, mandão, arrogante, que dava ordens e mandava os outros para o inferno só pelo prazer de ser o dono de tudo. Ele era um Deus frio, severo, distante, tudo era pecado; eu me sentia suja, impura e errada em tudo que fazia. A culpa estava atrelada a acreditar em Deus. Tudo que era bom não podia, porque era "do demônio". A doutrina era pelo medo, não pelo amor.

Minha mãe, assim como meu pai, também não ia à igreja. Hoje, minha mãe é uma doce avó, mas, quando eu era criança, e depois adolescente, ela era mais pragmática, fazia o que tinha de ser feito, sem muito romantismo ou fofura. Ela se casou com meu pai porque era extremamente apaixonada por ele. Então, acredito que os filhos vieram porque faziam parte de um casamento, e não necessariamente porque era um sonho dela. Ela foi mãe muito nova; na verdade ela perdeu o pai aos treze anos de idade, e desde então saiu de casa para virar "adulta" ainda sendo uma criança, e as responsabilidades foram aparecendo na sua jornada.

Quando minha mãe engravidou de mim, ela e meu pai ainda não eram casados. Segundo a minha avó, o olhar do meu pai, no dia do casamento, dizia não querer se casar. Minha avó conta que, no dia da cerimônia, meu pai estava parado em frente ao espelho se olhando bem triste, e ela chegou atrás dele, ficou observando sua tristeza e falou: "Marinho, você não precisa se casar". Ele respondeu: "Eu não quero que minha filha não tenha pai". Na leitura dela, ele casou porque não queria que os filhos passassem pelo que ele havia passado – os pais dele, meus avós, haviam se separado quando ele era adolescente, e ele sofreu muito. Então, minha mãe já casou grávida, com um barrigão. Há uma foto dela nesse dia, de vestido azul-clarinho e tecido molinho; ela se casou apenas no civil, com a barriga enorme, já com quase nove meses de gestação.

Ao mesmo tempo, sempre teve o sonho, como qualquer mulher, de se casar em uma cerimônia bonita, na igreja. Isso nunca aconteceu. Meu pai era muito frio. Minha mãe nunca teve um casamento, com buquê de flores e vestido branco. Acho que talvez só hoje eu me dê conta de que minha mãe nunca teve meu pai.

Então foi vivendo esse casamento distante com meu pai, que ela achava que estava muito bom. Sua personalidade era meio pacata, meio passiva demais, tudo estava sempre bom – até quando não estava realmente. Já falei que meu pai era silencioso. Isso acabava por envolver todos em casa. A minha relação com ele, a relação dele com a minha mãe, a minha relação com a minha mãe; era sempre tudo igual, no silêncio ensurdecedor. Eu e meu irmão, por sermos crianças, talvez tivéssemos uma conexão maior com o "algo de errado não está certo, mas não sabemos o quê". Lembro-me de a minha mãe ter uma paixão muito grande por ele – mas ele não tinha por ela. Era quase como se fosse uma funcionária do meu pai.

Sem sombra de dúvidas, ela foi a mulher mais apaixonada que conheci na vida, nunca vi alguém amar tanto outra pessoa quanto minha mãe amou meu pai. Ele chegava do trabalho, e tudo estava perfeito: comida quentinha na mesa, filhos sentadinhos esperando. Ela tirava os sapatos dele e fazia massagem em seus pés. Lembro-me de que ela fazia nós gritarmos o nome do meu pai por baixo da porta, para ele chegar logo do trabalho. É como se a casa girasse em torno dele, mas ele nunca girava em torno da casa, não visualmente ou afetivamente. Ele estava nitidamente escravo, acorrentado em suas próprias escolhas, rosto sempre infeliz, amargurado e mudo.

A profissão dela era ser esposa. Meu pai, com o passar dos anos, foi construindo patrimônio, e tinha dinheiro para termos funcionárias, para minha mãe comprar roupas boas e tomar sol o dia inteiro se assim quisesse, mas ela acordava cedo, fazia café, bolo, levava a gente para as aulas de tênis, balé, futebol, ginástica, natação, escola... Voltava, fazia o jantar, arrumava a casa, fazia tapetes, costurava nossas cortinas, nossas colchas das camas... Essa era a vida dela.

Meu pai tinha muito ciúme de tudo, ou posse, então ela usava vestidos largos, longos, floridos e nada sexy, estava sempre com a cara lavada, de rasteirinha no chão, bem simples. Um tempo depois, ele se apaixonou por alguém que usava calça jeans apertada de marca, cabelo loiro com mechas, unha feita, batom, salto alto, tinha um trabalho bem-sucedido e tudo o que ele nunca gostou que minha mãe fosse e que sempre criticou nas mulheres.

Quando meu pai se apaixonou por essa outra mulher e minha mãe descobriu (sempre descobrimos, mais cedo ou mais tarde), na dor conhecemos uma versão da minha mãe que ninguém gostaria de ver, nem mesmo ela. Tenho a imagem nítida das caixas de papelão cheias de roupas do meu pai sendo chutadas pelo corredor da nossa casa. O quarto deles ficava no fim do corredor que ia até a sala, e minha mãe chutava com tanta força que elas iam até a sala. Lembro-me de cenas da minha mãe tendo atitudes que jamais pensei assistir. Cenas de filmes de mau gosto. Eu tive muita pena, tive medo. Perdi minha mãe com meu pai; ele foi para outra casa, ela se perdeu naquela casa mesmo. Lembro-me de muita coisa que não deveria lembrar e não deveria ter acontecido, mas, na primeira vez que ela se perdeu, a espanhola da casa do lado da nossa escutou um tiro e achou minha mãe no chão desacordada após tomar alguns remédios e com a arma do lado. Não sei direito o que aconteceu, eu nunca soube, em casa o silêncio sempre vencia, e os recortes na memória da gente precisavam ser construídos pelo que decidíssemos. Depois disso mudamos de casa e tudo piorou muito, mas eu prefiro parar por aqui. Não dá para explicar a dor de uma mulher traída quando ama demais, nem as coisas que ela faz. Cada uma de nós escolhe uma maneira estranha para se perder ou chamar atenção, quase que um pedido de socorro, de "Não vou dar conta sozinha, me ajuda, fica aqui, ou por que você fez isso, alguém está vendo o que está acontecendo comigo?". Eu era uma adolescente, tinha onze ou doze anos quando tudo começou. Passei a andar com amigos que usavam drogas e bebiam e, por um acaso (ou melhor, já era Deus!), eu não me atraí por isso; andava com eles, mas não queria nada daquilo. Exatamente naquela fase em que o adolescente quer pertencer a alguma coisa, eu não pertencia a nada, não tinha meus pais – na verdade nunca tive, mas naquele momento não tinha de vez –, e ainda estava tentando me descobrir em lugares completamente perdidos e distantes de qualquer um se achar.

O "casar para sempre" deveria ser para sempre, mas para isso é preciso ter Deus presente, e na minha família não se falava muito Dele. Compartilho essas histórias com você porque quero que entenda que nunca tem a ver com você em si. Sempre tem a ver com seus pais, seus avós, seus bisavós, até que chega em você. As nossas doenças mentais, físicas e emocionais se iniciam na mesa de nossos bisavós, sabia? Desde o que eles comiam – que acredito que nos geram doenças genéticas – até o que eles falavam, o que nutriam e como se comportavam geram atitudes e comportamentos que replicamos em nossos relacionamentos. A grande pergunta é: o quão forte você é para ser o responsável, com seu parceiro, por quebrar esse ciclo doentio, seja como for? Seja forte; se não for por você, que seja pelas próximas gerações.

SEJA FORTE; SE NÃO FOR POR VOCÊ, QUE SEJA PELAS PRÓXIMAS GERAÇÕES.

Obviamente, não ter tido contato com Deus na infância fez muita falta na minha vida, principalmente na fase adulta, quando comecei a sentir um vazio muito grande, chegando a determinado momento em que eu tinha tudo e não tinha nada. Já era mãe, o Seca Você era um sucesso, eu tinha dinheiro, muita fama, eu tinha uma "beleza padrão", o corpo dos sonhos, atenção, dois filhos, uma casa maravilhosa; ou seja, tudo o que se pode desejar ter e comprar. Mas estava vazia, me sentia vazia, me sentia triste. Faltava Deus, mas eu ainda não sabia. Nessa época, eu já estava numa busca. Ia a retiros espirituais, mas não me encontrava. Eu nem sequer sabia o que estava procurando. Até que um dia eu estava vibrando demais na ingratidão, uma ingratidão difícil de perceber.

A ingratidão é a certeza para a depressão. "Nossa, Maíra, mas que forte dizer que quem é ingrato terá depressão." Se você tem consciência de como somos abençoados diariamente por estarmos aqui, poderá entender o que eu digo! Pense no funcionamento de tudo, do seu próprio corpo. Não tem como não enxergar a vida como um presente.

Se você ficasse cego ou surdo, ou se perdesse uma perna (escolha algo muito importante em seu corpo físico, algo de valor para você – pode ser sua voz, audição, as pernas, os braços –, algo que você use muito). Escolheu? Agora pense quanto você pagaria para não perder esse membro. Ou melhor, você acabou de perder. Quanto pagaria para tê-lo de volta? Tudo o que você tem?

Vamos supor que você tenha R$ 10 milhões e perdeu alguma parte física pela qual pagaria R$ 10 milhões a fim de tê-la de volta. Agora, vamos dizer que cada parte vale R$ 10 milhões. Se pudesse pagar essa quantia por pernas, braços, olhos... Somando tudo, você já é quase um bilionário, concorda? Essa reflexão é apenas sobre o seu corpo físico, mas nos ajuda a perceber a gratidão profunda pela vida, em uma profundidade infinitamente maior e inexplicável, de coisas que já temos, que já somos, e que não notamos ou pelas quais não agradecemos o suficiente.

Eu estava envolvida demais com a minha dor, com o meu eu, para ser grata. Qualquer pessoa que se envolva somente ou demais com suas dores se volta para seu EU. O nosso ego é bem perigoso. Deus, na Ciência, é citado como "O Todo". Se Deus é tudo ou o Todo, o ego nada mais é do que apenas o "eu", com a ausência de tudo o que está fora de mim. Ou seja, se estou olhando apenas para mim, estou excluindo o restante. Estou tirando Deus de mim, e será natural que eu entre em depressão. Fixar os olhos na sua dor é vibrar na ingratidão e clamar pela depressão.

Há alguns anos, quando ainda estava em minha busca espiritual, conheci uma menina que tinha nome de uma parte da flor: Pétala. Ela falava baixinho, não usava maquiagem, era meiga, cheirava a flor, se comportava como flor, era pura como uma flor. Eu a conheci em um retiro. Ela buscava Deus, estava grávida de sete meses. Ela me contou que o pai de seu filho era bem abusivo, batia nela, mentia, traía, e, quando a engravidou pela primeira vez, ela tinha apenas catorze anos e ele tinha quase quarenta. Ela o amava muito, ou achava que o amava. Uma menina nessa idade se perde em seus sentimentos. Imagine uma menina grávida aos catorze anos, com os hormônios bagunçados e sua psique em formação. Ela me olhava como quem olha alguém impossível de se ver.

FIXAR OS OLHOS NA SUA DOR É VIBRAR NA INGRATIDÃO E CLAMAR PELA DEPRESSÃO.

"Você é a mulher mais forte que eu já vi", ela me disse, olhando profundamente nos meus olhos. Em seguida, após me contar a história de sua vida em algumas horas, perguntou: "O que você acha que devo fazer?". Passamos esse tempo conversando, compartilhei minhas dores, as consequências das minhas escolhas e o que eu faria diferente.

Lembrei-me do meu "transbordamento", quando coloquei para fora, em público, tudo o que havia me machucado. De repente, eu havia me tornado a heroína das mulheres maltratadas e sofridas, a porta-voz das mulheres traídas, usadas e abusadas. Que triste, presa às minhas próprias teias de aranha. Eu levantei uma bandeira e entrei em uma guerra que ninguém vence no final, e não tinha a menor ideia de como sair dela, porque me nomearam a porta-voz de um povo cheio de feridas, um povo cheio de ódio, como um dia eu também tive. Em uma guerra, as partes lutam por sangue, por território, por vingança, nunca por paz; eu não queria ocupar aquele lugar. Não queria ser lembrada pelo meu pior período.

Nesse momento, em que eu buscava algum tipo de auxílio – mas ainda não sabia que viria Dele –, Deus começa a me tratar em cima do palco. No meio do meu show, minha fantasia de heroína já não me cabe mais, está toda rasgada; eu descubro que nem sei voar, e que aquela fantasia de mulher superpoderosa e forte, independente, "mulher-maravilha", é falsa, não me faz forte, não faz crescer, não me ensina. E os aplausos da plateia que grita meu nome e chama por ódio me mostram que aquela arma de matar e de ferir que eu usei na guerra agora nem bala tem, porque aquele ódio todo feriu primeiro a mim, e o sangue derramado, que parecia ser do meu inimigo, sempre foi meu.

E quando o grande público grita meu nome? Como me retiro no meio do show? Como explicar pelo que passei? Eu não sei voar, estou cheia de sangue, o palco não tem outra saída senão pelo meio da multidão que só me deixa passar se eu continuar atirando. Mas cada tiro que eles pensam que machuca meu "inimigo" antes de tudo me acerta, como um estilete sem punhal, que para ferir o outro preciso apertar na minha própria mão – e assim me machuco, em um único movimento.

DO LIMÃO AZEDO AO AMOR DIVINO

A primeira lembrança que tenho na vida é de estar no sítio do meu avô. No passado, ele teve uma fábrica de perucas e vinhos e comprou um sítio lindo. Depois, ele foi perdendo tudo e fazendo maus negócios. As coisas lindas foram ficando velhas e malcuidadas. Hoje sei que, quando você não anda com Deus, não segura muita coisa. As coisas vão e vêm, você tem tudo, mas de repente não tem nada.

Esse sítio me traz boas lembranças dos meus primos, mas também traz medo. Era um lugar escuro, velho, acho que meio mal-assombrado, cheio de entulhos e teias de aranhas. Eu estava na cozinha escura, de cimento no chão sem piso – cimento com cera vermelha passada por cima, bem antigo. Havia cadeiras velhas de madeira ao redor da mesa retangular. Alguém lavava louça na pia velha, sem armários, com aqueles tecidos floridos bem simples na parte de baixo da pia cobrindo as panelas velhas.

Cheirava a lenha. Meu pai estava em frente a uma porta da qual eu tinha medo. Atrás dela havia um quarto bem escuro e cheio de tudo. Ali não tinha luz, o que piorava a situação. Havia um saco velho enorme de rolhas velhas de vinhos, da época em que meu avô mexia com isso. Também tinha perucas de todo tipo, meio assustadoras, pois eles também tiveram fábrica disso.

Meu pai estava chupando um limão em frente a esse quarto, no fundo da cozinha. Eu nunca tinha visto um limão, mas ele chupava como se fosse uma delícia, e eu quis. Então, ele olhou para baixo, pois eu tinha dois anos e era miudinha, e disse: "Prova o meu; se você gostar eu te dou um". Obviamente não provei. Eu era criança e queria o meu inteiro, afinal ele chupava com muito gosto, e parecia bom. Então eu respondi, olhando bem para cima, entre os fios da minha franjinha preta e meu cabelo de cuia escorrido, e disse: "Eu quero um inteiro".

Ele respirou fundo, olhou para a frente, depois fitou-me e disse: "Se eu te der um você terá que chupar até o fim". Meu pai não falava quase nada, mas quando falava, estava falado. Eu respondi: "Eu quero".

Depois disso, eu só me lembro de estar trancada em um quarto do qual eu também tinha medo. Era uma sala de jogos antiga, com uma mesa de jogar baralhos de cor vermelha. Conhece aquele tecido estranho que tem em cima das mesas de sinuca? A mesa era do mesmo tecido, só que vermelha e redonda, velha, com cadeiras de madeira, mas com assento de palha bem velha e rasgada. O lustre era velho, caindo sobre a mesa, o piso era de madeira velha que fazia barulho ao andar. Lá estava eu, com meu limão... Eu chorava e sabia que não ia sair dali por nada antes de acabar com aquele azedo inteiro. Essa é a primeira lembrança que eu tenho do meu pai biológico. E apesar de ter odiado quando criança, e ter achado um tanto quanto maldoso, graças ao meu pai, na vida aprendi a fazer cara bonita chupando limão sem deixar cair nenhuma gota.

Em Provérbios 12:1 há um importante aprendizado sobre repreensão. O trecho diz: "Quem ama a disciplina ama o conhecimento, mas o que odeia a repreensão é tolo". Esse versículo nos lembra que aceitar a correção é uma demonstração de sabedoria e humildade, enquanto rejeitá-la é sinal de falta de discernimento. Aprender com a repreensão exige reconhecer que temos pontos a melhorar e que, muitas vezes, são os outros que conseguem enxergar esses pontos de forma mais clara do que nós mesmos. A repreensão pode ser uma ferramenta para realinhar nossas escolhas e nosso comportamento com valores elevados. A sabedoria está em receber a correção com o coração aberto, entendendo que ela é, na verdade, um investimento na nossa jornada de desenvolvimento.

Meu encontro com meu Pai do céu foi mais ou menos assim, me fez lembrar da maneira como meu pai me corrigia. Ao mesmo tempo que era bom para mim, também doía – proporções de divindade e autoridade. Não era mais como na infância, quando eu não brincava com meus primos e meu castigo parecia durar uma eternidade, como o gosto de um limão azedo. Agora o ensinamento seria para uma mulher adulta, e o gosto azedo do limão seria bem mais doloroso.

NA VIDA APRENDI A FAZER CARA BONITA CHUPANDO LIMÃO SEM DEIXAR CAIR NENHUMA GOTA.

CAPÍTULO 10

Matando a carne

JEJUM É BOM OU RUIM?

Para responder a essa pergunta, vamos partir do princípio de que bom ou ruim dependem do objetivo a ser alcançado. É como um termômetro – não existe uma medida absolutamente boa ou ruim, pois o mesmo instrumento que marca 40°C em um dia quente também pode indicar 5°C em um dia frio. Um casaco de frio é bom ou ruim? Depende de onde estamos. O casaco será usado em um calor do Rio de Janeiro ou no frio da Suíça? Tudo depende do contexto e da finalidade.

Esse mesmo raciocínio se aplica a várias situações do nosso dia a dia. Por exemplo, comer chocolate é bom ou ruim? Depende do seu objetivo, do seu gosto, do tipo de chocolate, da saúde, de para quem é destinado, se a pessoa é saudável ou se tem diabetes, e tudo que possa interferir nessa escolha e suas consequências.

Da mesma forma, entre minhas clientes o jejum pode trazer mais malefícios do que benefícios – principalmente quando o quebram de forma inadequada, voltando a consumir produtos alimentícios não nutritivos. Porém, entre mim e meus amigos médicos, o jejum é considerado quase milagroso, o que reforça ainda mais como o contexto é fundamental para definir o que é bom ou ruim. O jejum tem três finalidades principais: regeneração celular (saúde), conexão espiritual (encontro com Deus) e emagrecimento (objetivo estético). Vamos detalhar uma a uma.

Saúde: regeneração celular

Você já teve uma grande amiga ou um parceiro amoroso de quem era tão próximo que pareciam ser uma só pessoa? E então, após um rompimento ou afastamento, ao reencontrá-lo um ano depois, parecia estar diante de um estranho, como se aquela profunda conexão nunca tivesse existido? Isso acontece porque, de fato, não somos mais as mesmas pessoas depois de um tempo. Nosso corpo está em constante renovação, assim como nossas experiências e percepções.

É incrível pensar nisso! É difícil precisar quantas células nascem e morrem em nosso organismo a cada dia, mas os cientistas estimam que o corpo de um adulto produz, em média, trezentos milhões de células por minuto[67] – ou seja, 432 bilhões a cada 24 horas. Impressionante, não é? A renovação do nosso corpo é constante e acontece em diferentes velocidades. Por exemplo, o tecido que reveste nosso estômago se renova a cada quatro ou sete dias. E nossa pele? A camada mais externa dela (a epiderme) se renova completamente a cada quinze a trinta dias, dependendo da nossa idade. Já as células sanguíneas (glóbulos vermelhos) levam cerca de 120 dias.[68]

---

67. PRODUÇÃO alucinada: quantas células novas nascem por dia em nosso corpo? *Viva Bem*, 25 set. 2022. Disponível em: https://www.uol.com.br/vivabem/noticias/redacao/2022/09/24/quantas-celulas-novas-nascem-por-dia-em-nosso-corpo.htm. Acesso em: 24 out. 2024.

68. BIOLOGIA do sangue. *Manual MSD*, [s. d]. Disponível em: https://www.msdmanuals.com/pt/casa/distúrbios-do-sangue/biologia-do-sangue. Acesso em: 24 out. 2024.

Ou seja, quando você reencontra seu antigo grande amor, suas lembranças continuam ali, mas você – física e emocionalmente – já não é mais a mesma pessoa. A vida está em constante multiplicação. Lembra da história sobre plantar biscoitos? Tudo o que é vivo se multiplica; o biscoito, não. Então, lembre-se do princípio básico: você não pode (nem deve) **NUTRIR** suas novas células com antigos pensamentos.

A regeneração celular é o processo pelo qual nossas células antigas ou danificadas são substituídas por novas. Esse processo é essencial para mantermos a saúde e o bom funcionamento dos nossos órgãos e tecidos. Imagine que nossas células são como tijolos em uma parede: quando um tijolo começa a se desgastar ou rachar, é preciso substituí-lo para manter toda a estrutura forte e resistente. Da mesma forma, nossas células precisam ser renovadas regularmente, garantindo que a "construção" continue sólida e saudável.

O interessante sobre a regeneração celular é que ela pode ser otimizada por práticas como o jejum. Um estudo publicado na revista *Cell Stem Cell*[69] mostrou que o jejum periódico por 48 a 72 horas ajuda na regeneração das células-tronco do sangue e na restauração do sistema imunológico. Segundo os pesquisadores, "quando alguém jejua, o sistema tenta economizar energia. E uma das coisas que pode fazer para economizar energia é reciclar muitas das células de imunidade de que não necessita". Ou seja, quando você jejua, o corpo entra em um estado no qual começa a identificar células danificadas e as substitui por células novas e saudáveis. Esse processo é importantíssimo.

69. CHENG, Chia-Wei et al. Prolonged fasting reduces IGF-1/PKA to promote hematopoietic-stem-cell-based regeneration and reverse immunosuppression. *Cell Stem Cell*, v. 14, n. 6, p. 810-823, 2014. Disponível em: https://www.cell.com/cell-stem-cell/fulltext/S1934-5909(14)00151-9. Acesso em: 24 out. 2024.

É como se suas células sadias começassem a "comer" suas células doentes. Há um nome para isso: autofagia, que significa literalmente "comer a si mesmo", mas não no sentido negativo. É o processo em que nossas células degradam e reciclam seus próprios componentes. Então, o corpo fornece combustível para energia e elementos essenciais para a renovação celular. Mas a autofagia vai além. Após uma infecção, por exemplo, ela age destruindo bactérias e vírus. Estudos[70] mostram que a autofagia é fundamental na proteção contra doenças degenerativas. O jejum intermitente – método que intercala períodos de jejum com períodos de alimentação – foi identificado como uma maneira eficaz de ativar a autofagia em humanos, levando à renovação celular em tecidos importantes como o fígado e o cérebro.

Pense nisso como uma faxina interna, pois o corpo remove o "lixo" acumulado para melhorar seu funcionamento. Como você se sente após uma boa noite de sono: renovado, com mais energia e clareza mental, não é? Algo semelhante acontece no nível celular durante o jejum. Eu chamaria o jejum de "sono celular" – o corpo é capaz de focar reparos celulares em vez de gastar energia processando alimentos.

---

70. BAE, Soo Han et al. Sestrins activate Nrf2 by promoting p62-dependent autophagic degradation of Keap1 and prevent oxidative liver damage. *Cell Metabolism*, v. 17, n. 1, p. 73-84, 2013. Disponível em: https://www.cell.com/cell-metabolism/fulltext/S1550-4131(12)00493-7. Acesso em: 24 out. 2024.

LAHIRI, Vikramjit; HAWKINS, Wayne D.; KLIONSKY, Daniel J. Watch what you (self-) eat: autophagic mechanisms that modulate metabolism. *Cell Metabolism*, v. 29, n. 4, p. 803-826, 2019. Disponível em: https://www.cell.com/cell-metabolism/fulltext/S1550-4131(19)30131-7. Acesso em: 24 out. 2024.

SINGH, Rajat; CUERVO, Ana Maria. Autophagy in the Cellular Energetic Balance. *Cell Metabolism*, v. 13, n. 5, p. 495-504, 2011. Disponível em: https://www.cell.com/cell-metabolism/fulltext/S1550-4131(11)00147-1. Acesso em: 24 out. 2024.

ZHAO, Jinghui et al. FoxO3 coordinately activates protein degradation by the autophagic/lysosomal and proteasomal pathways in atrophying muscle cells. *Cell Metabolism*, v. 6, n. 6, p. 472-483, 2007. Disponível em: https://www.cell.com/cell-metabolism/fulltext/S1550-4131(07)00339-7. Acesso em: 24 out. 2024.

Agora imagine que seu corpo está passando por um momento em que precisa resolver "pendências", limpando células antigas que podem estar causando desgaste ou inflamações. Quando não estamos comendo, nosso corpo precisa buscar outras fontes de energia e materiais para continuar funcionando. E o que ele faz? Começa a se alimentar das células velhas, danificadas ou que não estão funcionando direito. Esse processo é incrível porque, além de tudo, ainda previne que resíduos celulares se acumulem e acabem causando doenças. Já é comprovado que, ao longo do tempo, o acúmulo de células danificadas e a falta de reciclagem adequada no corpo podem acarretar uma série de problemas de saúde, como doenças cardiovasculares, diabetes e até câncer. Pesquisadores descobriram que, quando o plano de reciclagem das células falha (especificamente quando há baixa expressão da proteína p47, que regula a autofagia), os cânceres atravessam as fronteiras dos tecidos com mais facilidade. Ao estimular a autofagia, você dá ao seu corpo a chance de prevenir o acúmulo de resíduos tóxicos e manter as funções celulares mais eficientes.[71]

Para entender melhor, pense assim: toda vez que comemos, além dos muitos afazeres, como digerir a comida, nosso corpo não tem tempo para "dormir e faxinar". É como se sua faxineira estivesse sozinha em uma casa grande e não tivesse tempo de limpar os lustres e o teto, então acaba fazendo apenas a limpeza básica. Consequentemente, todo o "lixo" que entra (açúcar, metal pesado, glúten, poluentes, toxinas) não é descartado adequadamente do seu "corpo-casa".

---

71. GYÖRFFY, Balazs et al. An online survival analysis tool to rapidly assess the effect of 22,277 genes on breast cancer prognosis using microarray data of 1,809 patients. *Breast Cancer Research Treatment*, v. 123, n. 3, p. 725-731, 2010. Disponível em: https://link.springer.com/article/10.1007/s10549-009-0674-9 e https://www.the-scientist.com/cancer-cells-spread-when-they-stop-recycling-waste-71830. Acesso em: 27 out. 2024.

Uma vez que as "traças e cupins" (células doentes) entram na sua casa e sua faxineira não consegue retirá-los, eles vão se multiplicando e destruindo tudo. Por mais eficiente que sua faxineira seja, uma hora a casa vai estar estruturalmente prejudicada e pode desmoronar. O jejum seria como uma empresa de dedetização. Antes de um colapso, durante o jejum, seu corpo vai eliminar as células doentes "comendo-as", já que "não tem outra opção para se alimentar". Assim, suas células cancerígenas são eliminadas junto com outras células disfuncionais. Após o jejum, podemos dizer que sua casa foi dedetizada.

Mas, obviamente, para manter essa dedetização ativa e funcional, você precisa manter as portas da casa fechadas. De nada adianta dedetizar contra bichos e deixar a casa suja, como se estivesse "convidando", com a porta aberta, novos bichos a entrarem, concorda? O mesmo acontece se você faz jejum e, ao interrompê-lo, "bota bicho para dentro" consumindo novamente o que vai alimentar suas células doentes e cancerígenas – como açúcar, frituras, glúten e produtos alimentícios industrializados –, em vez de alimentos vivos de verdade, que realmente nutririam as células do seu corpo.

Quando morei na Califórnia, soube que existe um "hospital de jejum", onde pessoas diagnosticadas com casos terminais de câncer se instalam para jejuar por quarenta dias ou mais – em muitos casos, elas saem de lá curadas. Isso acontece porque a célula cancerígena se alimenta do açúcar. Um projeto de pesquisa[72] que durou nove anos na Bélgica revelou como o consumo hiperativo de açúcar das células cancerosas leva a um círculo vicioso de estimulação contínua do desenvolvimento e crescimento do câncer.

---

72. PEETERS, Ken *et al*. Fructose-1,6-bisphosphate couples glycolytic flux to activation of Ras. *Nature Communications*, v. 8, n. 1, 2017. Disponível em: https://www.nature.com/articles/s41467-017-01019-z. Acesso em: 24 out. 2024.

Logo, podemos inferir que, se você não se alimenta, você "mata o câncer de fome", porém você não morre – porque seu corpo se alimenta de si mesmo, eliminando tudo que não faz bem, tudo o que está disfuncional e doente.

Atualmente, a pessoa média nos EUA consome significativamente mais açúcar adicional em sua dieta do que as recomendações da Organização Mundial da Saúde, da Sociedade Americana do Câncer e da Associação Americana do Coração para o consumo diário de açúcar. Evidências de estudos epidemiológicos e pré-clínicos[73] demonstram que o consumo excessivo de açúcar pode levar ao desenvolvimento do câncer e à progressão da doença para aqueles com câncer, independentemente da associação entre açúcar e obesidade.

Outro estudo realizado na Universidade do Sul da Califórnia[74] mostrou que a combinação de uma dieta que imita o jejum (*fasting mimicking diet,* método criado pelo pesquisador, que simula o jejum, mas tem regras específicas, como comer alimentos à base de plantas) com a terapia hormonal tem resultados promissores no tratamento do câncer de mama. Isso foi comprovado tanto em estudos com animais quanto em pequenos testes com humanos.

Longo explica que a combinação entre a dieta similar ao jejum e o tratamento pode não só diminuir os tumores, mas também reverter aqueles que são resistentes ao tratamento – foi o que os testes em camundongos mostraram. Embora os estudos em humanos ainda não

---

73. EPNER, Margeaux *et al*. Understanding the link between sugar and cancer: an examination of the preclinical and clinical evidence. *Cancers*, Basel, v. 14, n. 24, p. 6042, dez. 2022. Disponível em: https://doi.org/10.3390/cancers14246042. Acesso em: 24 out. 2024.

74. CAFFA, I.; LONGO, V. D. *et al*. Fasting-mimicking diet and hormone therapy induce breast cancer regression. *Nature*, v. 583, n. 7817, p. 620-624, 15 jul. 2020. Disponível em: https://pubmed.ncbi.nlm.nih.gov/32669709/. Acesso em: 24 out. 2024.

sejam conclusivos, os resultados são tão animadores que os pesquisadores já planejam estudos mais amplos e profundos, especialmente para o tratamento do câncer de mama.

Outro estudo, publicado no *New England Journal of Medicine*,[75] explorou como o jejum intermitente pode promover a autofagia e, consequentemente, melhorar a saúde do cérebro, reduzir a inflamação no corpo e aumentar a longevidade. Eles descobriram que jejuar periodicamente não só ativa a autofagia como também melhora a resposta do corpo ao estresse, tornando-o mais resiliente.

Um dos pesquisadores mais renomados no campo dos estudos sobre jejum é o Dr. Yoshinori Ohsumi, que ganhou o Prêmio Nobel de Medicina em 2016 por suas descobertas sobre a autofagia. Ele demonstrou como esse processo é crucial para a renovação celular e como pode prevenir o acúmulo de proteínas malformadas que causam doenças neurodegenerativas, como o Alzheimer.[76]

O Alzheimer foi descoberto em 1906, quando o médico Alois Alzheimer, chefe do laboratório de Anatomia da Clínica Psiquiátrica da Universidade de Munique, acompanhou por quase seis anos um caso muito especial. Ao fazer a autópsia no cérebro de sua paciente Auguste D.,[77] ele percebeu algo fascinante: depósitos de proteínas formando emaranhados neurofibrilares – basicamente, é como se as

---

75. NATIONAL INSTITUTE ON AGING. *Research on intermittent fasting shows health benefits*. 27 fev. 2020. Disponível em: https://www.nia.nih.gov/news/research-intermittent-fasting-shows-health-benefits. Acesso em: 24 out. 2024.

76. ANDRADE, Rodrigo de Oliveira. Nobel de Medicina premia biólogo japonês por trabalho sobre a autofagia. *Pesquisa Fapesp*, 4 out. 2016. Disponível em: https://revistapesquisa.fapesp.br/nobel-de-medicina-premia-biologo-japones-por-trabalho-sobre-a-autofagia/. Acesso em: 24 out. 2024.

77. DESCOBERTA do Alzheimer faz cem anos e doença ainda é mistério. *G1*, 3 nov. 2006. Disponível em: https://g1.globo.com/Noticias/Ciencia/0,,AA1337731-5603,00.html. Acesso em: 24 out. 2024.

fibras das células nervosas estivessem torcidas, prejudicando assim o transporte dos NUTRIENTES para dentro das células.

No nosso sistema nervoso, existem microtúbulos que funcionam como uma espécie de estrada, levando nutrientes para dentro das células. Quando essa estrada está danificada pelos emaranhados (que hoje sabemos que são formados por uma proteína chamada tau), o NUTRIENTE não consegue chegar ao seu destino. Juntamente com esses emaranhados dentro das células, Alzheimer também encontrou placas de proteína (hoje conhecidas como beta-amiloide) do lado de fora delas – uma descoberta que até hoje intriga os cientistas, que ainda debatem se essas alterações são a causa da doença ou uma tentativa do corpo de se proteger dela. Em resumo, é como se o nosso sistema nevoso tivesse acumulado demais o que não precisa. Então, o que era útil passa a ser lixo e atrapalha a passagem de nutrientes e informações importantes.

Adoro usar exemplos simples para explicar algo científico chato. Vamos retomar a ideia da casa? Agora imagine que você tem uma casa e sua geladeira é a parte mais importante, mantendo seus alimentos frescos e permitindo que você não precise ir ao mercado todos os dias, já que pode se alimentar sem ter que sair.

Mas, por algum motivo que não sabemos, você começa a acumular geladeiras pelo meio da casa. De repente, são oito geladeiras espalhadas, dificultando sua passagem, sua convivência e até afetando sua saúde mental. Chega um momento em que sua cama está coberta de geladeiras, e você é obrigado a sair da sua casa porque ela não é mais habitável. A mesma geladeira que era superútil acabou sendo o motivo que fez você perder sua casa e sua vida.

Lembra que falei que o jejum era uma boa equipe de faxina? Então podemos supor que se você fizesse jejum, não acumularia beta-amiloide, assim como não comprometeria o funcionamento dos microtúbulos, porque seu corpo estaria em constante reparo celular. Hoje existem estudos profundos e avançados sobre os benefícios do jejum, mas são pesquisas recentes e com grande dificuldade para ganhar visibilidade, por diversas razões. A principal delas é o desinteresse das indústrias alimentícia e farmacêutica, uma vez que os produtos alimentícios deixam as pessoas doentes, e os farmacêuticos ganham dinheiro com a doença.

Ao juntarmos todos os fatos – pesquisas, funcionamento das nossas células, importância da regeneração celular –, podemos entender que sim, se fizéssemos jejum desde cedo, de tempos em tempos, possivelmente nunca desenvolveríamos as doenças, uma vez que estaríamos em constante reparo celular, "arrumando o que está fora de lugar" e até "dedetizando as pragas que entram na nossa casa". Não é à toa que a Bíblia cita tantas vezes o jejum: antes da maior batalha de Jesus, ele jejuou durante quarenta dias. Vamos então para a espiritualidade.

Espiritual: alimentando a alma

Quando, na espiritualidade, falamos em "matar a carne", nos referimos a tudo aquilo que gera um prazer apenas desfrutado pela carne: sexo (Luxúria); comer (Glutonaria); usar drogas e sair para a balada (Intemperança). São prazeres que, embora satisfaçam o corpo, não contribuem para a conexão ou a evolução do seu espírito. É desafiador fazer um jejum espiritual, pois temos que matar os prazeres da carne e assumir o domínio próprio.

O jejum espiritual é uma prática milenar em diversas tradições religiosas, mas com forte fundamento na Bíblia. Trata-se de uma entrega espiritual, um tempo de conexão profunda com Deus, em que a pessoa busca clareza, fortalecimento e transformação interior. Mas por quê? E como?

O principal objetivo do jejum espiritual é a busca de intimidade com Deus. Ao ficarmos distantes dos prazeres da carne e das necessidades físicas como a alimentação – que está tão presente em nossos hábitos –, abrimos espaço para uma maior sensibilidade ao que é divino. O jejum nos ajuda a ouvir melhor a voz de Deus, a silenciar os ruídos do mundo e a purificar nossa alma.

Trabalho há anos ajudando pessoas a emagrecerem e sei exatamente como é difícil deixar de comer aquilo de que gostamos – agora imagine ficar sem comer tudo? É exatamente nesse momento que Deus começa a agir. Claro, se assim você quiser e permitir.

Essa questão de permitir a ajuda de Deus me faz pensar muito na maternidade. Sendo mãe, muitas vezes assisto à minha filha pequena ou até ao meu filho maior cometerem equívocos, mas faz parte do processo de aprendizado deixá-los errar e aprender com os próprios erros. Muitas vezes, eu até gostaria de ajudar, mas eles recusam meu auxílio e escolhem fazer sozinhos, sentindo-se autossuficientes.

Até que chega aquele momento em que o filho, após enfrentar uma grande dificuldade, começa a chorar e diz: "Mãe, eu não consigo, eu não sou capaz sozinho, por favor, me ajude, me ensine". Qual é a chance de eu não parar TUDO o que estiver fazendo para priorizá-lo, até que ele pare de chorar e sorria? Farei tudo para vê-lo feliz.

É exatamente assim que funciona nossa relação com Deus durante o jejum. Você começa seu jejum sofrendo muito; tem muita vontade de comer, e, a cada hora que passa, a situação fica mais difícil. Você é tão dependente da comida que pensa mais nela do que em qualquer outra coisa de sua vida – até mesmo em Deus.

O PRINCIPAL OBJETIVO DO JEJUM ESPIRITUAL É A BUSCA DE INTIMIDADE COM DEUS.

Durante o jejum, naturalmente, essa fixação se intensifica, pois a fome não deixa você esquecer. Mas algo interessante acontece. Cada vez que a comida vem à mente, Deus também vem junto. Então você começa a pensar em Deus tanto quanto pensa em comida. Aos poucos, você já melhorou sua proximidade com Deus, pois é inquestionável que anda pensando mais em Deus do que antes, correto?

Quando você não aguentar mais de vontade de comer, não aguentar mais seus desejos da carne, que tal chorar e se entregar a Deus como nunca se entregou antes? Que tal ficar no seu quarto – apenas você e Deus – e, como uma criança, jogar-se no chão, chorar como nunca chorou? Que tal pedir ajuda como nunca pediu? Que tal reconhecer suas fraquezas da carne como nunca reconheceu? Essa entrega será única, pois nesse momento todas as máscaras que você carregou durante sua vida cairão. O socorro de Deus também será único, afinal você nunca pediu ajuda de maneira tão intensa. Óbvio que Ele estará presente, pois sua alma precisa e exige isso.

Pense no jejum espiritual como se você estivesse tirando o excesso de bagagem para uma longa caminhada. Quando deixamos de lado as distrações diárias, conseguimos nos concentrar no que realmente importa: nossa relação com o Criador. Dizem que a oração de uma mãe tem grande poder, e de fato tem mesmo, mas o que ela tem de diferente de outras orações? Uma mãe em necessidade, ou com os filhos doentes, por exemplo, pede com uma vontade e uma garra que as pessoas em situação comum não teriam. O jejum é como se você estivesse morrendo e gritando: "Por favor, Deus, apareça. Me ajude. Eu sou fraca, eu não consigo sem você, sozinha eu não sou capaz".

Vou enumerar alguns dos benefícios espirituais que essa prática traz para nossas vidas.

QUE TAL RECONHECER SUAS FRAQUEZAS DA CARNE COMO NUNCA RECONHECEU?

QUANDO DEIXAMOS DE LADO AS DISTRAÇÕES DIÁRIAS, CONSEGUIMOS NOS CONCENTRAR NO QUE REALMENTE IMPORTA: NOSSA RELAÇÃO COM O CRIADOR.

1. O jejum fortalece a nossa fé e a nossa conexão com Deus

Assim como uma árvore precisa de raízes fortes para resistir a tempestades, o jejum fortalece nossos alicerces com Deus. Ele nos faz recordar que dependemos de Deus mais do que das coisas deste mundo. Mas também nos lembra do quão distantes estamos do Pai, e de quanto temos escolhido o vício e a dependência nos prazeres da carne. O jejum nos faz admitir que, na maioria das vezes, não colocamos Deus em primeiro lugar; até um pedaço de bolo é mais importante, uma vez que quase sempre escolhemos comer antes de buscar Deus – quando optamos por afogar nossas mágoas ou celebrar nossas vitórias com chocolate, fast-food e todo tipo de produto alimentício que não nos nutre.

Descobrimos então que não temos domínio próprio. Descobrimos o quanto somos viciados na comida. Por vezes, nosso vício em comida pode ser até maior do que o de um usuário de drogas, que consegue passar alguns dias sem usá-la. Não é à toa que pesquisas apontam que o açúcar pode ser tão viciante quanto a cocaína.[78] O cientista Bart Hoebel (1935–2011) conduziu estudos ao longo de anos sobre vício em comida.[79] Seu laboratório liderou trabalhos que demonstram que o açúcar pode ser uma substância viciante, causando mudanças nos cérebros e comportamentos de ratos de modo similar a muitas drogas de abuso, como cocaína, morfina e nicotina.

78. AÇÚCAR causa dependência similar à da cocaína, revela estudo. *O Globo*, 13 abr. 2016. Disponível em: https://oglobo.globo.com/saude/acucar-causa-dependencia-similiar-da-cocaina-revela-estudo-19074840. Acesso em: 24 out. 2024.

79. ARONSON, Emily. Renowned psychologist Bart Hoebel – who studied addiction, behavior – dies. *Princeton University News*, 14 jun. 2011. Disponível em: https://www.princeton.edu/news/2011/06/14/renowned-psychologist-bart-hoebel-who-studied-addiction-behavior-dies. Acesso em: 24 out. 2024.

Em 2008, o laboratório de Hoebel completou um modelo animal de dependência de açúcar que foi o primeiro conjunto de estudos abrangentes mostrando uma forte sugestão de vício em açúcar em ratos e um mecanismo cerebral que poderia estar por trás disso.

Todas essas pesquisas que citei provavelmente ainda ficarão durante algum tempo em discussão, afinal admitir que o açúcar é danoso e pode ser tão viciante quanto a cocaína não interessa à indústria alimentícia, que ganha bilhões com nosso desconhecimento sobre o assunto. A indústria do açúcar e seus grupos de pressão política e econômica têm atuado fortemente para evitar que a OMS estabeleça limites ao seu consumo.

A Organização Mundial de Pesquisa sobre o Açúcar (WSRO), que representa os interesses comerciais da indústria açucareira mundial, incluindo grandes corporações, como a Associação Açucareira dos Estados Unidos, tem exercido pressão constante para proteger seus interesses comerciais nas políticas de saúde.

Em 2003,[80] um documento crucial sobre o açúcar teria sido arquivado pela OMS. Esse relatório, que recomendava limites para o consumo de açúcar, enfrentou forte resistência dos grupos industriais, especialmente de grandes corporações e grupos ligados a esse setor. A pressão foi tão intensa que alguns governos, incluindo o dos Estados Unidos, teriam ameaçado cortar financiamentos para a OMS caso o relatório fosse publicado.

Naquele mesmo ano, essas empresas conseguiram uma vitória significativa: impediram que a OMS adotasse oficialmente a recomendação

80. MEDIAVILLA, Daniel. Indústria do açúcar manipulou a ciência como fez a do tabaco. *El País Brasil*, 10 mar. 2015. Disponível em: https://brasil.elpais.com/brasil/2015/03/10/ciencia/1426004228_642425.html. Acesso em: 24 out. 2024.

de um comitê conjunto OMS/FAO (Organização para a Agricultura e a Alimentação). Essa recomendação propunha limitar os açúcares adicionados a 10% das calorias diárias consumidas.

Como resultado, a OMS não estabeleceu um limite específico em seus guias, optando apenas por um vago conselho de "limitar a ingestão de açúcares adicionados". Já em 2014, a WSRO também se posicionou contra uma nova recomendação da OMS que sugeria reduzir os açúcares adicionados para 10% da dieta diária, com meta futura de 5%.

O que está por trás disso? Você sabia que 76%[81] dos financiadores da OMS são voluntários – o que inclui empresas privadas com interesses comerciais próprios? Então, no fundo, quem patrocina essas pesquisas? Como confiar em pesquisas sobre os malefícios do açúcar quando elas são potencialmente financiadas justamente pelas empresas que mais lucram com seu consumo? Ou seja, qual é a chance de as grandes marcas patrocinadoras das pesquisas permitirem que os resultados sejam negativos em relação a esses alimentos? Quem vai dizer "Não consuma açúcar, porque ele mata!", sendo que as grandes fabricantes de produtos alimentícios colocam açúcar em tudo? Esse episódio de 2003 deixa claro como as indústrias alimentícias podem impactar políticas públicas de saúde, nos privando de informações cruciais sobre produtos comprovadamente prejudiciais à nossa saúde.

Abri esse grande parêntese para mostrar como somos viciados e como esses vícios, assim como qualquer outro, interrompem nossa conexão com Deus. Você talvez nem imagine o quanto é viciado em açúcar – ele está presente não apenas em refrigerantes e bolos, mas também na massa de tomate industrial, no pão, no biscoito salgado

---

81. WORLD HEALTH ORGANIZATION. *Contributors*. WHO, Genebra, 2019. Disponível em: https://open.who.int/2018-19/contributors/contributor. Acesso em: 24 out. 2024.

e em TUDO que você consome. Ele está lá para fazer você querer mais e mais – mesmo sem saber.

Agora você entende como o jejum aproxima de Deus através do pedido de socorro? Você não é fraco, apenas não tinha acesso a essa informação antes. A Bíblia deixa claro que nosso melhor pedido sempre será por sabedoria, afinal a ignorância mata.

"O meu povo está sendo destruído, porque lhe falta o conhecimento."

(Oseias 4:6)

Nesse trecho da Bíblia, fica claro que a falta de conhecimento nos destrói, destrói a nossa vida. As pessoas morrem por falta de conhecimento, por ignorância sobre o funcionamento básico de seu próprio corpo.

"O temor do Senhor é o princípio do conhecimento, mas os insensatos desprezam a sabedoria e a disciplina."

(Provérbios 1:7)

Reflita como é difícil buscar conhecimento sem disciplina. Para estudar, para nos aprofundarmos em estudos bíblicos ou científicos, é imprescindível ter disciplina, ou seja, uma coisa está atrelada à outra. Sem disciplina, a sabedoria não pode existir.

"Ora, não levou Deus em conta os tempos da ignorância; agora, porém, notifica aos homens que todos em toda parte se arrependam."

(Atos 17:30)

Nesse versículo, Paulo fala sobre como Deus, em tempos de ignorância, não imputava culpa, mas agora exige que as pessoas busquem arrependimento e sabedoria.

"Eles estão obscurecidos no entendimento e separados da vida de Deus por causa da ignorância em que estão, devido ao endurecimento dos seus corações."

(Efésios 4:18)

"Endurecidos no entendimento" quer dizer que as pessoas se recusam a aprender coisas novas, a se abrirem para o desconhecido, porque estão cheias de velhas certezas. Automaticamente, essa atitude causa um enorme distanciamento de Deus. Quanto mais sábios formos, mais próximos de Deus estaremos, uma vez que Ele é o mais sábio de todos e, mais do que ninguém, quer ver o nosso melhor e o nosso bem. E o nosso bem está atrelado à nossa sabedoria.

Esses versículos mostram que a ignorância, especialmente no sentido de não conhecer ou rejeitar a verdade, é um perigo que pode levar à destruição carnal e espiritual, além da separação de Deus.

2. O jejum traz clareza espiritual

Muitas vezes ficamos confusos, sem saber qual caminho tomar. O jejum é como limpar um vidro embaçado – tudo fica mais claro e visível. É como aquele momento em que você está numa conversa tão boa que nem percebe o entardecer. De repente, nota que ficou escuro, acende a luz e pensa: "Meu Deus, como não percebi que estava tão escuro assim?". Da mesma forma, ao dedicarmos tempo para jejuar e orar, nossos pensamentos se alinham melhor à vontade de Deus. O jejum ilumina o que precisa ser visto, mas você só entende essa clareza depois de vivenciá-la – é uma experiência única.

Se você quer se aproximar de Deus por meio do jejum, não adianta apenas ficar sem comer enquanto continua em suas loucuras do dia a dia. É preciso reservar um tempo especial para vocês dois, momentos dedicados a estudar verdadeiramente a Bíblia.

Você sabe a diferença entre ler e estudar? Ler, a gente lê qualquer coisa, direto, sem análise, sem pedir clareza a Deus, sem convidá-Lo a sentar conosco. Já estudar é diferente: você pega um único trecho, ou até mesmo uma frase, lê e relê, ora sobre aquilo até que as mesmas palavras ganhem um novo significado, e Deus revele algo que você nunca tinha percebido antes.

3. O jejum nos ajuda a reconhecer nossas fraquezas

O jejum nos liberta do pecado porque, ao praticá-lo, reconhecemos nossas fraquezas e buscamos o poder de Deus para vencer tentações. É um momento de arrependimento e renovação.

Durante o jejum, nossa fragilidade física nos torna mais sensíveis tanto emocional quanto espiritualmente. Começamos naturalmente a reavaliar nossas atitudes, o que estamos fazendo com o tempo que temos aqui na Terra, como tratamos as pessoas no dia a dia, o que fazemos com nossa vida e nosso corpo, o que faz sentido e o que não faz.

Nesse estado de maior vulnerabilidade e conexão espiritual, conseguimos reconhecer nossos erros com mais facilidade e perceber o quanto precisamos de Deus e de mudança. E não se engane: seremos muito tentados nesse período.

4. O jejum renova a nossa esperança

O jejum renova nosso espírito e nos enche de esperança, como a chuva que refresca o solo seco. O mesmo trabalho feito na regeneração celular é feito no espírito – temos a sensação de um novo começo, uma nova chance, e isso é natural, afinal não seremos mais os mesmos fisicamente. No processo de autofagia, é natural que nosso espírito também sinta que o corpo não é o mesmo, que existe uma oportunidade de fazer diferente, de viver o novo.

Repare o quanto cultuamos o ano novo: novos pensamentos, novas promessas, uma esperança de transformar tudo o que é velho. O ano passa, as promessas não são cumpridas, e ainda assim prometemos tudo de novo – exatamente porque temos a necessidade de ter esperança de uma nova história.

A Bíblia nos oferece vários exemplos de jejum, sempre associados a momentos de grande significado espiritual.

- **Moisés:** "Moisés ficou ali com o Senhor quarenta dias e quarenta noites, sem comer pão e sem beber água" (Êxodo 34:28). Isso demonstra a importância do jejum como preparação para receber a direção de Deus.
- **Jesus no deserto:** "Então o Espírito conduziu Jesus ao deserto, para ser tentado pelo Diabo. Depois de jejuar quarenta dias e quarenta noites, teve fome" (Mateus 4:1-11). Esse tempo de jejum foi crucial para fortalecer sua alma diante das tentações de Satanás, mostrando que o jejum é uma ferramenta poderosa contra as investidas do mal (Demônio).
- **Reino de Judá:** "Ainda assim, agora mesmo diz o Senhor: Convertei-vos a mim de todo o vosso coração; e isso com jejum, e com choro, e com pranto" (Joel 2:12). É um convite para que o coração e o corpo se voltem a Deus.

TEMPO DE PODA

Imagine que sua alma é como um rio. Com o passar do tempo, pedras, folhas e sujeiras começam a bloqueá-lo, dificultando o fluxo das águas. O jejum é como limpar esse rio, retirando os obstáculos e permitindo que a água flua livremente outra vez. A água representa a graça de Deus, que, sem as barreiras da nossa distração e dos nossos apegos terrenos, pode nos alcançar mais facilmente.

Outra forma de ver o jejum é como um tempo de poda. Quando um jardineiro poda uma planta, não está tirando algo essencial, mas removendo o que impede o crescimento. Assim é o jejum: renunciamos ao que é superficial para que possamos crescer espiritualmente.

O jejum espiritual não é apenas uma tradição, mas uma prática espiritual com séculos de existência. Aqueles que o realizam com sinceridade e entrega relatam uma renovação no espírito, maior clareza mental e emocional, e uma proximidade com Deus que não haviam experimentado antes.

Nos tempos bíblicos, reis, profetas e o próprio Jesus recorreram ao jejum nos momentos de maior necessidade espiritual. Que você, ao praticar o jejum, encontre nele não apenas uma disciplina e domínio próprio, mas também uma fonte de transformação profunda, capaz de alinhar sua vida com Deus e trazer renovação para seu coração, sua mente e seu corpo físico.

Em resumo, no começo do jejum, só pensamos em comer, o que é desafiador, pois o objetivo do jejum espiritual é se conectar com Deus e pensar em Deus. Mas estamos tão ligados à carne que só conseguimos pensar em tudo que queremos comer. Com o tempo, vamos ficando "fracos", mas, apesar de parecer uma fraqueza física, é mais uma sensação e uma fraqueza mental do que física. O jejum é como se sobrasse mais espaço na sua alma e mente para Deus entrar, agora que você não pensa tanto em comida, ou pensa tanto que clama mais pela ajuda Dele.

O JEJUM É COMO SE SOBRASSE MAIS ESPAÇO NA SUA ALMA E MENTE PARA DEUS ENTRAR, AGORA QUE VOCÊ NÃO PENSA TANTO EM COMIDA, OU PENSA TANTO QUE CLAMA MAIS PELA AJUDA DELE.

Muitas pessoas acham que o jejum é perigoso – e eu diria que sim e não. É como um carro, supernecessário, sem ele não conseguiríamos fazer tantas coisas em tão pouco tempo. Porém, se eu entregar o carro para minha filha de cinco anos, ela pode morrer, pela falta de maturidade, conhecimento e preparo. Você pode fazer jejum de vários dias, mas precisa entender o assunto, seu corpo e seus objetivos.

Seu corpo é uma máquina e, sim, essa máquina é sua, e você deveria saber operá-la melhor que ninguém. Claro que você não saberá operar tudo que é seu – em relação a um carro, por exemplo, muitos precisam do mecânico. Mas devemos saber dirigir, usar o carro da melhor maneira, colocar água e combustível. O que quero dizer é que você precisa aprender a "dirigir" seu corpo; tem que aprender a comer, a jejuar, a fazer exercícios, a dormir bem. Isso é o básico do básico. Então se dedique, estude, aprenda o básico sobre você.

Ainda sou nova no jejum, mas já fiz algumas experiências, incluindo uma de nove dias. Meu próximo será de quinze dias. Ao começar, é interessante ir esticando o tempo gradualmente: primeira vez dezesseis horas, depois 24 horas, depois três dias, seis dias, nove dias, e assim por diante, conforme se sentir preparado. É importante também ter intervalos entre seus jejuns, sempre bebendo muita água.

Conheço pessoas que fizeram mais de trinta dias, como meu amigo Eduardo Corassa, nutricionista, que jejuou por 38 dias. No meu caso, por ser muito magra, só poderia fazer um jejum de quase quarenta dias se fosse internada com supervisão médica e, ainda assim, nem sei se me autorizariam a chegar aos quarenta dias.

SEU CORPO É UMA MÁQUINA E, SIM, ESSA MÁQUINA É SUA, E VOCÊ DEVERIA SABER OPERÁ-LA MELHOR QUE NINGUÉM.

O recorde mundial pertence a Angus Barbieri,[82] que entre 1965 e 1966 jejuou durante 382 dias e perdeu aproximadamente 125 quilos, alcançando finalmente um peso saudável. Alguém acima do peso, fazendo jejum, morre magro ou acima do peso? A dieta de Barbieri era baseada no consumo apenas de líquidos e suplementos como vitamina C, pílulas de potássio e leveduras. Claro que esse jejum foi monitorado por médicos e incluiu toda a suplementação vitamínica necessária. Cada um é cada um, cada corpo é diferente de outro corpo, cada saúde é diferente, e cada espírito também.

Durante o jejum, perdemos muito peso, porque nosso corpo começa a consumir a gordura para transformá-la em energia. A gordura é uma energia estocada. Antigamente, quando éramos homens da caverna, consumíamos o que existia na floresta e, por mais que comêssemos muito, ainda era muito pouco comparado a hoje. Primeiro porque a gente tinha que caçar para comer, ou seja, correr atrás da própria comida também nos fazia queimar bastante calorias, e depois porque a selva fornece bem menos alimento do que os supermercados. Logo, hoje acumulamos infinitamente mais gordura do que necessitamos.

Mas ainda assim a maneira como nosso corpo foi criado prevalece às origens de fábrica, ou seja, nosso corpo é feito para estocar gordura exatamente porque no passado enfrentávamos dias e dias sem alimento. Então, inteligentemente, nosso corpo estocava o excesso de comida para que esse estoque fosse usado em um momento de necessidade.

---

82. PREVIDELLI, Fabio. 382 dias depois e 125 quilos mais magro: a insana dieta de Angus Barbieri. *Aventuras na História*, 16 jul. 2020. Disponível em: https://aventurasnahistoria.com.br/noticias/reportagem/382-dias-depois-e-125-quilos-mais-magro-a-insana-dieta-de-angus-barbieri.phtml. Acesso em: 24 out. 2024.

Mas e hoje, que passamos horas e horas sentados em nossos computadores ou em frente à TV comendo coisas de muita gordura e açúcar infinitamente? Quando essa energia toda será usada? De que modo nosso corpo pode finalmente fazer a faxina necessária durante o período de escassez de alimento? Ou seja, ou você sai da ignorância e se disciplina para estudar sobre seu próprio corpo e sua qualidade de vida, ou diminuirá os dias que Deus te deu na Terra, por falta de sabedoria.

No entanto, quando uma pessoa faz jejum apenas para emagrecer sem a menor ideia do que está fazendo, normalmente faz sem estudar e, em sua ignorância, pensa que pode voltar a comer tudo que comia antes. Por isso percebi que o jejum não é bom para as pessoas que têm compulsão alimentar. Acontece que elas conseguem ficar as dezesseis horas sem comer ou até mais e, por incrível que pareça, essa não é a pior parte. A questão é que, quando voltam a se alimentar, a fome ou o desejo pela comida fica incontrolável.

Por que para algumas de minhas alunas o jejum para emagrecimento não é bom? Pela falta de maturidade, pelo despreparo e pela falta de consciência. Geralmente minhas alunas estão preocupadas com o físico, com a estética, e não com a saúde em si. Costumo brincar que as pessoas tomam até veneno de rato para emagrecer. É triste para mim, como amante e apaixonada pela saúde e pela vida, assistir às pessoas se envenenando com remédios da moda para emagrecer, e misturando com bebidas, doces e tudo que faz mal à saúde. Emagrecer a que preço? Onde ficam o respeito e a gratidão pela vida?

Para entender melhor, vamos pensar em uma pessoa que já não come bem há muitos anos, já está com seus nutrientes em falta, porque não consome quase nenhum legume ou fruta. Aí ela passa por uma privação de alimentação, seu corpo queima seu estoque de energia, e quando volta a comer as porcarias de sempre, seu organismo pensa assim: "Meu Deus, a Cleide tem comido tão mal, não me dá nada do que preciso e agora inventou mais uma dieta louca que vai me deixar ainda mais em déficit. Deixa eu armazenar com força tudo que posso, porque vai que essa doida inventa de me privar do que me faz sobreviver novamente".

Entenda, a alimentação da Cleide – um nome fictício que coloquei aqui apenas como exemplo – era péssima antes do jejum. Seu corpo já estava desesperado por não ter nutrientes, já não "confiava" nela. Então é natural que vá armazenar na próxima refeição tudo que puder, para que, quando ela adoecer, possa prolongar um pouco mais seus dias queimando o armazenamento de gordura. Por fim, esses dias sem comer geram uma grande compulsão alimentar na pessoa que já tinha suas dificuldades, porque ela volta a comer errado quando quebra o jejum. E aquilo que era para emagrecer acaba provocando uma série de problemas de saúde, frustração e sobrepeso ainda maior. Não se trata do jejum, mas de quem o faz e como o faz.

O jejum, assim como tudo na vida, pode trazer enormes benefícios físicos, espirituais e mentais, mas feito do jeito errado se torna uma arma para o mal. A verdade é que a falta de conhecimento priva a evolução humana, seja espiritual ou física. Quanto mais gente se recusar a aprender e se responsabilizar pelo básico de si mesmo, mais prejudicamos a evolução da espécie e do mundo. O contrário também é verdadeiro. Então, que um jejum seja uma oportunidade para nos alimentarmos de sabedoria – sobre nosso corpo, nossa mente e nosso espírito.

CAPÍTULO 11

Será que Deus acredita em você?

Quando Deus resolveu aparecer para mim, foi como um pai que sai de casa com a cinta na mão. Eu era como uma filha dramática jogada no chão do mercado, berrando para comprar uma faca. A mãe adverte que aquilo vai machucar, que não é para ela, mas a criança insiste e faz escândalo em público. Essa era eu, teimando em erros antigos e ingrata com todos os brinquedos que Deus havia me dado para desfrutar.

Então ele apareceu inesperadamente, pois eu já fazia birra havia muito tempo sem consequências. Eu me senti como se tivesse feito escândalo no mercado, mas já tivesse parado e esquecido. Estava tranquila na minha brinquedoteca, me divertindo com as amigas, quando de repente Ele veio, se aproximou e disse: "Pode pegar a faca que você tanto quer na mão, eu te dou". E não é que peguei? Claro, me cortei feio.

Foi algo tão intenso que fiquei três dias distante das redes sociais, porque minha vida foi completamente ressignificada. Eu lutei uma guerra muito grande, enfrentei uma batalha muito grande para ter a minha vida de volta. Era aniversário de 33 anos de uma amiga (a idade de Cristo! Perceba como nada é uma coincidência), e eu queria presenteá-la. Então, reservei quartos no hotel mais chique de Angra dos Reis, no Rio de Janeiro, comprei passagens de avião, aluguei um helicóptero para chegar até o local e um iate para passear em alto-mar. Escolhi o quarto mais caro do hotel para que minhas três amigas e eu pudéssemos desfrutar ao máximo. Na verdade, era Deus quem havia me proporcionado toda essa experiência, mas eu vivia afirmando que tinha sido eu mesma quem tinha conquistado tudo aquilo.

Estávamos de boa, rindo e nos divertindo. Tínhamos acabado de subir da praia quando, de repente, eu perdi a visão, comecei a ter dificuldade para respirar e não conseguia falar. Meus olhos estavam completamente pretos, e meu corpo inteiro formigava. As minhas amigas depois me contaram que eu estava cinza. Sendo uma pessoa muito racional e interessada em estudar a mente humana, tive certeza de que estava tendo uma crise de pânico. Embora nunca tivesse sofrido uma antes, imaginei que deveria ser daquele jeito.

Esse episódio aconteceu no meio daquela fase ruim que mencionei anteriormente. Fazia pouco tempo que eu tinha vazado todo o meu ódio e negatividade. As feridas emocionais ainda estavam abertas, e eu havia recentemente atraído um público que aplaudia meus rompantes e atitudes odiosas e idiotas. Logo, eu não estava nada bem psicologicamente.

Naquela altura, eu já tinha compreendido que havia cometido um grande erro com minha vida. Tinha exposto minhas feridas de tal maneira que os urubus sobrevoavam minha cabeça constantemente, e eu não sabia como fazê-los ir embora. O óbvio seria me curar e parar de sangrar, mas, de maneira ignorante e estúpida, eu continuava cutucando diariamente as feridas. Fazia isso através de pensamentos repetitivos e negativos sobre o que eu não gostava e não queria e através da minha insistência em repetições que não eram boas para minha vida. Já tinha passado da hora de eu mudar, mas ainda patinava nas mesmas repetições.

No quarto caro do hotel, parei e encostei na parede. Meu peito se tornou um nó apertado, sufocante. O ar me escapava entre respirações, enquanto sentia como se penumbras se multiplicassem ao meu redor, escurecendo o que antes era claro, amigável e feliz. O que eu tinha eram pequenos movimentos físicos, mas muitos pensamentos confusos e rápidos. Comecei a lutar contra os meus pensamentos: "Não vou morrer, não vou morrer, isso é uma crise de pânico, eu não vou morrer, eu não vou morrer, é uma crise de pânico!". Como sou muito racional, fiquei trazendo o que estava acontecendo para este lado. Mesmo com meus movimentos físicos me dizendo que era Deus tentando entrar, era mais fácil admitir que estava ficando louca mesmo do que admitir que Deus existia.

Os sintomas começaram a piorar, aumentando minha preocupação. Questionei-me: "Será que isso é realmente pânico?". Lembrei-me do pai de uma amiga que tinha sofrido algo semelhante. Ela contou que ele travou repentinamente, perdeu a visão, ficou imóvel, e o quadro se agravou, deixando-o em estado vegetativo permanentemente. Essa lembrança me apavorou de verdade, e pensei: "Socorro! E se eu estiver tendo um AVC? E se for algo grave que eu nem saiba identificar? Agora nem consigo mais pedir ajuda, porque esperei demais achando que era pânico. Talvez não seja pânico, e agora já não consigo falar...".

Fiquei ali uns bons minutos, talvez uns cinquenta, travada na mesma posição, atônita. Só conseguia pensar: "Por que minhas amigas não percebem que estou toda ferrada? Será que não notaram que travei?".

Na verdade, minhas amigas tinham percebido que eu estava mal. Porém, como não costumo expressar abertamente meus sentimentos, elas interpretaram a situação de outra forma. Pensaram: "Vamos respeitar o espaço dela... Ela parece triste, é melhor darmos o tempo de que ela precisa". Elas não entendiam o que estava acontecendo, mas permaneceram ao meu lado durante toda aquela batalha.

Lembra da menina com nome de flor, a Pétala? Ela se tornou minha amiga e estava nessa viagem, mas preferiu passar o dia em uma cachoeira com um pessoal que tinha conhecido. A Pétala era profundamente religiosa, crente, muito crente, a pessoa mais devotada que eu já tinha conhecido na vida. Mas não se tratava de seguir regras, como usar saias compridas ou viver cheia de proibições. O que a distinguia era sua genuína conexão com Deus. Ela orava sempre – na verdade, conversa com Deus como quem fala ao telefone. É uma das únicas pessoas que conheço no mundo que não falam mal de ninguém; as outras são meu pai, que odiava falar de pessoas – e se a gente falasse, ele fazia cara feia e franzia as sobrancelhas –, e a outra é meu marido, que também não fala de ninguém. Quando eu falo, ele sorri e muda de assunto... Fico até sem graça.

A presença de Pétala na viagem nem estava programada inicialmente. Como ela havia se tornado uma amiga, pedi autorização para a aniversariante, e ela foi. A própria Pétala estava em um processo de cura – tinha traumas e medo de helicóptero, de barco, de hotel de luxo. Antes de tudo acontecer, ela foi tomar um banho de cachoeira, que depois entendi como um lavar da alma necessário para a guerra que ela estava prestes a enfrentar.

Enquanto eu refletia sobre a natureza bondosa da Pétala, não pude deixar de sentir sua falta naquele momento difícil, dentro do quarto. Pensei: "Tenho certeza de que, quando ela chegar, vai notar que estou na lama e vai me levar para o médico antes que eu morra". Ela era minha esperança de sobreviver àquele piripaque.

Um tempo depois, Pétala chegou e notou minha cara de pavor. Logo disse: "Você está brava comigo?". Então, as meninas responderam: "Não, ela está assim tem um tempão, não é com você. Achamos que ela está meio que tendo uma crise de pânico; respeitamos e deixamos ela quieta, porque não pediu ajuda". Aliás, essa com certeza foi a primeira lição de Deus para mim: peça ajuda enquanto ainda dá tempo. Eu nunca pedia ajuda para nada nem para ninguém. Sempre quero resolver tudo sozinha e ser a mais forte possível. Hoje resumo essa poesia toda com uma só palavra: ORGULHO.

A Pétala olhou no fundo dos meus olhos e disse: "Vamos orar?".

Naquele instante eu pensei: "Ferrou, morri. A única pessoa que poderia me salvar quer orar? Ela acha que não vou morrer? Elas não vão me levar para o médico. Vou morrer, já era! Ela acha que Deus vai me salvar? Que loucura!". Mas eu estava tão desesperada que aceitaria qualquer solução. Mesmo que eu não acreditasse em Deus, era a única opção que me haviam dado, a única oferta que eu tinha. Era pegar ou largar.

Pela primeira vez na vida, aceitei uma oração com toda a minha alma, porque queria muito sair daquela situação. Lembro-me de conseguir balançar a cabeça consentindo, bem sutilmente. Do nada, desmaiei. Depois minhas amigas contaram que perdi a cor, fiquei cinza, não tinha mais pulso. Elas me colocaram sobre a cama e me lembro de acordar com a Pétala dizendo, desesperada: "Você aceita Jesus?". Àquela altura, eu estava aceitando qualquer coisa, eu só queria sair dali; então, mais uma vez, consegui balançar a cabeça como quem diz "sim".

Naquela hora, de maneira surpreendente e assustadora, as luzes do hotel se apagaram como num grande apagão, todas de uma vez, e deram um forte estalo, como quando uma chave geral está sendo desligada. As meninas gritaram apavoradas e começaram a chorar. A Pétala, que também tinha medo do escuro, se jogou no chão de barriga para baixo, com os braços e as pernas esticadas e o rosto voltado para o chão. Gritava alto pedidos de ajuda a Deus. Segundo ela, era uma luta com demônios, uma guerra espiritual, por isso ela não me levou ao médico. Eu babava, vomitava, estava descabelada e me perguntava a todo momento: "Será que Deus existe? O que está acontecendo?". Comecei a desafiá-lo, em pensamento: "Se você existe mesmo, fale comigo!". Sem saber, a Pétala respondia, em voz alta, exatamente o que eu pensava: "Você acha que Deus não existe?".

Ela começou a pregar igual aos pastores das igrejas, só que com uma voz doce e mansa; começou a me falar sobre Jesus, a contar as histórias. Fui ficando encantada pelas palavras que ela dizia e que eram para mim. Ainda assim, eu não acreditava e continuava a duvidar de Deus. A Pétala então colocou para tocar louvores que nunca fizeram tanto sentido em toda a minha vida. Eles entravam no meu coração e me davam paz, como se aquela música me mantivesse viva. Uma música específica chamada "Seja forte" fez todo o sentido naquele momento. Tinha outra, "Mais de você", e quando diziam "Mais de você e menos de mim", eu, em meu medo, entendia "Mais de você e medo de mim". E aquilo fazia muito sentido, porque eu estava com medo de mim mesma, não me reconhecia mais. Flashes começaram a tomar conta da minha percepção de tempo e espaço. Eu estava lá, mas ao mesmo tempo sentia que havia sumido. A sensação era péssima, horrorosa.

Meu coração tinha se tornado uma sinfonia desordenada que martelava em meus ouvidos batidas rápidas e caóticas de maneira desenfreada. O mundo parecia uma espiral de caos, como se eu estivesse presa em um redemoinho de incertezas, incapaz de distinguir o real do imaginário, apesar de todos os meus esforços.

Eu me sentia em outro planeta. Já tinha lido sobre o desdobramento do tempo na Física Quântica, mas quando lemos é algo bem abstrato e duro. Eu vivi de verdade, e cada segundo era uma eternidade, como se a cada segundo eu vivesse a sensação e os pensamentos e lembranças de cem anos, literalmente, sem exagero. Existe uma passagem na Bíblia que até então eu desconhecia, que diz:

"Não se esqueçam disto, amados: para o Senhor um dia é como mil anos, e mil anos como um dia."

(2 Pedro 3:8)

A Bíblia e a Ciência coincidem em muitos pontos, afinal a Ciência estuda o mundo, e o mundo é de Deus. A Ciência descobre todos os dias algo que já estava escrito na Bíblia. Esse exemplo do que a Bíblia já dizia sobre o desdobramento do tempo é um desses casos, mas eu só entendo e acredito porque vivi.

Cada pensamento era uma faca afiada, cortando a linha tênue entre o controle e o descontrole. A realidade que eu conhecia parecia distante, mas era mais real que tudo que eu já tinha vivido. E, por mais que eu estivesse em um lugar lindo com pessoas conhecidas "fisicamente", parecia que ninguém fazia parte da minha realidade, e que eu nem estava ali. Eu estava em um mundo só meu, vendo e sentindo o mundo de uma maneira só minha, que era assustadora demais para que eu conseguisse compartilhar.

Nas entranhas do pensamento, me sentia uma alma percorrendo labirintos, trancada em uma prisão de fios invisíveis que enclausuravam meu corpo, enquanto o desespero da minha mente não conseguia silenciar. Pensei em meus filhos, e aquilo me tocou profundamente. Como seria se eu nunca mais tivesse o movimento da boca, se nunca mais conseguisse dizer "eu te amo" para os meus filhos?

Possivelmente, Deus me proporcionou a experiência de ter uma crise de pânico para poder falar comigo. Como sou muito racional, preciso ver para crer, e Ele já sabia disso, pois conhece seus filhos; então proporcionou-me a experiência de que eu precisava para compreender que Ele falava comigo. Essa foi minha primeira grande lição de Deus: aprender a pedir. Eu nunca pedia nada para ninguém. "Peça! Até onde você sabe pedir? Quem foi que falou que não pode?" – essas perguntas ecoavam em minha mente. Era como se eu tivesse vivido a vida inteira presa dentro de mim mesma.

Então, desafiei Deus mais uma vez. Existe um pastor chamado André Fernandes, bem famoso hoje mas não tão conhecido na época. Ele morava em Miami. Nas semanas anteriores, eu tinha visto um trecho dele em um podcast e achei interessante sua maneira de falar, por ser um pastor que tem uma linguagem bem jovial, sem gritar. Ele tinha uma maneira muito moderna de falar sobre Deus, uma linguagem fácil e acessível. Eu era preconceituosa e odiava as igrejas evangélicas, porque lá gritavam muito e eu, julgadora e ignorante, considerava um grande teatro, uma manipulação, e pensava que eles roubavam as pessoas, entre outras coisas que minhas crenças me inclinavam a acreditar.

Eu ainda não tinha entendido que a "igreja" não era Deus. Antes, achava que Deus era a instituição, entende? Eu entendia que os atos errados das pessoas que falavam de Deus, inclusive o de machucar seus servos, eram da parte de Deus. Eu achava os pastores dramáticos forçavam o choro – não que alguns não façam isso, mas não dá para colocar todos no mesmo lugar. Eu tinha fortes preconceitos, mas encontrei um pastor que falava com os jovens de modo inteligente, e foi desse pastor que eu lembrei durante a minha luta naquele quarto de guerra.

Então, às três da manhã, resolvi mandar uma mensagem pela rede social pelo inbox para ele. Em minha mente, falei com Deus: "Deus, se você existe mesmo, eu quero uma resposta direta e rápida. Eu vou chamar o pastor que eu vi semana passada agora, às três da manhã, e ele vai responder em um minuto. Só assim vou levar em conta que isso tudo foi algo espiritual".

Surpreendentemente, quando mandei mensagem de madrugada, ele respondeu imediatamente – estava na igreja naquele momento. Eu havia enviado uma mensagem que dizia: "Preciso falar com você!", mas ele nitidamente já sabia, pois respondeu com precisão, como se estivesse esperando. Então, a gente foi conversando, e ele foi falando o que eu precisava ouvir. Orou muito comigo, e por mim, naquela noite.

Dentro de mim, eu continuava me perguntando desesperadamente: "Quando isso vai passar? Se você existe, me diz! Se você existe, me diz que horas isso vai passar!".

Uma amiga minha, Juliana, começou a chorar muito. Olhei para ela como quem pergunta: "O que foi?". Parecia que ela tinha me ouvido, então respondeu: "Estou pensando no Pedro". Pedro era o nome do filho dela, mas a Pétala não sabia disso, e achou que minha amiga estava falando sobre o Pedro da Bíblia. Pétala imediatamente disse: "Aha! PEDRO? Pedro negou Jesus três vezes".

No mesmo instante, me arrepiei inteira. Lembrei que eu também tinha negado Jesus três vezes. Imediatamente perguntei a Deus: "É sobre mim?". E as luzes se apagaram mais uma vez em um estalo assustador. A escuridão tomou conta do quarto, e a Pétala gritou: "Até amanhecer, você me negará três vezes".

Percebi que só me recuperaria quando o sol nascesse, ao amanhecer. No entanto, ainda era muito cedo, por volta das nove da noite. Fiquei apavorada e comecei a chorar muito. Eu queria que aquilo acabasse de uma vez por todas.

Nada que eu escreva irá descrever de fato o que vivi. Acredito que tive uma oportunidade divina de viver o inferno, para que eu pudesse finalmente ser grata pela vida; afinal, era a gratidão que me faltava. Sim, oportunidade de "viver o inferno". Existem desafios, tristezas, buracos que Deus nos permite vivenciar, para que possamos alcançar a mensagem mais importante, a gratidão antes não alcançada. Como já disse antes: como é possível saber que está claro se não conheço o escuro? Eu vibrava na ingratidão, minha vida estava perfeita demais já havia um tempo, só que eu ainda estava presa em antigas consequências que um dia colhi de decisões que eu mesma tomei, e, como toda pessoa ingrata, andava por aí culpando o que estava fora de mim, afinal é mais fácil olhar para fora do que para dentro, não é? E agora, para que eu pudesse acordar do meu sono profundo, que tal uma passadinha no escuro?

Comecei a ter pensamentos e lembranças que nunca vivi nesta vida, desde como o mundo foi feito até a época de Jesus e tudo que era impossível eu saber e viver, mas de maneira rápida o suficiente para me enlouquecer. Assisti à Criação do mundo, ao sofrimento de Jesus, à morte. Senti, sofri, chorei, vomitei, tive piedade, me indignei, compreendi, fiz parte...

A experiência me fez lembrar da história do homem que comprou o tempo. Dizem que ele era um empresário bem-sucedido, daqueles que acreditavam que tempo era dinheiro – literalmente. Sua filha, Lígia, vivia implorando por sua atenção, mas ele estava sempre ocupado demais multiplicando fortunas. No aniversário dela, tentando compensar sua ausência, presenteou-a com um artefato antigo e valioso. Mas quando começou a falar sobre o quanto aquilo custava, em vez de aproveitar o momento com a filha, ela ficou tão frustrada que o objeto acabou caindo e se quebrando em duas partes.

O que aconteceu depois parece impossível de acreditar, mas não mais do que minha própria experiência naquele quarto de hotel. O pai desapareceu misteriosamente, deixando para trás apenas metade do objeto quebrado, que inexplicavelmente começou a brilhar. Ao tocar naquela peça, Lígia foi transportada através do tempo, viajando por diferentes épocas e lugares, sempre seguindo os rastros do pai. Em cada parada, descobria que ele havia estado ali, ensinando as pessoas sobre multiplicação e prosperidade, transformando vidas por onde passava. Era como se ele precisasse aprender, através dessas viagens, que o verdadeiro valor do tempo está em como o usamos para impactar a vida dos outros.

Como é curioso que eu tenha me lembrado dessa história agora. Talvez porque, assim como Lígia, eu também estivesse vivendo uma jornada através do tempo naquele quarto, descobrindo verdades que sempre estiveram ali, mas que eu não conseguia enxergar.

Houve um momento específico, dentro do quarto do hotel, em que fui visitada pelo Espírito Santo. Na hora, não fazia a menor ideia de que era isso, só me falaram depois. Além das cenas muito rápidas sobre o começo do mundo, cenas que nunca vivi nem vi, de tempos antigos, de guerras, de cabeças sendo cortadas, de mortes em massa, a cada cena vinha uma sensação de muita piedade, muita pena e compaixão, pena que eu jamais teria capacidade de sentir.

Comecei então a passar pelos "pecados" e sentir exageradamente cada um. Explico: inicialmente, uma das meninas perguntou para a outra: "O que você quer comer?". Isso me desencadeou pensamentos rápidos de pessoas comendo e comendo sem parar, empurrando comida pela boca até passar mal, chorando e comendo, se machucando e se maltratando de comer, e engolindo suas emoções e comidas sem ter fome. Esse turbilhão de pensamentos me fez vomitar de enjoo e pena, pensando: "Essas pessoas têm fome de quê? Esse vazio que nada preenche essa fome é de quê?". Essa é a fome que hoje entendo que só será preenchida pelo Espírito Santo. O vazio é o vazio existencial com o qual todos nascemos, e exatamente para que possamos ir em busca de Deus. Mas quando nos distraímos com prazeres carnais, e a comida é um desses prazeres, apenas enganamos a fome de Deus, preenchendo falsamente nossos buracos com distrações passageiras e extremamente prejudiciais e agressivas, que no fim nos levam a mais e mais machucados, que obviamente nos levam a profundas doenças que também nos levarão ao mesmo e único caminho, ENCONTRAR DEUS. Depois desses múltiplos pensamentos exaustivos e reflexivos sobre comer e machucar, entendi e senti o verdadeiro significado de GULA.

Meu próximo pensamento encharcado de milhões de reflexões e sensações foi sobre LUXÚRIA. A Pétala estava dormindo em outro quarto, mas como ela era naquele momento meu porto seguro e minha conexão, entre as palavras escritas na Bíblia e a interpretação clara do que eu pensava e sentia, não podia sair dali. Ela passou a mão no telefone do hotel e pediu um colchão para que pudesse dormir no meu quarto. De maneira engraçada e ao mesmo tempo debochada, ela repetia o que escutava: "O quê? São R$ 800 por um colchão? Para eu dormir no chão? Meu Deus, quanto foi a diária desse hotel, moço? Se o colchão para eu ficar deitada no chão é isso aí? Moço, mas eu quero só dormir esta noite, não vou levar para minha casa". Naquela hora, fui percebendo a quantidade de coisas inúteis à minha volta e tudo que usei para chegar ali: helicóptero, iate, hotel caro, nada disso fazia mais sentido, eu trocaria todo o dinheiro do mundo para voltar ao "normal", para não enlouquecer ou morrer naquela noite.

Outro sentimento bem forte que tive, e que foi o último a me ensinar, foi sobre PERDÃO E ORGULHO. Eu ainda estava presa a algumas amarras do passado, as quais eu realmente precisava soltar. A verdade é só uma:

Se você fosse morrer em poucas horas, com quem você gostaria de se desculpar?

Se você fosse morrer agora, o que ainda daria tempo para ser feito?

SE VOCÊ FOSSE MORRER EM POUCAS HORAS, COM QUEM VOCÊ GOSTARIA DE SE DESCULPAR?

SE VOCÊ FOSSE MORRER AGORA, O QUE AINDA DARIA TEMPO PARA SER FEITO?

Cheguei a conclusões às quais meu orgulho não me permitira chegar, abri mão do controle em lugares que não seria capaz se não fosse a morte, percebi o que faz sentido e o que importa. Eu não sabia se aguentaria muito mais tempo dentro daquele "inferno incontrolável pela minha força humana". Nossa mente é incompreensível e infinitamente mágica.

Achei que passaria, achei que suportaria, mas a angústia e a velocidade dos pensamentos e das sensações não iam embora. A sensação horrível, desesperadora, apavorante, sofredora e sufocante não passava. Foram quinze horas de muita luta espiritual, física e emocional para que eu pudesse permanecer tempo suficiente em sanidade mental, dentro do meu controle e da minha falta de controle enlouquecedora.

Quando essas quinze horas, que na verdade foram mais de dois mil anos em meu ser, se tornaram insustentáveis, eu finalmente me entreguei a Deus, para que Ele pudesse me levar para a morte. Em resumo, por mais que eu tente, jamais conseguirei explicar o que vivi em palavras, é como se não existissem palavras neste mundo para expressar o que experenciei. Ao mesmo tempo, foi como se eu lutasse para permanecer "viva" ou lutasse para não enlouquecer de vez; presa dentro daquele estado descompensado, cheguei a pensar que poderia estar vivendo um quadro de esquizofrenia, o que me apavorou muito, mas também fiz o trajeto racional da condição e de suas infinitas possibilidades, incluída a parte genética, e isso não fazia sentido, até mesmo porque eu tinha a plena consciência de que no mundo "físico" nada estava acontecendo, pois em momento algum eu vi algo. Não vi coisas, nada de visões e alucinações, eu tinha plena consciência de que tudo que eu estava vivendo era dentro da minha mente e não fazia parte do mundo externo.

Eu achava que morreria ou enlouqueceria naquele corpo. Então, eu, extremamente controladora, cansei tanto de lutar que pude me entregar a ELE e à morte, fosse ela real ou mental, como se dissesse: "Está bem, eu desisto, eu realmente entrego minha vida a você. Me leve para onde quiser. Cuide de mim, pois não sou capaz. Eu confio em Ti, confio que cuida melhor de mim que eu". E pronto. Os sinais eram impossíveis de ignorar: eu havia negado Jesus três vezes, estava comemorando o aniversário de 33 anos da Marcela, estava no quarto 3, no terceiro andar. Lembra da simbologia do número 3? Tudo me indicava o caminho até Deus. A luz acabou exatamente três vezes, e tudo se resolveu em três horas.

Deus finalmente me despertou aos 37 anos de uma vida que passei dormindo. Em um passe de mágica, comecei a ver o mundo inteiro completamente diferente. Eu literalmente me entreguei à morte, uma vez que achei que morreria ou enlouqueceria; entreguei o controle da vida a quem sempre o teve, me deixei escorregar no chão de verdade. E, quando caída, pude notar a pontinha do sol saindo pela janela, e tudo passando em um piscar de olhos: "Até o Sol amanhecer, você me negará três vezes".

BEM MELHOR QUE EU

A melhor parte da vida é poder se transformar. Nunca senti tanta felicidade, gratidão e amor no meu coração como depois dessa experiência. Quando você não luta por nada, nem pela sua própria vida, e simplesmente deixa acontecer, tudo se torna leve, feliz e grato. Entendi finalmente o que significa deixar a vida nas mãos de Deus. Não é à toa que trabalho com mudanças físicas, mentais e espirituais.

Agora, meu nome é Maíra Cardi Nigro. Eu me aprimoro diariamente, buscando melhores versões de mim mesma, mas, quando convidamos Deus para estar ao nosso lado, ou em nossa frente, costas e tudo, tudo fica diferente.

Para ilustrar isso, uso uma comparação muito mais simples em relação ao próprio Deus. Imagine que somos uma criança de dois anos, e Ele é nosso pai. Se precisássemos percorrer um quilômetro com nossas perninhas inexperientes, levaríamos muito tempo para chegar, ou talvez nem conseguíssemos, pois nos perderíamos ou desistiríamos no meio do trajeto. Porém, se convidássemos nossos pais para nos acompanhar, poderíamos andar e, ao nos cansarmos ou desanimarmos, seríamos carregados no colo até o destino.

Imaginamos que nossos caminhos já foram traçados por Deus – e, acredite, Deus só traçará caminhos bons para você –, mas o mesmo caminho que Ele traçou pode ser completamente diferente quando estamos com Deus. E se você estiver por conta própria, o processo pode se tornar doloroso, demorado ou até mesmo interrompido. Isso não ocorre porque Deus não tinha um plano maravilhoso para sua vida, nem porque você nasceu para sofrer. A razão é simplesmente não O ter convidado para ser seu guia nessa jornada.

Muitos feitos em nossas vidas seriam impossíveis sem o apoio dos nossos pais, não é? Nem sempre temos a força necessária para enfrentar todos os desafios, e certas adversidades se tornam inalcançáveis sem a presença de Deus. Reflita: você não estaria vivo se sua mãe (biológica ou não) não o tivesse nutrido de amor e alimento, nem aprenderia a caminhar sem o auxílio de um adulto, se alguém não tivesse ensinado. Hoje, você provavelmente trabalha e se locomove de forma independente, mas isso só é possível porque um dia contou com seus pais (biológicos ou não). Da mesma forma, os caminhos grandiosos que Deus planejou para você não podem ser percorridos sem a orientação Dele. Eles foram traçados para que você os alcance, mas sem o amparo divino essa jornada se torna intransponível.

Eu até pensei que em determinado momento eu acreditava em Deus. Mas sabe aquela pequena dúvida: será que Deus existe? Essa dúvida faz com que você não viva tudo o que ele tem para você e o impede de se conectar a Ele de verdade. Essa dúvida é o seu controle tentando manipular os fatos e suas lógicas. É seu orgulho, que acha que você faz melhor sozinho ou que ninguém é capaz de fazer por você.

Quando eu não acreditava em Deus, me sentia muito sozinha, estava exausta de lutar por tudo, cada conquista era sofrida, e a paz interior parecia inalcançável. Sabe onde possivelmente eu encontraria Deus bem fácil? Só no auge das minhas dores, e olha que tive muitas! Bastaria me prostrar, como se estivesse aos pés de Deus, implorando por força, amor, piedade, felicidade, colo, com sinceridade absoluta! Gritar do fundo da alma: "Me ajuda!", "Me socorre!", "Sou pequena e fraca e preciso de você!". Mas meu orgulho era grande demais para admitir essa possibilidade; a mera ideia me fazia sentir ridícula, fraca e louca.

É desafiador entregar o controle remoto da sua vida a Deus, considerar que nossos desejos e planos podem não se realizar para que a vontade Dele prevaleça. E se Ele não quiser o que eu quero? Afinal, para nosso limitado conhecimento, o que desejamos parece tão incrível e melhor, né?

É DESAFIADOR ENTREGAR O CONTROLE REMOTO DA SUA VIDA A DEUS.

As crianças bem pequenas não gostam de escovar os dentes, de tomar banho, de comer direito e de fazer tarefas básicas, mas necessárias para sua saúde e sobrevivência. Mas nós, pais, que as amamos muito, sabemos que essas ações são indispensáveis para que cresçam e vivam bem na plenitude. É exatamente essa a relação que Deus tem conosco. Ele traçou planos maravilhosos para que possamos alcançar a plenitude que já é nossa, mas, se não fizermos o básico, não chegaremos lá.

Toda vez que Deus pede algo, não quer o que a gente tem, porque não temos nada de que Ele necessite. Ele quer entregar algo para nós. Exatamente! Preste atenção nisto: quando Deus te pede algo, na verdade Ele está querendo te ENTREGAR algo mais importante ainda. É como se estivéssemos agarrados em uma casca de banana e Deus nos pedisse para entregar a casca, pois só após entregar a casca vamos descobrir o que tem dentro. Os mandamentos de Deus foram feitos para o nosso bem, são como o nosso manual de uso, como se Ele falasse: "Eu te fiz com esse tipo de funcionamento, você precisa disso". Ou seja, os mandamentos Dele, no final das contas, são para que possamos ser mais felizes, mais saudáveis, e viver melhor.

Por exemplo, "Devemos amar Deus acima de tudo e todos". Eu não vou mentir, eu não consigo amar Deus acima do meu marido, por exemplo. Não ainda. A paixão é algo que vai além do corpo e da alma, é algo químico, estou vendo e sentindo, está me entregando em tempo real, fechando temporariamente meus buracos aparentes, não é opcional para mim; poderia falar outra coisa para ficar poética ou eticamente correta, mas agora, mais no final do livro, você já percebeu que daqui só beberá verdades, sejam duras, ou não.

QUANDO DEUS TE PEDE ALGO, NA VERDADE ESTÁ QUERENDO TE ENTREGAR ALGO MAIS IMPORTANTE AINDA.

Eu não domino essa área, e, sinceramente, para Deus não muda se o amo mais ou menos que meu marido, pois Ele me amará da mesma forma, exatamente igual a um pai que ama seu filho, independentemente se ama a esposa mais do que a ele; pouco importa PARA ELE.

A grande questão é: "E para mim?". Amar meu marido acima de Deus, com toda certeza, vai me machucar. Em algum momento, farei coisas, atenderei a pedidos que fogem da vontade de Deus. Lembra-se de que a vontade de Deus é nossa felicidade? Então, se faço algo que meu marido quer, mas não é bom para mim ou não está dentro dos princípios de Deus, me machuco. Logo, meu marido, que é humano, vai me machucar, mais cedo ou mais tarde. As ordens divinas são feitas para o nosso bem: não roubar, não matar, não enganar, não trair. São para que tenhamos uma vida melhor.

Obedecer a Deus e às suas ordens não tem nada a ver com Ele, tem tudo a ver conosco. "Ah, Deus quer que eu faça isso ou aquilo", as pessoas dizem. Deus quer que você O ame em primeiro lugar. Na verdade, para Deus, não muda nada o que você quer fazer ou quem quer amar primeiro. Muda para você se você ama Deus acima de tudo. Ele não sofrerá, pois quem vive segundo os princípios de Deus colhe inevitavelmente bons frutos. Em resumo, obedecer a Ele é bom para você, e ponto. Então, não precisa ter medo de dar o controle para Deus decidir, porque Ele decide muito melhor que você. Afinal, Ele vê coisas que você não vê, escuta coisas que você não escuta e sabe de coisas que você nunca saberá.

AFINAL, ELE VÊ COISAS QUE VOCÊ NÃO VÊ, ESCUTA COISAS QUE VOCÊ NÃO ESCUTA E SABE DE COISAS QUE VOCÊ NUNCA SABERÁ.

A transformação de Deus em minha vida começou pela redistribuição dos pesos que eu carregava. Eu havia assumido uma tríade esmagadora de responsabilidades. O fardo masculino me exigia ser a provedora infalível, o fardo feminino demandava um coração sempre disponível, e o social me impunha expectativas constantes de performance. Era exaustivo, um cansaço que penetrava cada célula do meu ser.

Por trás da fadiga existencial residia uma ilusão nutrida diariamente. Eu cultivava a crença no controle absoluto, alimentando a ideia de que poderia dominar cada aspecto da existência. Das questões mais profundas, como a hora da morte, aos aspectos cotidianos, como ganhos financeiros e percepções alheias, vivia sob a ilusão de que o Universo dependia exclusivamente da minha capacidade de manter todas as engrenagens em perfeito movimento.

A entrada de Deus em minha vida inaugurou uma nova forma de existir, revelando uma matemática divina surpreendentemente simples. Ao enfrentar desafios, aprendi a fazer uma avaliação crucial. Diante da possibilidade de resolução imediata, ajo com presteza e determinação, dissolvendo o problema em sua origem. Quando a situação transcende minhas capacidades, entrego-a às mãos divinas, permitindo que deixe de ser meu fardo. Nesse processo, a vida revela seus próprios caminhos de resolução, muitas vezes superiores aos que eu poderia imaginar.

O diálogo com o divino transformou-se em uma experiência profundamente íntima, semelhante à relação entre uma filha e seu pai amoroso. Nos momentos de dúvida e incerteza, as palavras fluem naturalmente. Digo para Deus: "Resolva isto, porque sozinha eu não consigo". Aprendi a expressar minhas vulnerabilidades com simplicidade, reconhecendo minha dependência e depositando minha confiança na sabedoria superior Dele.

Essa nova relação com o divino redefiniu completamente minha forma de sonhar e desejar. Embora a neurociência já houvesse me apresentado ao poder transformador do pensamento positivo, uma compreensão mais profunda começou a se manifestar. A força individual, antes percebida como solitária, encontrou respaldo na presença divina constante. Meus pensamentos tornaram-se sementes plantadas em solo sagrado, nutridas pela graça e regadas pela fé.

O vazio existencial, anteriormente preenchido por realizações e conquistas superficiais, abriu espaço para uma presença real e transformadora. A plenitude interior, constantemente alimentada pela conexão com o divino, naturalmente dispensou a necessidade de validações externas. Uma transformação silenciosa passou a operar de dentro para fora, modificando não apenas as circunstâncias externas, mas principalmente minha relação com cada aspecto da vida.

No presente, habito uma realidade que transcende qualquer sonho anterior. Essa nova condição não emerge de uma capacidade pessoal aumentada, mas do aprendizado gradual da arte divina do abandono. No mundo material, certas realizações pareciam impossíveis, como encontrar um amor verdadeiro fundamentado no respeito mútuo. No entanto, no Reino de Deus, essas mesmas impossibilidades manifestaram-se como verdades incontestáveis, não por minha ação direta, mas pela entrega consciente ao tempo e aos desígnios divinos.

A transformação segue seu curso, manifestando-se em cada novo amanhecer. Aprendi a resolver com serenidade o que está ao alcance de minhas forças e a entregar com confiança o que as transcende. Uma liberdade profunda emerge dessa compreensão, da aceitação serena de que nem tudo precisa ser compreendido ou controlado por nossas mentes limitadas.

A ação operada por Deus em minha vida revela sua grandeza na simplicidade. Gradualmente, compreendemos que não precisamos carregar o peso do mundo em nossos ombros. Nossa verdadeira força reside justamente na capacidade de depender de um Deus maior que nossos medos e aflições. Nessa dependência sagrada, descobrimos uma liberdade infinitamente superior àquela que qualquer ilusão de controle poderia nos proporcionar.

Minha jornada espiritual continua se desdobrando em novos aprendizados e revelações. Cada experiência reforça a compreensão de que nossa força não está no controle, mas na entrega consciente. O caminho da fé se revela como uma dança delicada entre agir e confiar, entre fazer nossa parte e permitir que o divino complete nossa incompletude. Nesse equilíbrio sagrado, encontramos não apenas paz, mas também uma forma mais elevada de existir.

CAPÍTULO 12

A solidão existencial é sinal de evolução

Quando passei a acreditar em Deus, tive o meu momento de solidão. Eu não pertencia mais ao mundo dos famosos, nem dos influenciadores, e me sentia mal fazendo o tipo de publicidade que sempre fiz. Não pelas pessoas, mas por mim, pelos meus novos valores. Quando digo "valores", não tem a ver com o exterior, o que os outros acham, pensam ou falam sobre mim. Tem a ver com o que eu tomo consciência de que me prejudica, tanto na minha evolução espiritual quanto na minha vida na carne.

Sempre gostei de ser uma mulher bonita e sexy, então naturalmente vou atrair desejos e olhares. Quando um homem me olha com olhar de "eu quero para mim", a origem desse impulso é a de possuir, usar. Veja que palavra forte, "possuir", quase que o mesmo termo usado quando um demônio "se apropria" da vida de alguém; por exemplo, quando se fala "Fulano está possuído ou endemoniado". Forte, não? E de fato é exatamente assim que hoje eu entendo. Existe uma força invisível e maléfica no olhar que deseja possuir. Não é por acaso que usamos a mesma palavra – "possuir" – tanto para descrever o desejo de ter algo quanto para falar de uma possessão espiritual. Em ambos os casos, existe uma energia que busca dominar, controlar, fazer seu.

"Porque tudo o que há no mundo, a cobiça da carne, a cobiça dos olhos e a soberba da vida, não procede do Pai, mas do mundo" (1 João 2:16). Esse versículo revela como o olhar pode se tornar uma forma de apropriação espiritual. Quando alguém nos olha com desejo de posse, não é apenas um olhar, mas uma energia que tenta nos capturar, nos definir, nos reduzir a objeto de desejo.

Essa energia tem um impacto real em nossas vidas, mesmo que não percebamos conscientemente. É como um campo magnético invisível que começa a moldar nosso comportamento. Começamos a nos ver através desse olhar possuidor, internalizando sua energia, permitindo que ele defina nosso valor. É uma forma sutil de possessão, não por demônios, mas por energias que tentam nos afastar de nossa verdadeira essência.

O olhar que deseja possuir carrega uma vibração específica. Podemos senti-la fisicamente. Sabe aquele desconforto no estômago, aquela sensação de vulnerabilidade, aquela necessidade súbita de nos proteger? Nosso corpo sabe, instintivamente, quando está sendo visto não como um templo sagrado, mas como um objeto a ser conquistado e possuído.

Essa energia tem um poder real de influência sobre nós. Assim como um demônio pode possuir um corpo, o olhar possuidor tenta se apropriar de nossa autoestima, nossa autopercepção, nossa própria identidade. Ele sussurra mensagens de que nosso valor está apenas em nossa aparência, que existimos para o prazer alheio.

Por isso é tão importante desenvolver um escudo espiritual contra esse tipo de energia. Assim como nos protegemos contra influências espirituais negativas, precisamos aprender a nos proteger desses olhares possuidores que tentam possuir nossa alma através do desejo. A verdadeira libertação vem quando reconhecemos essas energias pelo que são, isto é, tentativas de possessão, e escolhemos conscientemente não permitir que elas definam quem somos.

Somos templos de Deus, não objetos de desejo. Quando internalizamos essa verdade, o olhar possuidor perde seu poder sobre nós. Ele pode continuar existindo no mundo, mas não consegue mais penetrar nossa essência, não consegue mais definir nosso valor, não consegue mais nos possuir.

Existem dois caminhos: o do amor e o carnal. O amor quer para a vida, quer completar, acrescentar e crescer junto. O carnal quer possuir, usar, sentir prazer na carne. Os dois têm uma distância gigantesca. Todas as vezes que eu despertei o desejo de "possuir" em outros homens que não eram o meu, com toda certeza essa energia "possuidora", que obviamente não vem de Deus, era péssima, muito prejudicial à minha própria vida. Como vivemos em polaridades, vamos assumir que vem do Diabo, ok? Então, ao despertar o desejo do possuidor, permito que pessoas emitam a energia do Diabo sobre mim. Concorda? Se estamos falando de uma escala mundial, estamos falando de milhões de pessoas despertando energia demoníaca sobre mim. A pergunta é: para quê?

Podemos explorar vertentes da Psicologia para tentar explicar. Todas as crianças não olhadas e não supridas na infância ficam com buracos de pai e mãe, que são buracos jamais preenchidos por nada nem ninguém. Inconscientemente, buscamos aplausos e olhares como se eles fossem **NUTRIR** o que não foi nutrido na infância.

Para qualquer criança desnutrida e com fome, qualquer coisa serve. Fazendo analogia com a comida, imagine que estou com fome, meus pais não me alimentaram, e eu vou sair de casa dessa forma. Qualquer um que me oferecer qualquer comida, eu vou comer, seja boa ou ruim, mesmo que nem me alimente o bastante ou que minha mãe cozinhe muito melhor.

O mesmo acontece com as pessoas que passaram vontade de comidas porque eram muito pobres na infância. Às vezes não podiam comprar bolachas e bolo e acabam se tornando adultos compulsivos, que comem tudo o que veem pela frente por conta de um gatilho emocional. De fato, aquela pessoa na vida adulta nem tem mais fome, mas seu emocional ficou marcado pela falta com tanta tenacidade que agora ela simplesmente come. Também podemos falar da fome emocional. Se seus pais eram mais frios, duros, menos amorosos, ou se você sofreu rejeição na infância e na escola, poderá ter formado buracos emocionais que, mais tarde, se manifestam de diversas maneiras – uma delas, a necessidade de ser vista.

Fiz muita propaganda de lingerie e nunca me importei, pois acreditava que, sendo meu corpo, eu poderia usá-lo ou mostrá-lo como quisesse. Como feminista agressiva, eu proclamava "meu corpo, minhas regras". Não estou chamando as feministas de agressivas, mas dizendo que eu era uma feminista agressiva.

Por não me sentir mais pertencendo ao mundo que pertencia, não sabia mais como viver nele. Coisas simples, como fazer stories para o Instagram, tornaram-se um desafio. Eu não sabia mais como falar ou me portar. Me senti uma crente evangélica doida, de tanto que falava de Deus. Eu já não era uma influenciadora normal, falava demais de Deus, e para meus seguidores da época eu havia me tornado a "crente chata".

Ao mesmo tempo, minhas atitudes, minha profissão e minhas roupas não eram de uma mulher evangélica, e eu também vinha de outro universo, o suficiente para permanecer naquele lugar. Não me sentia totalmente pertencente ao mundo evangélico, porque havia muito ali que me faltava, e eu tinha dúvidas, contestava. Então, passei o meu momento da solidão, de não pertencer a lugar nenhum, o que foi muito louco, porque, assim que me converti, o mundo evangélico me abraçou. Mas logo na sequência esse mesmo mundo começou com seus infinitos julgamentos, e ali eu não pertencia mais. Eles fazem isso o tempo todo, não todos, obviamente, mas a grande maioria.

Isso não me impediu de gostar muito da religião evangélica devido aos seus princípios, que considero admiráveis. Por exemplo, fui traída durante toda a minha vida, assim como minha avó, minha mãe, minha bisavó. A igreja evangélica enfatiza a lealdade, a fidelidade e a família. Se esses princípios e valores tivessem sido introduzidos em minha casa desde a minha infância, talvez meu pai não tivesse traído tanto minha mãe, nem meu avô a minha avó. Obviamente, não posso afirmar isso com total certeza, mas posso dizer que, se seguissem esses princípios, a traição não seria uma opção. Então aquilo me interessou, foi um lugar onde encontrei sentido e acolhimento. Ao mesmo tempo, eu não queria um rótulo.

Comecei a ter amigos evangélicos, me tornei amiga de todos os cantores evangélicos e pastores, queria aprender tudo que eles pudessem me ensinar. Amei as músicas que antes achava cafonas, descobri que existiam músicas modernas, louvores lindos demais, um mundo que eu nem conhecia. Ainda assim, muitos evangélicos me julgavam o tempo todo por eu não ser tão "evangélica" para estar entre eles.

Acham legal em um primeiro momento, quando a igreja ganha uma alma – ou seja, quando alguém se converte. Ficam todos animados com o novo membro. Mas depois que você entrou, começam a te julgar imediatamente; ninguém é bom o bastante. "Essa saia não está boa, essa voz não está boa, esse tom, essa atitude, essa roupa não estão boas, evangélicos não falam assim." São tão julgadores quanto as outras pessoas do mundo, só que julgam aspectos diferentes.

Mas Deus falou diretamente comigo, e isso não tinha relação com a igreja como instituição; Deus não veio falar comigo através da religião, veio por Ele mesmo. Então, depois do meu encontro com Deus, quando passei a acreditar Nele, comecei também a estudar a Bíblia, porque queria entender o que ela dizia de verdade. Não queria ficar "cega" diante das interpretações alheias, porque, quando entendemos que Deus pode falar conosco por meio da Bíblia, nos aproximamos ainda mais Dele e percebemos o quanto isso é grandiosíssimo – afinal, você lê a Bíblia, ora, pede pela interpretação daquele texto. E Deus fala com você. Aconteceu exatamente assim comigo quando li a história da mulher virtuosa (Provérbios 31:10-31). Com certeza você já leu esse texto. Que tal estudarmos juntos? Vou destacar alguns trechos e vamos entender o que eles querem realmente dizer.

"Uma esposa exemplar; feliz quem a encontrar!"

(Provérbios 31:10)

Entendo que não existam muitas por aí, afinal o trecho "feliz de quem a encontrar" sinaliza que uma esposa virtuosa é algo de sorte, algo raro.

"É muito mais valiosa que os rubis."

(Provérbios 31:10)

Reafirma nesse trecho o quanto essa mulher é joia escassa. Assim como um rubi verdadeiro é difícil de encontrar e tem valor inestimável, uma mulher virtuosa é uma preciosidade, uma pedra preciosa que enriquece a vida de quem a encontra.

"Seu marido tem plena confiança nela e nunca lhe falta coisa alguma."

(Provérbios 31:11)

Essa mulher é fiel e leal não apenas no sentido romântico do casamento, mas em tudo o que faz. É alguém em quem se pode confiar plenamente, pois suas ações são sempre voltadas para o bem-estar dos que a cercam.

"Ela só lhe faz o bem, e nunca o mal, todos os dias da sua vida."

(Provérbios 31:12)

Essa parte é realmente profunda quando analisamos com atenção. Quando o texto diz que ela "só faz o bem e NUNCA o mal", está revelando um coração verdadeiramente virtuoso. Não há espaço para birras, emburramentos ou manipulações emocionais – atitudes que, mesmo parecendo pequenas, são formas de fazer mal. Uma mulher virtuosa não fala mal do parceiro nem de outras pessoas, não alimenta fofocas nem cultiva ressentimentos. E note que o texto não se limita ao casamento: ele fala de uma virtude que permeia todas as áreas da vida dessa mulher, moldando seu caráter e suas relações.

"Escolhe a lã e o linho e com prazer trabalha com as mãos."

(Provérbios 31:13)

É fascinante como a Bíblia já mostrava uma mulher de valor e capaz, que não apenas trabalha, mas também sabe escolher os melhores materiais e faz questão de usar suas próprias mãos. Note que ela "escolhe" – não pega qualquer coisa, mas seleciona com sabedoria. Faz isso "com prazer", mostrando que não é uma obrigação pesada, mas algo que realiza com satisfação. Isso revela sua força, determinação e autonomia, características de uma mulher que sabe se virar e não depende de outros para prosperar.

"Como os navios mercantes, ela traz de longe as suas provisões."

(Provérbios 31:14)

Ela busca o que for necessário para seu sustento, nem que para isso tenha que caminhar muito. Como um navio que cruza oceanos, ela vai longe buscar o que é necessário para prosperar.

"Antes de clarear o dia ela se levanta, prepara comida para todos os de casa e dá tarefas às suas servas."

(Provérbios 31:15)

O trecho fala da responsabilidade da mulher virtuosa com sua família, seu cuidado, mas também fala de sua liderança e determinação. Interessante observar que a Bíblia retrata a mulher como uma verdadeira líder, que não apenas sabe fazer, mas também sabe comandar – e lidera pelo exemplo.

"Ela avalia um campo e o compra; com o que ganha planta uma vinha."

(Provérbios 31:16)

Olha só que interessante: a mulher virtuosa trabalha, tem capacidade para avaliar seus investimentos e sabe o que deve ou não comprar. Ela é como o homem que comprou o tempo: sabe vender, lucrar e multiplicar seus ganhos. Ou seja, a Bíblia define muito bem que uma mulher virtuosa também é livre, no sentido de reconhecer seus atributos de liderança, empreendedorismo e controle financeiro.

"Entrega-se com vontade ao seu trabalho; seus braços são fortes e vigorosos."

(Provérbios 31:17)

Aqui fica claro que ela gosta de trabalhar. Ela é forte, e não fraca. Faz o que precisa ser feito.

"Administra bem o seu comércio lucrativo."

(Provérbios 31:18)

Além de ser uma boa administradora, ela tem seu próprio negócio e renda. Mas não é qualquer negócio, é um negócio lucrativo. Ou seja, ela é ótima empresária.

"[...] e a sua lâmpada fica acesa durante a noite."

(Provérbios 31:18)

Essa parte permite várias interpretações e, diferentemente das outras que compartilhei acima – que são interpretações que Deus falou no meu coração –, essa tem uma visão específica que um amigo pastor me explicou segundo seus estudos. Depois que ele me contou que a lâmpada representa o "fogo" da mulher, sua energia matrimonial durante a noite, confesso que isso acabou limitando minhas outras possibilidades de interpretação.

"Nas mãos segura o fuso e com os dedos pega a roca."

(Provérbios 31:19)

Aqui narra como a mulher virtuosa é habilidosa e capaz de providenciar o sustento da família, uma vez que fuso e roca eram instrumentos usados para tecer tecidos para venda.

"Acolhe os necessitados e estende as mãos aos pobres."

(Provérbios 31:20)

Fica claro que a mulher virtuosa tem provisão e condições para, além de se sustentar, ajudar os necessitados e pobres. Além de ter dinheiro para seu próprio sustento, tem um bom coração.

"Não teme por seus familiares quando chega a neve, pois todos eles vestem agasalhos."

(Provérbios 31:21)

Seus familiares não passam necessidade. Podemos interpretar que é de boa família ou que dá conta de todos eles se precisarem.

"Faz cobertas para a sua cama; veste-se de linho fino e de púrpura."

(Provérbios 31:22)

Volta a reforçar suas capacidades, habilidades e independência – afinal, a mulher faz tudo, né? Ela é vaidosa, e isso é visto com aprovação. A cor púrpura era algo caríssimo e raro de se encontrar na época. Eu interpretei essa combinação do linho com a púrpura, junto à menção da roupa de cama, como um indício de que durante a noite ela usava belas vestimentas para seu marido. Mas o que mais me chama atenção é como a Bíblia valoriza e aprova a vaidade feminina.

"Seu marido é respeitado na porta da cidade."

(Provérbios 31:23)

Aqui claramente fala sobre a lealdade. A mulher virtuosa não é uma "mulher falada" ou que faz o marido se envergonhar.

"[...] onde toma assento entre as autoridades da sua terra."

(Provérbios 31:23)

Ninguém tem nada para falar de mal dela, ou seja, é respeitosa e agradável com todos, não somente com o marido e a família.

"Ela faz vestes de linho e as vende, e fornece cintos aos comerciantes."

(Provérbios 31:24)

Volta a acentuar suas habilidades de empresária, multiplicadora e comerciante. A mulher faz dinheiro.

"Reveste-se de força e dignidade; sorri diante do futuro."

(Provérbios 31:25)

Não lamenta, não murmura, não reclama, não desanima, é alto-astral e positiva com o futuro.

"Fala com sabedoria e ensina com amor."

(Provérbios 31:26)

Estuda e só abre a boca para falar o que agrega e edifica. Por ser sábia, quando ensina não se utiliza do desdém e da arrogância, nem demonstra falta de paciência. Ensina com a verdadeira intenção de ajudar.

"Cuida dos negócios de sua casa e não dá lugar à preguiça."

(Provérbios 31:27)

Não passa o dia dormindo, nem reclamando. Faz o que tem que ser feito, incansavelmente, tanto em seu lar quanto em seus negócios.

"Seus filhos se levantam e a elogiam; seu marido também a elogia, dizendo: 'Muitas mulheres são exemplares, mas você a todas supera'."

(Provérbios 31:28-29)

Seus filhos e marido a amam incondicionalmente e reconhecem seu valor, pois para sua família ela é a melhor, já que faz tudo o que pode. Seus atos são repletos de doçura e amor. Ela não grita, reclama ou bate neles.

"A beleza é enganosa, e a formosura é passageira; mas a mulher que teme o Senhor será elogiada."

(Provérbios 31:30)

Quando diz que a beleza é enganosa, podemos interpretar de duas formas: ou porque é passageira, já que envelhecemos, ou porque podemos nos arrumar até ficar belas mesmo que naturalmente não sejamos – e isso reforça a importância de se arrumar. E quando fala que a formosura é passageira, está confirmando que ela existe, afinal só é passageiro algo que existe, né? Mas mesmo sendo bela ou formosa, nada disso importa, porque, como ele mesmo diz, é passageiro. O que permanece mesmo é seu temor a Deus, tanto que é por isso que ela será elogiada.

"Que ela receba a recompensa merecida, e as suas obras sejam elogiadas à porta da cidade."

(Provérbios 31:31)

Aqui ele diz que essa mulher será recompensada pelo que merece, e que as pessoas também reconhecerão o seu valor.

O mais interessante de quando Deus falou comigo por meio desse texto é que eu estava na fase de tentar entender a tal "mulher submissa", algo que me revoltava bastante pela minha ignorância em relação ao significado real da palavra. O termo "submissão", derivado do latim *submittere*, significa "colocar sob missão", uma definição que difere substancialmente da noção popular de subserviência ou opressão.

Quando entendi o que queria realmente dizer, ficou claro que a submissão relacionada à ideia de "inferior e escrava" que eu interpretava estava completamente errada, uma vez que Deus exalta tanto a mulher na descrição do que seria uma mulher virtuosa. Se essa mulher é admirada e respeitada, luta, lidera, é empresária, trabalha e ainda usa púrpura, é impossível a Bíblia diminuir a mulher – só a exalta.

A verdade é que há uma grande deturpação do que é ser submissa. Nos dias de hoje, as mulheres em geral entendem que a submissão é muito ruim, porque na verdade os próprios homens deturparam a palavra. Os homens "errados" são grosseiros, gritam, batem, falam alto, querem mandar na mulher, na vida da mulher, nos direitos da mulher, no ir e vir da mulher, e dizem que a mulher tem que se submeter ao homem como se fosse simplesmente "obedecer". Essa deturpação do conceito de submissão manifesta-se especialmente através de interpretações patriarcais abusivas, nas quais homens transformam a orientação bíblica de liderança servidora em autoritarismo. Manifestações como violência verbal, agressão física, controle coercitivo e cerceamento de liberdades fundamentais representam uma antítese do ideal bíblico de liderança masculina.

O modelo bíblico estabelece uma hierarquia de autoridade espiritual na qual Deus ocupa o ápice. Assim, a submissão feminina pressupõe um homem que primeiramente submete-se a Deus, manifestando os frutos do Espírito como amor, mansidão, domínio próprio e serviço abnegado. Sem essa subordinação primária a Deus, qualquer reivindicação masculina de autoridade torna-se ilegítima.

Essa compreensão mais profunda revela que a submissão bíblica opera dentro de um sistema em que o amor sacrificial do homem e o respeito da mulher criam um ambiente de crescimento mútuo, não de opressão unilateral. Em outras palavras, a mulher só deve obedecer ao homem que obedece a Deus.

O homem, o marido, tem uma missão, e obviamente essa missão é definida e direcionada por Deus. Nós, mulheres e esposas, estamos ali "sob" uma missão dele. E o que é ser submissa, então? É estar sob a MESMA missão. Jesus tinha uma missão, que era falar sobre amor de Deus para as pessoas, e estava sob essa missão. Então faria qualquer coisa para que essa missão fosse cumprida.

O marido está na frente da mulher não porque é o melhor, não porque é mais importante. É porque a obrigação do marido é proteger a mulher, é salvar a mulher. Se alguém tiver que levar pedra em uma guerra, quem vai levar? Quem está na frente. Quando Efésios 5:25 diz "Maridos, amem suas esposas, assim como Cristo amou a igreja e entregou-se a si mesmo por ela", o que quer realmente dizer? Esse versículo ressalta o amor sacrificial e devotado que o marido deve ter pela esposa, refletindo o amor profundo e incondicional que Cristo demonstrou pela igreja. Ele morreu por ela. Assim como Cristo não usou sua divindade para dominar, mas para servir até a morte, o marido deve exercer qualquer autoridade que possua não para benefício próprio, mas para proteção e edificação da esposa. Esse modelo inverte completamente a lógica mundana de poder, pois a autoridade manifesta-se primariamente através do autossacrifício.

Portanto, o marido posiciona-se não para comandar, mas para interceptar ameaças, absorver golpes e, se necessário, sacrificar-se para preservar aquela que deve proteger. Essa disposição para o sacrifício reflete o amor de Cristo, um amor que não calcula custos nem busca vantagens, mas se entrega totalmente pelo bem do outro.

Quando Jesus, que é Deus, vai para a cruz, morre em nome do amor, da salvação, da união, da paz, da igreja – que é a união de pessoas que acreditam em Deus. Ele morre para que passemos a ter uma conexão direta com Deus (a Bíblia diz que, antes de Jesus, não tínhamos uma conexão direta com Deus, sempre precisávamos de um terceiro). A partir de Jesus, passamos a ter. Então ele morre por nós, que somos a igreja dele, que juntos somos o corpo dele. Existe amor maior do que esse? Ele deu a vida por nós. A passagem de Efésios está dizendo que o marido deve morrer por essa mulher. Jesus fazia qualquer coisa pela igreja; então, se esse marido fizer qualquer coisa por nós, por que isso seria ruim? Que maravilha ser submissa a alguém que só quer nosso bem, que só vai nos proteger, que não nos faz mal, que não maltrata nunca.

Jesus venerava Deus com muito respeito, muita fidelidade, muita honra, muita determinação. Jesus nunca traiu a Igreja. Durante os quarenta dias que passou no deserto, mesmo faminto, resistiu quando o Diabo o tentou, sugerindo que transformasse pedras em pão para demonstrar seu poder. Em nenhum momento Jesus abandonou sua missão na Terra ou os princípios. Portanto, se Jesus demonstrou tamanha fidelidade e lealdade, chegando ao ponto de morrer, assim também espero que meu marido seja fiel e leal. Se ele me colocar em primeiro lugar, resistindo a qualquer armadilha ou tentação do demônio, obviamente serei submissa a esse homem, estarei disposta a ir até o fim de nossas vidas juntos sob a mesma missão.

É como se o homem fosse a cabeça e nós, mulheres, fôssemos o pescoço do nosso homem. Enquanto a responsabilidade, o prover, o "ir para a guerra", os pensamentos e as decisões estão nele (pois é a cabeça), é o pescoço quem dá o direcionamento.

Assim como no corpo humano a cabeça depende do pescoço para sua sustentação e movimento, no casamento a liderança masculina opera em harmonia com a sensibilidade e a intuição femininas. O pescoço, anatomicamente, abriga elementos vitais como a voz, a respiração e importantes centros nervosos. De modo similar, a esposa frequentemente tem uma percepção aguçada das necessidades familiares, dos perigos sutis e das oportunidades de crescimento. Quando ela discerne, por exemplo, fragilidades espirituais nos filhos, tendências preocupantes no ambiente social, ou necessidades de ajuste no caminho familiar, compartilha essa visão com o marido.

A cabeça, sede do pensamento estratégico, recebe esses insights e mobiliza recursos para ação. Se a esposa percebe a necessidade de fortalecer a vida espiritual familiar, o marido assume a responsabilidade de implementar. Se ela identifica ameaças ao desenvolvimento dos filhos, ele desenvolve estratégias de proteção.

Essa dança harmoniosa entre discernimento feminino e ação masculina reflete a complementaridade divina no casamento. Não se trata de subordinação cega, mas de uma parceria em que cada um contribui com seus dons únicos para a realização dos propósitos divinos para a família. Ela, como pescoço, indica o caminho; ele, como cabeça, age para tornar isso possível. É maravilhoso ter um marido assim!

Por isso, embora algumas pessoas pensem o contrário, a submissão perante a Bíblia é favorável para a mulher, para o casamento e para o crescimento do casal e da família. Porque todos vivem em paz. Uma vez que a mulher está acolhendo a família e cuidando dos filhos, o homem pode trabalhar e prover sem preocupações, porque está seguro de que está tudo bem em seu lar. Só digo uma coisa: se todos os maridos amassem a esposa como Jesus amou a igreja, não teríamos deslealdades, mentiras, traições e tantas maldades por aí. Diante de um homem que ama a esposa como Jesus amou a igreja, ser submissa seria o mínimo a fazer para seu próprio bem, uma vez que a missão do marido é honrar, amar e cuidar da esposa. Qual seria a mulher que negaria tanta proteção e tanto amor?

Foi nesse processo de entender o amor divino que outras verdades começaram a se revelar. Quando tive minha experiência com Deus, percebi claramente o motivo de as pessoas cobrirem o corpo. É algo óbvio, mas que eu nunca tinha considerado. É realmente belo ver um seio perfeito, uma cintura fina, pernas torneadas, um bumbum firme e arredondado. Todos admiram e desejam essas características. E aí está o problema: o desejo universal. As mulheres, ao verem corpos assim nas redes sociais, almejam ter aquelas formas por acharem bonitas. Já os homens desejam possuir e consumir aquilo que veem.

Possuir é algo bem pesado; então, que tipo de energia isso está te trazendo? Quero para mim ou quero em mim? Foi então que refleti: "É uma energia de inveja, raiva, frustração ou desejo de posse. É isso que eu quero para mim?". Tornei-me muito mais sensível à questão. Percebi que não era isso que eu queria transmitir. Não desejo que as pessoas me sigam por essas razões, mas sim que sejam transformadas para melhor. Não quero frustrar ninguém, causar discórdia em casamentos ou ser fonte de confusão entre as pessoas. Tampouco desejo ter minha própria vida em desordem.

Quero que as pessoas vejam o meu trabalho, quero que me ouçam. E não é me expondo desnecessariamente que vão me ouvir. Então, finalmente entendi que, naquela época, estava tomando o caminho oposto do que eu queria, que estava passando a mensagem oposta da que queria. Eu nunca chegaria aonde eu queria daquela forma, e não estou falando somente da profissão, mas da vida. Eu nunca teria o casamento dos sonhos e de respeito e fidelidade como tanto sonhei me apresentando daquela maneira para o mundo. Por isso, as pessoas que me conheciam diziam: "Nossa! Você não tem nada a ver com o que eu achava que você era!". Claro, eu estava passando outra mensagem.

Minha boca falava uma coisa, e meu corpo, outra; minhas atitudes físicas superficiais eram opostas às minhas atitudes verdadeiras, à minha ação na vida. Como eu me sentiria se fosse fazer uma terapia e a minha terapeuta estivesse de biquíni ao me encontrar? Óbvio que eu iria julgá-la. Não adianta dizer que não, a gente julga, julga, sim. As roupas dão um recado, não adianta, não tem jeito de ser diferente. Tudo é um símbolo do que queremos passar e mostrar.

Quando somos crianças, ficamos comendo o melhor doce na frente do amigo, ou brincamos com um brinquedo que só nós temos, e passamos na frente do amigo para fazê-lo sentir inveja. Mas essas são atitudes de uma criança que está testando o poder, o "eu tenho", "é meu". Por qual motivo eu gostaria de mostrar algo que só meu marido poderia usufruir? Por que eu iria querer mostrar isso? Ou mostramos a felicidade para ser partilhada ou para causar inveja. Você tem dois caminhos: ou quer que mais pessoas sorriam com você, ou quer apenas provar para as pessoas que você está "sorrindo". Ou seja, estou querendo mostrar que sou, que tenho, quando na verdade, talvez de forma inconsciente, o que preciso mesmo é dos aplausos externos e que alguém me diga que sou, que estou e que tenho, porque no meu íntimo eu ainda me sinto incompleta ou vazia.

Foi então que Deus me deu os vestidos. Sempre gostei de vestido compridão, mas passei a usá-los mais. Adotei roupas mais fechadas. Inicialmente, cobri minhas pernas e barriga, depois elevei o decote. Ainda estou em constante transformação. Percebi que, nos dias em que discuto com meu marido e me sinto insegura, menos desejada, amada ou única, tenho vontade de me vestir de forma mais provocativa. Se estou insegura, quero ser "vista" pelo mundo. Dessa forma, me sinto mais bonita e mais forte, porque as pessoas me olhando ou me desejando de alguma forma me fazem acreditar no que de fato não acredito naquele momento. É quase inconsciente. Por outro lado, quando estou em paz, desejo ser ouvida apenas e vista somente pelo meu marido. Em resumo, quanto mais segura, mais coberta; quanto mais pelada, mais insegura.

O mais importante é olhar para si mesmo e confessar: "Sim, eu sou assim, eu faço isso, eu me comporto assim". Você só pode melhorar onde sabe que erra. Tenho amado, dia após dia, descobrir meus "erros", minhas vulnerabilidades. Eu me sinto leve e livre em partilhar com você que, mesmo sendo essa mulher tão "segura, forte, resiliente, bem-sucedida, bonita, famosa e inteligente", ainda assim vivo caindo em minhas próprias armadilhas, rompantes e reflexos de uma infância bagunçada com seus traumas.

De todo esse processo, o que realmente valeu a pena foi minha aproximação com Deus, mas eu pensava: "Quem sou eu agora? A que lugar pertenço? Para onde eu vou?".

A diferença é que eu estava feliz, leve e grata. Porém, se pudesse, queria logo viver com Deus, pois sentia que na Terra não era bem-vinda. Que grande ironia! Superei a ingratidão, encontrei leveza e felicidade, mas me limitava a desfrutar apenas dos meus filhos, da minha casa e do meu trabalho. Evitava me envolver com as pessoas e o mundo em geral. Reconhecia que seria um processo, mas via o céu como a solução definitiva.

Cheguei à seguinte conclusão: por que Deus me deu a opção ou a oportunidade de quase morrer? De ficar naquele quarto, presa em meu próprio corpo? Porque eu era uma pessoa ingrata. Eu já tinha desejado a morte, e o curioso é que, naquelas quinze horas, eu nunca supliquei tanto pela minha vida. Eu nunca pedi tanto a Deus para viver. Eu nunca pedi tanto a Deus para poder criar meus filhos. Eu nunca fui tão grata pelas vidas da minha filha e do meu filho.

A experiência no quarto do hotel me permitiu enxergar o que antes não via: eu tinha tudo o que desejava. Percebi o quanto minha filha era incrível, inteligente e doce, e como meu filho se tornara um bom homem, único em seu caráter. Ele tem 23 anos, já é noivo, extremamente fiel e leal, não bebe, não frequenta baladas, não grita, não responde mal, ama o próximo, tem um coração enorme, acredita em Deus, e seus programas favoritos são ficar em casa, ir à célula da nossa casa, ir à igreja conosco e viajar em família. Percebi o quanto os dois me fizeram muito melhor, me ensinaram a ser uma pessoa forte, determinada e a amar de verdade e incondicionalmente. Pude ver quão extraordinária minha vida era e quanto eu havia conquistado. Percebi que Deus esteve presente comigo o tempo todo, especialmente nos momentos mais difíceis, algo que eu nunca havia notado antes. Ficou nítido que minhas batalhas e conquistas sempre vieram Dele. Saí daquele momento profundamente grata. Ele me mostrou tudo o que eu já tinha, mas que não me preenchia, porque, na verdade, eu acho que nem conseguia ver.

O principal ensinamento que extraí daquela experiência no quarto foi a gratidão. Percebi que ela era não apenas a cura para a depressão, mas também o caminho de retorno às minhas origens. Já notou como crianças são extremamente gratas por tudo? Tudo é lindo, tudo é único. Eu aprendi o que era isso. É diferente de apenas falar, você tem que viver e sentir o que significa a tal da gratidão! Acredito que, se você é grato, não fica depressivo. Não é impossível ter depressão tendo gratidão, mas não me refiro a essa gratidão que as pessoas pensam. E sim a uma gratidão da alma. Você acorda rindo na alma e diz: "Uau! Eu tenho mais um dia de presente! Obrigada".

Percebi que Deus me deu a vida como um presente para que eu possa evoluir minha alma. Não é apenas para o desfrute pelo prazer, mas isso também é parte desse enorme presente. Por exemplo, a pele, nosso maior órgão, nos permite experimentar sensações únicas através do toque. Essa experiência sensorial é uma oportunidade divina. Hoje, eu acredito na vida eterna, não da maneira como as pessoas acreditam. Eu acredito que vamos fazer parte de um todo novamente, mas acho que, quando a gente fizer parte do todo, do tal céu, não vai experimentar muitas das experiências que temos aqui.

Uma das minhas maiores lições é acordar lembrando o quanto devo ser grata: por estar respirando, por ter uma vida, por estar presente na Terra com um corpo físico. Sou feliz por ter a oportunidade de aprender, de ver pessoas, de gerar e cuidar dos meus filhos, de amar.

Agora, também sou grata por ter um marido maravilhoso e poder viver meu maior sonho. Quando entro nesse fluxo de gratidão – por todas essas coisas –, não fico doente. A gratidão se tornou minha forma de manter a saúde e a felicidade, mas é um exercício diário.

Quando começo a ficar uma pessoa amarga, ingrata, e acredite, às vezes me esqueço e caio nessa armadilha novamente, corro para mudar isso, pedindo sempre a ajuda do meu marido: "Amor, quando eu reclamar, por favor, sinalize, porque não vejo sozinha". A cumplicidade do casamento é muito importante. Se focamos a falta, a falta gera a depressão. A fé chegou para mudar minha vida, mudar o jeito como vejo absolutamente tudo. Acreditar sem ver, acreditar no que se deseja, no que se sonha, acreditar no que parece impossível até que se torne real – isso é fé. Em Hebreus 11:1, a Bíblia diz: "Ora, a fé é a certeza daquilo que esperamos e a prova das coisas que não vemos". Ou seja: precisamos esperar coisas boas, porque se esperamos coisas ruins elas também aparecem. Em Jó 3:25, vemos outra passagem que nos ajuda a entender: "Aquilo que eu temia me sobreveio e o que receava aconteceu"; isto é, seja cuidadoso com seus pensamentos. Se pensa coisas ruins, se não acredita em si mesmo, se acha tudo ruim, você acaba atraindo o que pensa. E quando pensa e acredita em coisas boas, elas também acontecem.

Em meio às complexidades da nossa jornada, há momentos de reflexão profunda que transcendem o nosso entendimento humano; são momentos em que a alma se eleva acima das inquietações do dia a dia, para descobrir algo maior, algo divino. Claro, só chegaremos lá se realmente estivermos preparados para isso. Muita gente nunca chega a estar pronto, e isso não deixa de ser uma escolha. A fé, como uma semente plantada na terra fértil da alma, cresce pouco a pouco. Enquanto ninguém está vendo, está acontecendo uma evolução embaixo da terra.

Você já ouviu falar da história dos bambus chineses? É uma narrativa popular que destaca lições sobre paciência, perseverança e crescimento pessoal. O bambu chinês leva anos para crescer, aparentemente sem qualquer desenvolvimento visível durante os primeiros quatro anos de cultivo. Durante esse período, os agricultores regam, fertilizam e cuidam dele, sem ver qualquer sinal de crescimento. Esse período pode ser desanimador, levando muitas pessoas a desistirem. No entanto, durante o quinto ano, o bambu começa a crescer rapidamente, alcançando alturas impressionantes em questão de semanas. Aqueles que persistem são recompensados quando o bambu finalmente emerge do solo. A fé é assim: mesmo quando não vemos resultados imediatos, ela precisa continuar a ser nutrida.

Essa história ilustra a importância de seguir investindo esforços mesmo quando os resultados não são imediatamente evidentes, pois o crescimento e o sucesso muitas vezes ocorrem após períodos de preparação e paciência. Na fé é necessário continuar persistindo e confiando no processo de Deus, mesmo sem ver nenhum resultado. O crescimento do bambu chinês nos lembra de que a fé muitas vezes requer tempo, dedicação e uma mentalidade resiliente.

Cada passo dado em direção à fé é como uma dança graciosa entre o coração, o racional e o divino, uma sinfonia que ressoa na harmonia do Universo. É aprender a confiar nas marés invisíveis que regem nossas vidas, compreendendo que, mesmo quando não tivermos a explicação para tudo, haverá uma sabedoria maior tecendo os fios do destino. É isso que me acalenta o coração todos os dias. Para mim, a fé é uma esperança inabalável e um amor tão grande e transcendental que supera qualquer compreensão humana.

No caminho da fé, posso dizer que descobri: a minha verdadeira força reside na minha rendição e entrega, em soltar o controle, entregar-me não só a Deus, mas também ao meu marido, a quem posso contar absolutamente tudo e tenho a certeza de que vai me proteger em qualquer circunstância. Eu jamais escreveria algo assim no meu passado; eu ria de mulheres que confiavam em homens, eu tinha pena e debochava delas, as achava umas coitadas. Eu tinha uma crença muito forte de que "todo homem trai". Meu avô traiu, meu pai traiu, e todas as minhas relações envolveram traição. Então essa foi uma das minhas maiores crenças e repetições. Você inconscientemente busca validar tudo o que acredita e tende a reproduzir comportamentos.

Fui me tornando uma mulher cada vez mais autossuficiente, dura, independente, que tem força para ir para o mundo, mas é agressiva ao mesmo tempo. Não no sentido de falar e ir para cima fisicamente, mas agressiva no sentido de brigar com o mundo se for necessário. Faria o que fosse preciso para "chegar lá", para defender meus filhos. Eu pensava: "Não preciso de nada nem de ninguém". Então não sobrava lugar para um homem ocupar, uma vez que eu era "homem" o bastante. Eu era mais "homem" do que qualquer homem. Consequentemente, o homem de verdade nunca se aproximava de mim.

Eu acabava me relacionando com homens sem atitude, sem fibra, porque obviamente o meu masculino era mais forte do que o de qualquer um. Entenda: isso não é uma crítica aos homens com os quais me relacionei, é uma autocrítica; eu era tanto que não cabia mais ninguém. Meu posicionamento acabava espantando os homens mais masculinos e atraindo os mais inseguros. Como eu era "autossuficiente", ou achava que era, a pessoa ao meu lado ficava insegura: "Essa mulher não precisa de mim para nada, ela faz tudo sozinha".

Isso, obviamente, fazia com que os homens mais inseguros traíssem, porque eles iam se sentir homens na cama de outra pessoa. Então essa foi uma das crenças em que eu mais fiquei presa em um círculo vicioso, repetindo-a. Eu ficava achando que nenhum homem prestava, mas não entendia que havia um comportamento meu que precisava ser mudado para que eu vivesse outra história. Somente a fé e os princípios de Deus me ensinaram a acreditar e confiar que esse homem existia e me esperava em algum lugar.

Ainda assim, isso não quer dizer que eu não conteste Deus. Parte do meu amor por Ele e da nossa relação é exatamente através desses desafios que imponho, com todo o amor do mundo, mas imponho. Não sou diferente com meu marido. É da natureza da mulher desafiar, provocar quem ela ama, seja para ser melhor, seja para nos amar mais, seja para nos entregar o que queremos, seja para tirar nossas dúvidas, seja para nos ensinar.

Às vezes, acredito que as pessoas têm medo de perguntar algumas coisas, mas a gente não pode ficar com receio de questionar. Tudo que eu sou hoje foi porque questionei muito, e acredito que a fé tinha que vir para complementar esses nossos questionamentos, dando um alívio ao que, de fato, não tem resposta.

Vejo pessoas que ficam numa mesma opinião por medo das mudanças. Eu gosto de questionar tudo o tempo todo, amo fazer perguntas e ter respostas novas para essas perguntas! Não gosto de ver nada como uma verdade absoluta, porque senão acabamos nos limitando. Somente quando a mente está livre do conhecido, o novo pode habitar. Não enxergamos com os nossos olhos, enxergamos com a nossa mente; não precisamos ver para acreditar, nós precisamos acreditar para ver, então acredite naquilo que você quer e não acredite mais no que não quer.

SOMENTE QUANDO A MENTE ESTÁ LIVRE DO CONHECIDO, O NOVO PODE HABITAR.

NÓS PRECISAMOS ACREDITAR PARA VER, ENTÃO ACREDITE NAQUILO QUE VOCÊ QUER E NÃO ACREDITE MAIS NO QUE NÃO QUER.

Ter fé é uma jornada de autodescoberta, mas com a segurança de um mar calmo, que enche os nossos corações com paz e certezas das coisas boas da vida. Descobrir a fé em Deus é descobrir uma fonte de luz que nos guia, um farol que permanece firme mesmo nas tormentas mais intensas. Então, sigamos sempre em frente.

PARA QUÊ?

Quando enfrentamos adversidades na vida, especialmente aquelas que parecem injustas ou incompreensíveis, nossa primeira reação costuma ser nos perguntarmos "por quê?". Por que isso aconteceu comigo? Por que agora? Por que desta forma? No entanto, após anos de experiências dolorosas e aprendizados profundos, posso dizer que existe uma pergunta muito mais transformadora que devemos fazer ao nos depararmos com dificuldades: "Para quê?".

Quando mudamos do "por quê" para o "para quê", entendemos que, por trás do problema que estamos enfrentando, existe um ensinamento; o que essa situação está tentando me dizer? O que eu preciso compreender e ainda não aprendi? Enquanto o "por quê" nos mantém presos ao passado no papel de vítimas, o "para quê" tem o poder de transformar nossa perspectiva e nos colocar em posição de aprendizes da vida. É uma mudança sutil na pergunta, mas profunda em suas implicações. O "para quê" é necessário para que possamos evoluir fisicamente, mentalmente e espiritualmente.

Mesmo diante das dores mais profundas, das situações mais desumanas e incompreensíveis – seja um câncer, um abuso, uma traição, uma perda devastadora – existe um ensinamento esperando para ser descoberto. Não que isso justifique o sofrimento ou diminua a gravidade do que aconteceu. Algumas coisas são, de fato, inquestionavelmente erradas e injustas. Mas quando nos permitimos perguntar "para que isso está acontecendo comigo?", abrimos espaço para algo maior.

Em minha família, minha avó foi traída, minha mãe foi traída, eu fui traída. Por muito tempo, vi essa repetição como uma terrível coincidência, ou talvez como um destino cruel do qual não poderíamos escapar. Era como se existisse um roteiro já escrito para as mulheres de nossa família, uma herança dolorosa que passava de mãe para filha. Eu poderia me perguntar "por que" esse padrão se repetiu em nossa casa. Por que uma geração de mulheres após a outra precisou sentir a dor da traição? O que significa quando a mesma situação se repete com a avó, a mãe, a filha?

Em Êxodo 20:5, encontramos uma passagem que explica como funciona a maldição hereditária: "Eu sou o Senhor, o teu Deus, sou Deus zeloso, que castigo os filhos pelos pecados de seus pais até a terceira e quarta geração daqueles que me desprezam". Quando li isso pela primeira vez, senti um arrepio. Ali estava, em palavras sagradas, algo que parecia descrever o que acontecia em nossa família – um padrão que se repetia a cada geração. "Mas, Maíra, se Deus é bom, por que o trecho bíblico fala em 'castigo'?"

Precisamos entender que a Bíblia fala conosco por meio de mensagens, metáforas e analogias, e devemos silenciar nossa mente atarefada para entender o que Deus tem para nos dizer em cada passagem. A maldição hereditária não é simplesmente um castigo divino. Se pensássemos assim, poderíamos nos equivocar: "Ah, é uma maldição mesmo! Não tem o que fazer!". E isso não é verdade. A maldição hereditária acontece pelo padrão da repetição de pensamentos. Se alguém cresce ouvindo de sua mãe "Os homens são assim, só existem homens que traem", naturalmente vai abraçar essa afirmação como uma verdade, e consequentemente terá experiências de vida que confirmarão esse pensamento. Da mesma forma, poderá passar esse mesmo "ensinamento" à própria filha, e assim a maldição hereditária se perpetua ao longo de gerações, sem que ninguém quebre o ciclo. Perceba como a maldição hereditária é também um sinal de nosso distanciamento de Deus. Quando estamos distantes Dele, que TUDO pode, acabamos por perder de vista nosso poder pessoal de quebrar a maldição.

Quem está em um ciclo de maldição hereditária poderia então se perguntar: é algo de que não podemos escapar? Deus é tão sábio que nos forneceu um livro com as respostas de que precisamos para tudo em nossa vida. Da mesma forma que a Bíblia nos explica o que é a maldição hereditária, mostra-nos o caminho para quebrar esse padrão. Em Ezequiel 18:20, encontramos uma promessa poderosa: "A alma que pecar, essa morrerá; o filho não levará a iniquidade do pai, nem o pai levará a iniquidade do filho". Ou então em Êxodo 20:6: "E faço misericórdia até mil gerações daqueles que me amam e guardam os meus mandamentos". Os dois versículos falam sobre a bênção e a misericórdia que se estendem a várias gerações, como fruto da obediência e do amor a Deus de uma geração. É uma perspectiva de influência positiva em vez de punição. É como se Deus estivesse dizendo: "Sim, existem padrões que se repetem, mas você tem o poder de quebrá-los".

Esses padrões não são apenas espirituais, são também emocionais e comportamentais. São formas de pensar e agir que passamos de uma geração para outra, muitas vezes sem perceber. São crenças sobre relacionamentos, sobre amor, sobre o que merecemos ou não merecemos na vida. São feridas que, quando não curadas, acabam sendo transmitidas como uma herança indesejada.

Quando deixei de me perguntar "por que isso acontece na nossa família?" e comecei a questionar "para que isso que já aconteceu com a minha avó e com a minha mãe está acontecendo comigo?", entendi que eu precisei vivenciar a mesma dor que elas sentiram para que eu pudesse ser a pessoa que quebraria esse ciclo. Para que eu pudesse entender profundamente essa dor e transformá-la em cura, não só para mim, mas também para as próximas gerações. Para que eu pudesse olhar para outras mulheres que passam pelo mesmo e dizer: "É possível escrever uma história diferente".

Talvez esse "para quê" seja maior do que eu imaginava. Talvez essa dor que atravessou gerações não seja apenas uma maldição a ser quebrada, mas um chamado para uma transformação mais profunda. Um convite divino para curar não só as feridas do presente, mas também as cicatrizes do passado. Assim como existem padrões negativos que se repetem, existe a possibilidade de criarmos novos legados. A própria Bíblia nos mostra isso de forma linda quando fala em Timóteo 1:5: "Lembro-me da sua fé sincera, que primeiro habitou em sua avó Loide e em sua mãe Eunice, e estou convencido de que também habita em você". O trecho destaca como a fé de Timóteo foi passada por duas gerações. É como se Deus estivesse mostrando: "Vejam, é possível passar adiante coisas boas".

E mais poderoso ainda é perceber que, enquanto as consequências negativas podem afetar algumas gerações, a misericórdia de Deus se estende a mil gerações daqueles que O amam e seguem Seus caminhos. Não importa qual seja o padrão familiar que recebemos, sempre podemos escolher qual será o legado que deixaremos. Podemos ser a geração que transforma maldição em bênção, que muda a história não apenas para nossos filhos, mas também para os filhos de nossos filhos e todos aqueles que virão depois de nós.

Descobri que o propósito ia além da minha própria história familiar. Para que eu pudesse ser ouvida por outras mulheres que vivenciaram dores semelhantes, eu precisava passar por aquelas experiências. É como se minha dor pessoal, hoje superada, fosse um portal para conectar corações machucados que precisavam de cura.

Há uma diferença fundamental entre conhecer uma dor através dos livros e tê-la vivido na própria pele. É como costumo dizer: ninguém procura um dentista com dentes ruins, ou um dermatologista com pele problemática. Por quê? Porque buscamos em nossos guias não apenas conhecimento técnico, mas também a prova de que a transformação é possível. Posso falar com propriedade sobre a superação porque não sou alguém que apenas estudou sobre traumas e abusos – eu os vivi. Não sou alguém que apenas leu sobre o papel de vítima – eu o representei. E mais importante: não sou alguém que apenas teoriza sobre transformar vidas – eu mesma passei por essa transformação. Quando digo que é possível sair desse lugar de dor, falo com a autoridade de quem fez essa travessia.

A grande revelação nessa jornada foi entender que, embora não possamos controlar as ações dos outros, temos total poder sobre nossa resposta a elas. Nossa cura, nosso crescimento, nossa libertação dependem apenas de nós. Não podemos ficar eternamente no papel de vítima, usando nossas feridas como desculpa para não crescer, usando nossos traumas como justificativa para não mudar.

Hoje, quando olho nos olhos de uma mulher que está passando pelo que passei, posso dizer com toda a sinceridade: "Conheço esse lugar onde você está. Já estive lá. E posso te garantir que existe um caminho de saída". Não é um caminho fácil, mas é um caminho possível. E talvez o maior propósito de toda minha história esteja aí: ser uma prova viva de que é possível escrever um final diferente para nossa história, não importa quão doloroso tenha sido o começo.

Convido você a fazer esse exercício comigo. Pense em algo que está te desafiando agora, algo que tem se repetido em sua vida ou que parece particularmente difícil de aceitar. Agora, mude a pergunta de "por que isso está acontecendo comigo?" para "para que isso está acontecendo comigo?". O que muda em sua perspectiva? Que possibilidades se abrem quando você olha para a situação através dessa nova lente? Não estamos buscando justificar o injustificável, mas sim encontrar um caminho de crescimento mesmo nas circunstâncias mais desafiadoras. É através dessa busca que descobrimos nossa verdadeira força.

Há um segundo "para quê" em minha história, que só entendi depois de muito caminhar. Como tantas mulheres, eu sonhava com independência financeira, liberdade, reconhecimento profissional. E conquistei tudo isso – a fama, o poder, o dinheiro, a beleza. Construí uma fortaleza ao meu redor, me tornei tão forte que parecia invencível. Mas quando cheguei ao topo dessa montanha que eu mesma decidi escalar, percebi que o vazio ainda estava lá. Todo o sucesso do mundo não preencheu aquele espaço que só Deus poderia ocupar.

Não há nada errado em ser uma mulher que trabalha – eu amo meu trabalho e agradeço a Deus por isso. Mas descobri que existe uma diferença enorme entre "poder trabalhar" e "precisar trabalhar", entre "poder ser forte" e "precisar ser forte o tempo todo". Uma palavra muda tudo, não é? Hoje sei que posso cuidar dos meus filhos, da minha casa, da minha família e ainda ter minha carreira. Não porque preciso, mas porque escolho. Porque tenho ao meu lado um marido que me apoia emocional, física e financeiramente.

Para aquelas que pensam "Maíra, e se eu não encontrar alguém que me apoie da mesma forma?", quero compartilhar minha história como testemunho. Aos quarenta anos, com dois filhos – quando todos diziam que seria impossível –, encontrei alguém que finalmente fez o papel de homem da relação, que me trouxe o suporte de que eu precisava para exercer meu papel de mulher. Não porque eu precisava de alguém para me completar, mas porque já estava completa em Deus para receber essa bênção. Mulheres, não desistam! Por mais sozinhas que vocês se sintam, Deus nunca desistiu de vocês e está esperando para trabalhar em suas vidas.

Com Deus, tudo é possível, tudo pode ser restaurado. Ele faz milagres em todas as áreas, regenera o que parece perdido, reconstrói o que parece destruído. Não importa o quanto você esteja deprimida ou se sentindo no fundo do poço, Deus tem o poder de resgatar e reconstruir. Mas precisamos fazer nossa parte na transformação, pois fé sem ação é morta.

Este é o verdadeiro poder do "para quê": ele nos mostra que nossas lutas têm um propósito maior. Que nossas dores podem virar cura para outros. Que nossas histórias podem dar esperança a quem precisa. E, principalmente, que com Deus nenhuma situação é definitiva, nenhuma história está terminada.

Não deixe o mundo te convencer de que certas bênçãos não são para você. Não permita que as dificuldades te façam desistir dos seus sonhos. Lembre-se: para Deus, nada é impossível. Sua parte é acreditar e agir. Eu consegui, você também vai conseguir. Se Deus fez por mim, Ele pode fazer por você também.

EPÍLOGO

O que se come no céu?

Mas, afinal, o que se come no céu? Pão, ora bolas! Isso mesmo que você leu. Mas não é tão simples assim.

Embora estejamos vivos neste mundo, podemos estar espiritualmente mortos se vivermos apenas para os prazeres da carne. Em Romanos 8:6, lemos: "A mentalidade da carne é morte, mas a mentalidade do Espírito é vida e paz". Esse versículo deixa claro que é o espírito, não a carne, que nos conecta ao que é eterno e nos dá a verdadeira vida. Quando vivemos para a carne, acreditamos ter prazer e saciedade, mas esses são "enganos passageiros"; o verdadeiro prazer e a verdadeira vida vêm do que é plantado por Deus e germina para dar frutos eternos.

Passamos o livro inteiro falando de transformação, de mudanças de mente, de ações, de se esvaziar, de errar, aprender, lutar, fazer diferente, de não achar que sabemos tudo, de nos darmos o benefício da dúvida, de abrir espaço para caber o novo. Falamos o tempo inteiro de como Deus sempre esteve presente, de como sem Ele não existe nada, e de como TUDO está interligado; falamos de como Deus não pode ser simplesmente ELE ou o pai que aprendemos a chamar. Ele é muito maior do que qualquer definição ou conceito que possamos criar.

Nós nos demos conta de que somos pequenos demais para ter qualquer certeza absoluta. Olhamos de frente para a falta de amor e compaixão do mundo, entendemos como ficamos doentes por falta de afeto, atenção e cuidado. Vimos como a falta de amor, os egoísmos, a enganação e as mentiras das gerações passadas nos afetam até hoje, e como afetaram também aqueles que vieram antes de nós.

Aprendemos que o Diabo (que não é gente nem é "Ele" ou "Ela") está em todos nós a cada vez que abrimos brechas para o ódio, a raiva, as tristezas, os surtos e as grosserias. Cada vez que escolhemos o caminho do desamor, estamos nos afastando da nutrição verdadeira de que nossa alma necessita.

Os alimentos que menciono no livro, alimentos vivos e que geram vida, são indiscutivelmente importantes e essenciais para se viver com qualidade, amor e respeito ao que recebemos do Criador. Em contrapartida, os produtos alimentícios são uma forma de contaminação, de desamor, uma escolha de viver apenas no prazer da carne sem medir as consequências e os danos.

Os alimentos de Deus, quando jogados no solo, se multiplicam e geram mais vida, enquanto os produtos alimentícios muitas vezes apenas contaminam e adoecem. Essa é uma metáfora poderosa para tudo em nossa vida – aquilo que vem de Deus se multiplica e gera vida; aquilo que vem apenas do desejo humano tende a contaminar e destruir.

Este livro nunca foi sobre comida; é sobre nutrição. E quando falamos do céu, não estamos falando de nutrição humana, mas da nutrição da alma, aquela que evolui e edifica o espírito. Trata-se de como nos alimentamos de palavra, de vida, de amor, de verdade.

Jesus nos oferece o "pão da vida" (João 6:35) como uma metáfora de tudo o que nos nutre de verdade. Ele é a fonte de uma nutrição que nunca se esgota e que sustenta a alma além deste mundo. Quando buscamos esse pão – a Palavra, a fé, o amor –, estamos nos preparando para a vida que virá, alinhando nossa nutrição espiritual aqui na Terra com aquilo que um dia experimentaremos plenamente no céu.

Mas e o pão? Por que Jesus escolheu o pão como elemento central da Santa Ceia? Porque o pão é o símbolo perfeito da importância de nos alimentarmos da Palavra. Quando Jesus disse "Eu sou o pão da vida", estava nos ensinando sobre essa nutrição mais profunda de que nossa alma necessita. Da mesma forma que não podemos viver de produtos alimentícios vazios de nutrientes, também não podemos **NUTRIR** nossa alma com substitutos vazios do amor verdadeiro.

O pão do céu é o próprio amor divino, a própria presença de Deus que nos sustenta e transforma. É a Palavra viva que, quando verdadeiramente assimilada, nos transforma de dentro para fora. Não é algo que se consome com a boca, mas que se absorve com todo o ser.

Durante nossa jornada terrena, precisamos aprender a desenvolver o paladar para esse alimento celestial. Assim como uma criança precisa aprender a apreciar alimentos saudáveis em vez de doces, nossa alma precisa aprender a se alimentar daquilo que nutre, que são o amor, a verdade e a presença divina.

Por isso o ritual da Santa Ceia é tão significativo. É um lembrete constante de que precisamos nos alimentar do pão espiritual. É um chamado para nos recordarmos de que nossa verdadeira fome é por algo que nenhum alimento terreno pode satisfazer completamente.

A cada vez que escolhemos o amor em vez do ódio, a verdade em vez da mentira, a vida em vez da morte, estamos nos alimentando desse pão celestial. Cada ato de amor é uma porção desse alimento divino que vai nos transformando gradualmente à imagem de Deus, que é o próprio pão da vida.

Portanto, a resposta à pergunta "o que se come no céu?" não está em alimentos físicos, mas naquilo que alimenta o espírito e traz a vida. É a nutrição do céu que já podemos experimentar agora, nutrindo-nos com tudo o que vem Dele. Vivendo assim, caminhamos com a certeza de que estamos nos alimentando para a eternidade, nos enchendo de vida verdadeira e nos afastando das contaminações da carne. Afinal, o que se come no céu não é um prato, mas um alimento espiritual encontrado apenas na presença de Deus e na plenitude da Sua vida.

Este é o convite final deste livro: que aprendamos a nos alimentar daquilo que importa. Que desenvolvamos o discernimento para distinguir entre o que apenas satisfaz momentaneamente e o que nutre nossa alma para a eternidade. Que possamos, a partir de agora, fazer escolhas conscientes sobre nossa nutrição. Que aprendamos a discernir aquilo que verdadeiramente alimenta nossa alma. O pão do céu nos aguarda em cada amanhecer como um convite à transformação.

O que se come no céu? Pão.

NOTA DA AUTORA

Após acabar o livro – reescrever, rever, reler –, tive a certeza de que não faz mais sentido algum eu permanecer trabalhando com emagrecimento. Primeiro porque meu propósito nunca foi esse. Há muito tempo venho trabalhando com transformação pessoal de mulheres. Venho escalando as montanhas e os desafios dessa vida intensa e desafiadora, em um lugar de mulher. Sou extremamente grata ao meu filho Seca Você, que me deu muito, me ensinou quase tudo o que sei sobre ser adulta, batalhar, ser forte, acreditar em Deus e em seu propósito. Me ensinou sobre curar e ser curada, sobre vítimas, dificuldades, respeito, amor, compaixão, responsabilidade, gratidão, comer, **NUTRIR** e sobre abundância. Me ensinou que posso, independentemente do que digam.

Mas agora – com muito amor e gratidão ao que foi –, Deus me mostra um novo caminho. Me deixa claro que o que me trouxe até aqui não me levará ao próximo nível. Me prepara para algo maior.

Decido, então, entregar ao mundo o que de melhor tenho para entregar: minha força, minha determinação e minha transformação.

Eu amo trabalhar com Antes e Depois, esse é meu maior dom. Pegar algo mediano ou que está longe do seu melhor e transformar em único e surpreendente. Só sei fazer isso porque faço diariamente em mim mesma, me despindo das minhas certezas e deixando o novo, que vem de Deus, entrar.

Agora te convido para uma nova jornada.

Meu próximo livro já tem nome: se chamará *Emagrecer – tirando os pesos que não te servem mais*.

"Mas você não acabou de escrever que não trabalha mais com emagrecimento?", você pode perguntar. Da mesma maneira que este livro não trata de comida, o *Emagrecer* nada tem a ver com corpo físico e seus rompantes. Também estou me livrando ainda mais dos pesos que não me servem mais. Te conto mais em breve. Até o próximo livro!